高等院校经济管理系列教材

管理学基础
GUANLIXUE JICHU

顾智敏 阮来民 王礼鑫 王 颖／编著

立信会计出版社
LIXIN ACCOUNTING PUBLISHING HOUSE

图书在版编目(CIP)数据

管理学基础/顾智敏等编著.—2版.—上海:立信会计出版社,2012.8
ISBN 978-7-5429-3594-6

Ⅰ.管… Ⅱ.①顾… Ⅲ.①管理学—高等职业教育—教材 Ⅳ.①C93

中国版本图书馆 CIP 数据核字(2012)第 172232 号

责任编辑 徐雪芬
封面设计 周崇文

管理学基础(第二版)

出版发行	立信会计出版社
地　　址	上海市中山西路 2230 号　邮政编码 200235
电　　话	(021)64411389　传　真 (021)64411325
网　　址	www.lixinaph.com　电子邮箱 lxaph@sh163.net
网上书店	www.shlx.net　电　话 (021)64411071
经　　销	各地新华书店
印　　刷	常熟市梅李印刷有限公司
开　　本	850 毫米×1168 毫米　1/32
印　　张	10.75
字　　数	262 千字
版　　次	2012 年 8 月第 2 版
印　　次	2016 年 2 月第 3 次
印　　数	5 201—7 300
书　　号	ISBN 978-7-5429-3594-6/C
定　　价	20.00 元

如有印订差错　请与本社联系调换

高等院校经济管理系列教材

主　编：顾智敏

副主编：茆训诚　于志华

编　委：于志华　阮来民　汪玉弟

　　　　陈　巍　茆训诚　胡锦明

　　　　顾智敏

前 言

21世纪是知识经济的时代,信息、网络技术的高速发展,加速了社会经济变化的频率,也加剧了市场经济条件下的竞争。经济竞争的本质内涵是人才的竞争。面对变动迅速的社会经济与政治,中国急需一大批拥有广博的基础知识,了解市场经济规律,熟悉其运行规则,掌握管理技能,具有创新意识和开拓精神的经济管理人才。管理理论诞生以来,人才不仅可以在社会各项实践中成长,也可以通过系统培养、有针对性的培训催生,已成为人们的共识。因此,设计一套既能反映新世纪社会经济政治变化特征、又能切合莘莘学子基础的通俗易懂的经济管理类教材,便是高等学校面临的急迫课题。正是在这一背景下,我们编撰了这套经济管理系列教材。这套教材的宗旨,是尝试通过基本而清晰的理论线索,反映经济管理类有关学科的变化动态和新的概念与原理,使学生能够较轻松地掌握基础理论和一般操作技能。

本套教材重在清晰、准确、活泼地描述企业管理、市场营销、投资学、金融学和财务管理等方面的基本概念及操作技能,辅之以相关的案例分析,试图从理论和实际运用相结合的层面,注重培养学生的实际分析能力。

这套教材可以供高等学校或成人教育的专科、本科学生使用。

经济管理学科是一个日新月异的学科。我们的主观意图,是使教材能够跟上时代演进的节拍。但由于作者的水平有限,这套教材的不足之处在所难免,希望广大学生和教师提出积极的建议,使这套教材更加完善。

高等院校经济管理系列教材编委会

目　录

第一章　管理学导论 ……………………………………… 1
第一节　管理的内涵 ………………………………………… 1
第二节　管理者 …………………………………………… 13
第三节　管理学研究对象及其特点 ……………………… 19
案例　哈脱公司高层的一场争论 ………………………… 25

第二章　管理科学的发展 ………………………………… 27
第一节　传统管理思想 …………………………………… 27
第二节　古典管理理论 …………………………………… 30
第三节　行为科学管理理论 ……………………………… 40
第四节　现代管理理论 …………………………………… 44
第五节　管理理论的新思潮 ……………………………… 53
案例　施乐公司知识管理整体解决方案 ………………… 66

第三章　现代管理的基本理念 …………………………… 72
第一节　管理的系统观 …………………………………… 72
第二节　以人为本的管理 ………………………………… 79
第三节　管理的变革和创新 ……………………………… 89
案例　美国西南航空公司成功的秘诀 …………………… 100

第四章　决策 ……………………………………………… 103
第一节　决策的含义和作用 ……………………………… 103

第二节 决策的程序 ································· 108
第三节 不同决策类型的用途 ·························· 113
第四节 几种常用的决策方法 ·························· 119
案例 长江三峡工程的决策 ··························· 126

第五章 计划 ··· 130
第一节 计划的基本概念 ······························ 130
第二节 计划工作的程序和方法 ························ 138
第三节 目标和目标管理 ······························ 144
第四节 战略管理 ···································· 151
案例 吉利集团成长中的战略选择 ····················· 160

第六章 组织 ··· 162
第一节 组织体系 ···································· 162
第二节 组织设计 ···································· 172
第三节 组织整合 ···································· 184
第四节 组织变革 ···································· 196
案例 鸿远公司的组织结构 ··························· 207

第七章 领导 ··· 211
第一节 领导的含义 ·································· 211
第二节 激励理论 ···································· 222
第三节 领导理论研究的兴起 ·························· 235
第四节 领导理论研究的发展 ·························· 242
案例 张瑞敏的"斜坡球体理论"——压力激励 ············ 252

第八章 控制 ··· 260
第一节 控制的内容和作用 ··························· 260

第二节　一般控制和有效控制……………………… 266
　第三节　三种基本的控制类型……………………… 271
　第四节　控制的方法………………………………… 276
　案例　"埃克森"事件………………………………… 281

第九章　绩效评估……………………………………… 283
　第一节　绩效与绩效评估…………………………… 283
　第二节　组织绩效测评……………………………… 288
　第三节　员工绩效考评……………………………… 300
　案例　某生产主管的绩效考评工作………………… 308

第十章　管理伦理和社会责任………………………… 310
　第一节　管理伦理的含义…………………………… 310
　第二节　企业的社会责任…………………………… 315
　第三节　伦理制度和伦理领导……………………… 324
　案例　我们呼吸的空气……………………………… 330

后记……………………………………………………… 332
修订说明………………………………………………… 334

第一章 管理学导论

管理是人类社会最普遍和最重要的一项活动。半个多世纪以来,管理学作为一门系统研究管理活动的基本规律和一般方法的科学得到了空前的发展,对人类社会的发展起到了越来越重大的影响。本章着重介绍管理的基本概念、要素,管理者的角色、技能,以及管理学的性质特点、研究对象等方面的内容。

第一节 管理的内涵

"管理"是什么?这不仅是管理学家为加强管理学自身的理论基础所必须研究的问题,也是管理的工作者应该明确的问题。正确地回答这个问题可以帮助人们进一步理解管理的重要性,并自觉地遵守管理的原理和原则,合理地运用各种管理方法。

一、管理的概念

1. 对管理的几种理解

"管理",就汉语词义来说,"管"有管辖、负责、照管、约束之意;"理"有整治、协调、清理的含义。"管"和"理"合起来就是约束、治理的过程。

英语中"management"意指经营、管理、操纵、驾驭等。最初,"management"这词具有盈利的目的,是商业和企业的用语。随着这词使用得越来越广,一些非盈利组织也从接受到频繁使用该词。

对"管理"概念的字面解释,尚不可能严格表达出管理本身所具有的完整含义。长期以来,许多中外学者从不同的研究角度出发,对"管理"作出了不同的解释,这里择取几种有代表性的观点,帮助读者更好地理解管理的本质。

"管理,就是实行计划、组织、指挥、协调和控制的活动。"①

"管理,就是由一个或者更多的人来协调他人的活动,以便收到个人单独活动所不能收到的效果而进行的活动。"②

"管理,就是通过对人和资源的配置实现组织目标的过程。"③

"管理是协调个人和集体的努力来达到群体目标的过程。"④

"管理就是决策。"⑤

"管理是社会组织中,为了实现预期的目标,以人为中心进行的协调活动。"⑥

"管理是对组织的资源进行有效整合以达成组织既定目标与责任的动态创造性活动。"⑦

上述这些定义从不同的侧面、不同的角度揭示了管理的含义,或者是揭示了管理某一方面的属性。美国学者哈比森和迈尔斯则从更广阔视眼,提出了一个对"管理"理解的三重概念。他们认为:

(1)一种经济资源。管理同土地、劳力和资本一样,都是一种生产因素。随着一个国家工业化程度的提高,对管理的需要也相应地增长。

---

① 法约尔:《工业管理与一般管理》,中国社会科学出版社1980年版,第10页。
② 小詹姆斯·H·唐纳利等:《管理学基础》,中国人民大学出版社1982年版,第81页。
③ 托马斯·S·贝特曼等:《管理学》(第四版),北京大学出版社2001年第1版,第6页。
④ 多恩利、吉布森等,转引自普蒂、韦里奇、孔茨著:《管理学精要》,机械工业出版社1999年版,第26页。
⑤ 赫伯特·A·西蒙:《管理决策新科学》,中国社会科学院出版社1982年版,第33页。
⑥ 周三多主编:《管理学——原理与方法》,复旦大学出版社1993年版,第10页。
⑦ 芮明杰主编:《管理学——现代的观点》,上海人民出版社1999年版,第5页。

(2) 一种职权系统。从历史上看,管理最初形成了一种独裁主义的哲学,即由少数上层人物来决定普遍成员的一切行动。后来,人道主义的观念促使一些管理部门产生了家长式的方法。再以后,便出现了规章管理。它的特点是关心以明确一贯的政策和程序来对待劳动群众。由于越来越多的雇员提高了教育程度,管理开始趋向于采取民主和参与的方法。现代的管理可以看成是对待职权的上述四种态度的综合。

(3) 一个阶级或一批优秀人物。现代社会里,各种关系日趋复杂,这就要求管理人员必须成为智力和教育方面的优秀人物,进入这个管理阶层越来越需要以教育和知识为基础,而不是依仗家庭或政治的关系。①

2. "管理"的综合定义

以上对管理的种种理解,我们可以得出这样一个结论:随着管理实践的发展和范围的不断扩大,管理的含义也随之变化并将继续不断变化,人们对管理这个概念也将有更深入和严格的研究,并逐渐趋向于综合和统一。

下面提出的管理概念是美国一些学者经过共同的切磋,运用集体的智慧得出的一个结论:

"管理是引导人力和物质资源进入动态的组织以达到这些组织的目标,亦即使服务对象获得满意,并且使服务的提供者亦获得一种高度的士气感和成就感。"②

这个定义借助于系统科学的方法对管理的概念作了全息的透视,比较深刻地揭示了管理的本质,对管理这个概念的内涵和外延作出了比较全面地概括。

首先,定义强调管理包含了对人力资源和物质资源的引导。

---

① 约瑟夫·L·梅西著:《管理学概要》,辽宁人民出版社1985年版,第4~5页。
② 普蒂、韦里奇、孔茨著:《管理学精要》,机械工业出版社1999年版,第27页。

在这里,人力资源在管理过程的重要性得到了充分的体现。管理就是通过人力和其他资源的综合利用来达到既定的目标。定义中还有一个重要术语是"动态的组织",这个术语强调了管理的动态和不断发展的本质。组织的运营处在一个永远变化的环境之中,经营的失败往往与忽略环境的变化,或是对环境变化的适应性过于缓慢有关,只有那些随时准备适应环境变化的组织才被称为动态的组织。因此,正如从定义中所阐述的那样,管理涉及将人力资源和物质资源引导进入一个动态组织中去。

其次,达到目标是这个定义的下一部分。没有目标就没有组织自身的特征和职能,也失去了管理的意义和组织存在的价值。作为一个管理者,必须要对组织的近期和长远目标有一个清晰的认识,并要让你的员工们了解和认同这一目标。

衡量达到组织这些目标的绩效度量是其所服务对象的满意程度。社会公众或消费者是组织服务的对象,对于成功的管理者需要注重的是消费者满意程度。一些组织对消费者持一种消极的态度,从长远观点看,这种态度会使组织步入困境。在今天的社会,不论一个组织是处在高度竞争的环境,还是处在一种非高度竞争的环境,其所关注的焦点都应当是服务对象的满意程度。因此,管理就是为了达到使服务对象满意的目的,而将人力资源和物质资源引入到动态组织中。

再次,定义的最后一个部分是关于使服务的提供者获得一种高度的士气感和成就感。组织成员是服务的提供者,创造条件使组织的每一参与者都获得成就感和满意感,这不仅对达到组织目标以及为消费者提供满意的服务具有很大的影响,而且其本身亦是组织工作成效的基本组成部分。定义的这个观点对于我们组织的管理者具有深刻的启示。

综上所述,管理就是引导人力资源和物质资源进入动态组织以达到这些组织的目标,亦即使服务对象获得满意,并且使服务的提供者也获得一种高度的士气感和成就感的一种活动过程。

二、管理的要素

管理作为一种复杂的社会实践活动,是由一系列相互联系、相互制约的要素所组成的。概括而言,管理的基本要素包括管理主体、管理客体(对象)、信息、管理目标和管理环境五个方面。管理的这些基本要素相互作用,构成了整个管理活动的基本内容。

1. 管理主体

管理主体是指掌握组织管理权力,承担管理责任,决定管理方向和进程的管理机构和管理者。通常,组织中的管理机构包括决策机构、执行机构、监督机构和反馈机构。任何一个稍微复杂的管理活动,都是由决策机构制订方案,执行机构负责实施,监督机构监督执行,而反馈机构则将执行的情况反馈到决策机构,由此构成一个相对封闭的管理系统。管理者在管理机构中作为主观能力的代表者和执行者,既可以是个体,也可以是一个集团,他或他们对管理活动的成败负有直接的责任。

需要强调的是,组织中的管理者本身也是管理对象的一部分,也就是说,管理者既是管理行动的主动者,同时也是管理行为的受动者。首先,一切人有目的的行为都是受此人的意志所驱动的,因此,管理行为的有效性很大程度上取决于管理者自身的素质。其次,在组织的不同管理层次上,某个层次的管理者对下一层次来说是领导者,而对上一层次来说,他就是被管理者。再次,组织系统内部的各项活动、各种因素以及组织外部因素的变化又必然会影响和制约管理者的行为及其有效性。

从更宽泛和深刻的视角来理解管理主体,组织中的每个成员都是他本职工作及其相关领域的管理主体。各级管理者如何发挥全体成员的积极性和创造性,是保证组织管理活动有效性的重要条件。

2. 管理客体

管理客体,即管理的对象,是指那些进入管理系统中的人或物,它是管理主体影响和作用并使之发生变化的对象。

对于管理对象,过去和现在都存在着不同的认识。国外较早的管理理论认为管理的对象是人、财、物三要素,后来又有人加上信息、时间成为五大要素;近来又有人再加上士气和方法,发展为七大要素。这种对管理对象要素的认识以及要素不断增加的现象,反映了现代管理内容的丰富和复杂,以及管理科学研究水平的不断提高。但以上对管理对象的分析和认识尚未完全揭示出现代管理对象诸因素间的本质联系。

我们认为,现代管理活动的对象是由下列四个方面内容构成的一个完整的统一体。

(1) 现代管理工作的对象,首先表现为管理者所负责控制的是一个不可割裂的整体,这个整体不等于各部分的机械相加,是一个有机的整体。这个整体又是其所从属更大系统中的一个组成部分。

(2) 管理对象虽然是一个不可割裂的整体,但同时又是可以区分为相对独立的各个部分有机的结合。所以管理对象是整体和部分的辩证统一体。这些部分按性质,可分为人、财、物等;如按职能,可以分为各个专业部门,如生产、财务、人事、营销等部门。

(3) 现代管理的对象,不仅是可以看得见的、有形的各个部分,而且还有看不见的无形的各种"关系"。如整体与部门的关系、部门与部门的关系、人与人之间的关系,人与物之间的关系等等。从某种意义上讲,管理工作就是处理好各种有形和无形的关系。

(4) 管理的对象,无论是有形的部分、无形的各种关系,还是组织所赖以生存的环境因素,它们都处在不断地变化之中。这些不断变化和发展的因素,将对管理者的行为产生影响和制约的作用。

综上所述，管理的对象是一个整体，是一个由部分有机结合的整体，是一个由各个部分相互关系有机结合的并不断发展变化的整体。

3. 信息

信息在一般管理学的著作中，都归入管理对象的范畴，但是从信息在组织中所处的特殊位置看，我们不能简单地将信息归于管理对象。现代管理活动实际上就是通过收集、加工、存储和传递各方面的信息，从而进行决策、计划、组织、领导和控制的活动。由此，管理工作离不开信息。信息是整个组织结合的黏合剂，它不仅是管理各对象之间的纽带，而且也是管理者与管理对象，特别是与被管理者之间联系的桥梁；信息又是组织与外部环境联系的重要方式之一。随着信息科学和信息技术的飞速发展，信息已成为一个组织生存和发展的重要资源和生产力要素。

通常对一个组织来说，信息可分为内信息和外信息两个部分。内信息主要是来自组织内部的各种信息，包括组织管理者和员工的专业知识、产品服务的技术，以及上下级之间的指挥、协调、命令、汇报、请示过程等。

外信息主要来自组织外部的信息。外信息是任何组织管理活动的前提，缺乏外信息有效输入，组织就不能发展，并将导致消亡。

在现代社会中，信息不灵、不准、孤陋寡闻，甚至闭目塞听，是无法进行有效的管理，更谈不上适应形势的发展和开创新的局面。

4. 目标

任何管理活动都是为了实现一定的目标，目标是管理活动的出发点和归宿点。

通常人们认为，组织的目标都是单一的，对于工商企业是创造利润；对于非营利组织是提供高效率的服务。事实上，所有组织的目标都是多元的。工商企业除了追求利润，还要追求市场份额和满足雇员福利,没有一种单一的衡量尺度能够有效地评价一个组织是否成功地履行了它的使命。过分强调某一目标,如利润,会忽视其他目标,而这些其他目标(如满足雇员的福利、对法规的遵守等)对实现企业长期利润是不可少的。

美国学者格罗斯认为,组织的目标应包括:利益的满足(满足组织员工和相关利益人的需要);劳务或商品的产出、效率或获利的可能性;组织生存能力的投资;资源的调动;对法规的遵守;以及合理性(包括技术合理性和管理合理性)等。① 当然,过多的目标会分散组织管理者的精力,而且可能会过分注重次要目标而不利于主要目标的实现。比较明智的做法是说明每个目标相对重要性的程度,在可能范围内,并将它们转变成具体的、可以衡量的作业目标。

5. 管理环境

环境是指对组织绩效起着潜在影响的外部机构或力量。环境是任何类型社会组织赖于存在和发展的基础。作为组织的管理必须时刻关注环境的变化,并对可能对组织生存和发展带来潜在的或直接影响的外部因素加以鉴别、评价并做出及时反应。通常组织的外部环境可分为宏观环境(亦称一般环境)和竞争环境(亦称具体环境或任务环境)。如图1-1所示。

(1)具体环境。具体环境是指与组织发生更直接、更接近关系的那部分环境。具体环境对组织实现其目标的能力构成直接的影响。通常具体环境包括竞争对手、消费者、资源供应者、管理部门以及社会公众等因素。

(2)宏观环境。宏观环境指的是外部环境中最普通的,能潜在影响到组织战略决定的部分。通常宏观环境包括经济因素、政

---

① 格罗斯:《组织及其管理》,转引自卡斯特、罗森茨韦克著:《组织与管理》,中国社会科学出版社2000年版,第223页。

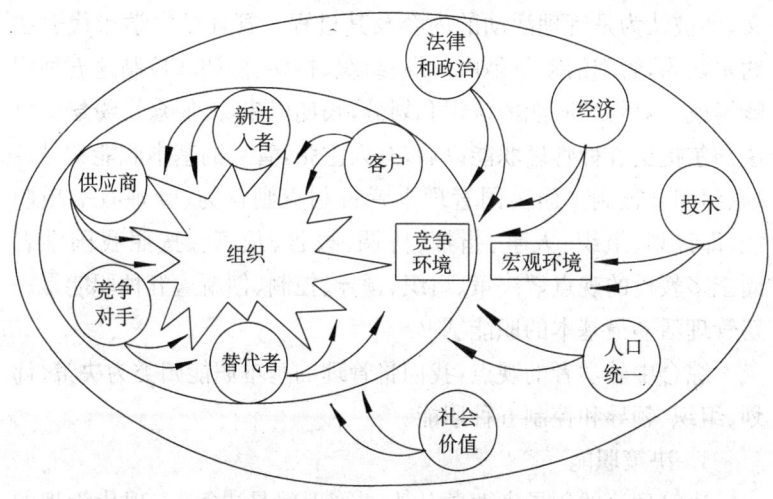

图1-1 外部环境

资料来源:托马斯·S·贝特曼:《管理学》,北京大学出版社2001年版,第49页。

治法律、社会文化、技术因素以及国际方面的因素。组织的宏观环境与具体环境是相对的。有时宏观环境可以转化为具体环境。一般而言与具体环境相比,宏观环境对组织运行的影响要小些,但对组织长远发展的影响可能更大。

三、管理的职能

前面我们讨论管理定义时,提到管理就是引导人力和物质资源进入动态的组织以达到这些组织的目标。当人们在组成集体以达到个体所不能达到目标的过程中,管理就成为保证个体努力和相关协调的必要措施。当社会发展到日益依赖于集体努力的时候,当许多组织起来的集体规模越来越大的时候,管理者的职责就显得越来越重要了。

管理者要完成引导和通过组织中个体的努力去实现组织的目标的任务,就必须履行基本的管理职能。

管理职能亦称管理的功能或作用。管理职能还有另外一种含义,即被认为是管理活动的内容及其过程。管理过程学派代表法约尔认为,管理活动就是由计划、组织、指导、协调和控制这五种职能组成。对管理职能的认识和划分,长期以来,人们众说纷纭。自法约尔提出五种管理职能以后,有人主张,管理的基本职能就是计划、组织和控制。而美国管理学者古利克则认为,管理有七项职能,即计划、组织、人事、指挥、协调、报告、预算。按照我国学者周三多教授的观点,"决策、组织、领导、控制、创新这五种职能是一切管理活动最基本的职能。"①

综合中外学者的观点,我们将管理的基本职能归类为决策、计划、组织、领导和控制五种职能。

1. 决策职能

决策理论的创导者西蒙认为:"管理就是决策"。现代管理的过程就是一个不断发现问题、处理问题以及解决问题的过程。决策职能贯穿于管理工作的各个方面,是管理过程的核心,决策也是执行其他各项管理职能的基础。由此,不少学者认为,所有的管理职能都包含着决策,他们不主张把决策视为一种单独的管理职能。而本书将决策视为一种单独的管理职能,原因就在于强调这一职能的重要性。也有一些学者把决策视为计划职能的一部分,将决策仅仅理解为是对行为过程的各个备选方案的选择。对此,我们认为,现代社会的变革速率越来越快,各类社会组织所遇到的问题越来越多,复杂程度也越来越高,原有的问题被解决以后,新的问题又会产生。决策在一定意义上讲,就是为了解决问题而采取的对策。现代管理活动就是不断地探求如何正确决策,包括如何将组织中的各种要素、资源进行有效地配置和优化,以及运用一定的技能和方法去实现各种不同的目标。从这个意义上讲,决策是现代管理的首要职能。

---

① 周三多主编:《管理学——原理和方法》,复旦大学出版社1993年版,第11页。

2. 计划职能

组织对社会变革带来的许多问题进行决策的同时,必须确定组织未来的发展目标和方向,并为实现这一目标和方向选定正确的途径、制定最佳的步骤、进行具体的安排,这就是管理的计划职能。

计划职能是针对整个组织、每个部分以及组织所有成员的。由此,计划工作在组织中成为一种体系,并有其内在的层级。通常战略计划是总体的长远的计划,主要由组织最高管理者承担;职能计划和部门计划则是中间层次操作性较强的计划,主要由组织的中层管理者承担;而下级直至每个人的工作计划则是更为具体的短期计划。

无论是战略计划,还是职能部门计划,都是对组织未来的工作进行规定、安排和设计,以减少未来不确定性对组织的冲击。因此,计划职能对于实现组织的目标,提高管理的效能具有重大意义。

3. 组织职能

当组织确定了未来发展目标以及制定了实现这一目标的计划和步骤后,就必须设计组织的结构和制定组织工作的程序,以保证对组织中的人力、财力、物质、信息以及其他实现目标所需的资源进行有效整合,从而成功地实施这些计划,这就是管理的组织职能。

组织职能的内容主要有:设计和建立合理的组织结构;明确工作的责任;通过授权和分工,将适当的人员安排在适当的岗位上;加强培训和考核,实行合理的奖惩制度等。

组织的过程是一个循环往复、永无止境的过程。当今社会的各类组织正面临着前所未有的变革与挑战,迅速变化的市场环境对组织的生存与发展提出了新的要求。当组织的战略和目标重新配置之后,组织职能的行为也必须随之发生变化。

4. 领导职能

组织未来目标的实现要依靠组织全体成员的不懈努力。人是组织活动中唯一具有能动性的因素。管理的领导职能就是要设计和创造一种良好的工作氛围,激励组织全体成员成为杰出的绩效创造者。因此,指导和激励自己的下属;选择良好的沟通渠道;建立有效的团队等工作就成为领导职能的主要内容。领导职能不仅存在于整个组织的高层,还包括组织的团队、部门的中层、基层的管理者都要实施领导职能。

5. 控制职能

控制职能是确保组织目标及为此制定的计划得以实现的重要保证。管理者必须自始至终将计划的实际完成情况和既定的计划、标准加以对照,及时发现两者之间的差距,并采取有力的措施纠正偏差,以确保组织计划目标的实现,这就是管理的控制职能。

以上管理的各项职能,构成了管理活动的整个过程,也是组织的管理者要发挥作用的各项基本工作。通常每一项管理工作都是从决策开始,经过计划、组织、领导到控制结束,尔后实施下一轮的管理工作。管理的各基本职能相互联系、相互渗透,一环紧扣一环,缺一不可;如此循环往复,周而复始,把管理工作不断地推向前进。

四、管理的重要性

管理是人类的一种普遍的社会活动。管理作为一种行为、思想可以说是与人类群体俱生的,它有着与人类文明一样悠久的历史。在人类历史发展的初期,原始社会的氏族或部落中的人们,为了生存,他们聚居在一起,共同劳动、共同生活。而人类社会的共同劳动、集体活动,必然产生分工,有分工,就要有协作,需要以某种形式来协调每个人的活动,以发挥人们在共同劳动、集体活动中的力量。这种协调过程实际上即从事着一定的管理实践。随着生产力的提高,人的活动领域不断地扩大,管理也必然跨入到人类的各个活动领域,并成为人类进行社会活动的必要条件。

马克思曾经指出:"一切规模较大的直接社会劳动或共同劳动,都或多或少地需要指挥,以协调个人的活动,并执行生产总体的运动——不同于这一总体的独立器官的运动——所产生的一般职能。"① 生产劳动是如此,人类的其他社会活动也都需要有一个指挥,以协调个人的行为,离开了管理,社会生产难以进行,社会秩序就会失控,人类的文明也将遭受破坏。有学者断言:"面对现代社会的每个主要问题,分析到最后,总是一个管理的问题,不管它是解决一个国家纠缠不清和令人讨厌的对外政策,还是环境污染;不管是处理犯罪案件,还是医治疾病;不管是经济工业化,还是教育青年。每个社会问题,最后都要通过管理职能的某种方式求得解决"。②

现代社会,科学技术突飞猛进,生产力迅速发展,世界各国的竞争日趋激烈。因此,管理的内容越来越复杂,管理的规模也越来越大,管理在整个社会中的作用也越来越显得重要。当今的管理已与科技、教育被称作现代社会的三大支柱。因此,加强管理科学和管理教育,全面提高各级组织的管理水平,乃是推动我国社会发展的强大杠杆和兴国之道。

第二节 管 理 者

任何组织的有效管理,在很大程度上依赖于管理者的行为榜样。如何提高管理者的素质及管理技巧,是现代管理学研究的一个重要内容。

一、管理者的类型

通常组织中的成员可以划分为具体操作者、专业管理人员和管理者三种类型。具体操作者在组织中直接从事某项具体的工作

---

① 《马克思恩格斯全集》第23卷,第307页。
② W·G·莫纳汉:《教育管理的理论维度》,引自恩旺克沃:《教育管理的理论与实践》,教育出版社1987年版,第2页。

或任务，不具有监督他人工作的职责。例如，汽车装配线上安装发动机的工人，食品超市的营业员，这些人都属于具体操作者。专业管理人员仅仅在组织的某一项工作或业务领域内承担一定的管理职责。例如，负责课堂教学的中学教师，财务管理科的会计以及在人力资源开发部负责招聘的办事人员，他们都是从事专业管理的人员。而管理者则在组织中充当负责人的角色，是对促进组织机构有效运转负有行动和决策责任的人，例如，公司的总裁、学校的校长、财务管理科的科长等。

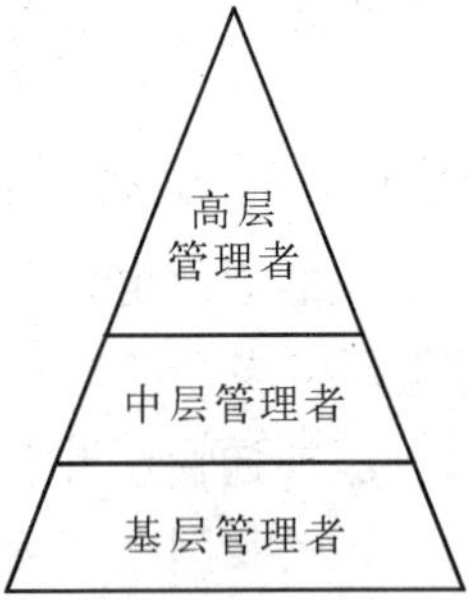

管理者是组织管理活动的发动者、组织者和执行者。根据管理者在组织中的不同地位，可以将管理者划分为基层管理者、中层管理者和高层管理者三种类型。在大多数组织中，基层管理者的人数最多，中层管理者较少，高层管理者则最少，这样就构成了一种金字塔式的管理层次结构。如图1-2所示。

图1-2 管理者的层次

高层管理者是站在组织整体立场上，对组织的管理负有全面责任的管理人员。如公司的董事长、总经理，以及高校的校长、副校长或其他处在或接近组织最高层位置的管理人员。高层管理者一般指的是战略管理者，其主要职责是关注长期问题并侧重于组织的生存、发展的总体有效性。

中层管理者位于组织的高层和低层之间，有时被称作战术管理者。享有中层管理者头衔的有部门或办事处主任、项目经理、大学的系主任等。中层管理者的主要职责是贯彻、执行高层管理者的意图，负责将战略管理者所制定的总目标和计划转化为更具体的目标和活动，并对基层管理者的活动进行检查、指导、督促和协调。

基层管理者是组织中最下层的管理者，或称作运作管理者，如制造企业的工段长、财务科长,学校中的教研室主任、年级组长等。基层管理者直接面向组织第一线工作的员工,实践中层管理者制定的具体计划。他们与组织的操作员工、专业管理人员保持着密切联系和接触,管理和监督组织日常的经营运作,是组织内非常重要的角色。

传统意义上的基层管理者受上层的指导和控制,以确保其成功地支持和完成组织的高层所制订的目标和任务。随着社会环境的日益变革,以及一些成功组织权力的逐渐下移,对基层管理者创造性的要求,以及适应社会变革和促进组织新业务开发的要求不断地增加。

二、管理者的角色

不论管理者在组织中处于哪个层次,要想成功地满足组织的特定需求,都必须扮演特定的角色。角色的概念类似于戏剧舞台上演员所扮演的剧中人物。

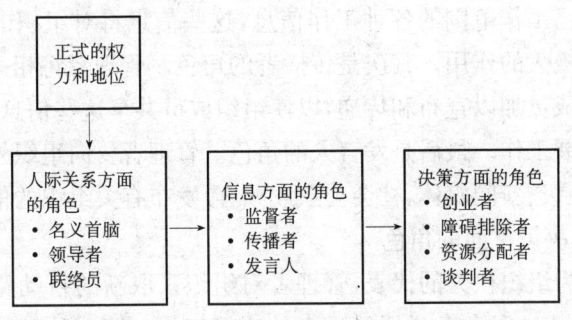

图1-3 管理者扮演的角色

20世纪60年代末,著名管理学家亨利·明兹伯格(Henry Mintzberg)经过长期的观察和研究,发现管理者要扮演10种不同的角色,如图1-3所示。明兹伯格认为,管理者被授予一个组织的正式权力后就导致了人际关系的3种角色;这种角色又引发了信息方面的3种角色;这两大类角色又使管理者扮演了决策方面的 4 种角色。①

1. 人际关系方面的角色

人际关系角色是从管理者的正式权力中直接产生的,管理者的工作中内含着 3 种基本的人际关系角色。首先是名义首脑的角色。作为一个组织首脑,管理者必须完成某些礼仪性的任务。如大学校长在毕业典礼上颁发毕业文凭,公司总裁迎接来访的要人等。这些活动主要是象征性的而不是实际的。其次是领导者的角色。这个角色通常包括招聘、培训和激励自己的员工,管理者的影响最明显地表现在领导角色中。最后是联络员的角色。管理者的活动主要是和人打交道,包括与自己的下属、同级以及与组织外部人员包括上级主管的交往。

2. 信息方面的角色

明兹伯格将管理者的信息角色分成 3 种。首先是监督者的角色。管理者要设法通过不同渠道,利用多种方法及时地发现、收集有关自己工作范围的各种工作信息,这些信息将对组织的决策制定起到极大的作用。其次是传播者的角色。管理者将相关的信息向组织成员加以宣布和传递,以使组织成员共享这些信息,便于更好地开展工作。最后是发言人的角色。管理者要向组织外的人们(包括上级、新闻媒体、社会公众或顾客)发布有关组织的信息。

3. 决策方面的角色

作为组织权力的代表,管理者对组织采取新的行动路线而承担责任,有 4 种角色说明管理者的决策工作。第一种是创业者的角色。管理者要具有一种捕捉发展机会的能力,包括制定战略决策、开发新项目并承担责任,以适应不断变化的环境条件,不断寻求改进本组织的途径。第二种是障碍排除者的角色。每一个管理

---

① 参阅 H·明兹伯格:《管理者工作:传闻和事实》,引自王含英、王荣桢主编《世界管理经典著作精选》,企业管理出版社 1995 年版,第 69 页。

者都必须花费相当一部分时间和精力用来排除对组织发展和给员工带来很大压力的各种障碍。第三种是资源分配者的角色。管理者负有确定谁将在组织中获得什么样的资源的责任,以及决定如何分工协作的正式组织关系模式。第四种是谈判者角色。扮演好这个角色,要求管理者视谈判对手从敌对者转为问题解决者,努力寻求消除达成协议的各种障碍,从而使谈判达到"双赢"的局面。

以上亨利·明兹伯格所描述的10种角色,对于每一个管理者来说都是密不可分的。管理者能洞察自己所扮演的10种角色,对于取得有效的管理具有十分重要的影响。

三、管理者的基本技能

要有效地管理好一个组织,管理者除了扮演好各种各样的角色,还需要具备许多特定的技能。尽管组织中不同层次的管理者具有不同的任务和职责,但技术、人际和决策技能这三类最基本技能是所有层次的管理者都必须掌握的。

1. 技术技能

技术技能主要是指管理者完成自己管理范围内的具体工作所必需的技术和方法,包括专业知识、专业分析能力、熟悉和使用本专业学科的工具和技术的能力。例如,财务主管就要熟悉相应的财务制度、记账方法、预算和决算的编制方法。营销主管则要知道定价、市场研究和销售技术等。相对而言,技术技能对基层管理者尤为重要,因为基层管理者大部分时间是从事训练下属或回答下属有关具体工作方面的问题,具备技术技能,方能更好地指导和评价下属的工作,并由此成为受下属尊重的有效管理者。

2. 人际技能

如果说技术技能是管理者与物打交道的能力,那么人际技能则是管理者如何与人打交道的能力。在管理活动中,管理者必须花费大量的时间和精力与组织内外的各种人接触,对内要处理好与同事和下属的关系,对外要与有关组织的人员进行沟通和联系。人际技能是管理者必须具备的最重要技能。这种能力对各层次的管理者都具有重要的意义。在许多情况下,一个管理者失败的原因往往不是他没有技术技能,而是缺乏人际技能。

3. 决策技能

决策技能涉及管理者认识复杂的动态问题,发现影响问题的许多冲突因素,并为组织和相关者的利益去解决问题的能力。在当今社会日趋多变、竞争十分激烈的情况下,管理者必须敏锐地洞察环境各种因素的相互联系,以及对组织的生存发展可能带来的各种威胁和机遇,及时果断地作出有利于组织成功的正确决策。相对而言,管理者层次越高,决策技能就越显得重要。

四、管理者的道德力量

道德是人的一种内在的普遍而稳定的力量或习性,它是调整个人行为,以及人与人之间、人与社会之间的关系和行为规范的总和。"有效的管理从做人开始",美国著名管理学者巴纳德指出,"全面管理过程的重要方面不是智力,而是美学和道德的"。[1] 在现代社会活动中,人们对一个管理者的期待是远见、才能和正直的统一。良好的道德素养是管理者维持其管理行为的原动力,是一种取之不尽的资本。

1. 正直

"政者,正也。"正直是管理者最重要也是首推的道德品质,因为它凝聚着管理者全部的人格力量。正直的管理者坚守诚信的原则,他们讲真话、不欺诈、一诺千金,比如对顾客许诺的产品质量和服务,他们会不折不扣地达到和兑现。正直是管理者赢得员工信任的基础,这是金钱买不来的,命令求不到的。正直凝聚着管理者的工作、生活的全部方式。

---

[1] [美]巴纳德:《经理人员的职责》,中国社会科学出版社1997年版,第201页。

2. 尊重

对人保持不变的尊重,是管理者赢得员工信任的前提。在今天的组织中,虽有工作分工的不同,权利地位的不平等,但组织中每个人的人格都是平等的。在任何情况下,管理者在对待组织员工态度上,都不允许草率急躁、冷酷无情或麻木不仁。管理者要努力地创造开放式的沟通环境,让每位员工都能充分发挥自己的潜力;要把组织的发展与员工个人的成长结合起来,为员工提供充分的培训与发展机会,使员工能充分分享组织的成果。

3. 责任心

管理者的责任很大程度上由其在组织中的地位及其所拥有的权力所决定,有权力就必须承担相应的责任。服从组织发展的需要,全身心地投入于组织,无论在顺利或逆境的情况下,都对自己的工作以及可能带来的结果负责。管理者这种对组织的高度责任感是建立在不顾特殊的惩罚或特殊的奖励的深刻信念上的。具有高度责任感的管理者,除了对组织的忠诚之外,还必须对自己的员工、顾客、供应者以及整个社会的福利负有重要的责任。

总之,管理者道德素质的高低决定着管理的成效以及组织的兴衰。对一个有效的管理者来说,需要具备良好的身心素质,以及知识、能力、品德等多方面的条件。相对而言,哪个因素更不可或缺?答案只有一个,品德。一个正直、处事公正、尊重人、设身处地关心帮助人,并富有责任心的管理者,即便在能力或其他方面存在某些不足也能获得下属的理解,并可通过学习培训以及他人的帮助来加以弥补。而唯独品德的低下,却是不可替代的,是一种毁灭性的灾难。

第三节 管理学研究对象及其特点

管理作为人类社会的基本活动有着悠久的历史,但管理作为一门独立的科学来研究则是在19世纪末20世纪初。管理学的产生和发展与社会的不断进步,社会科学和自然科学的飞速发展,以及管理活动的日益丰富有着密切的关系。特别是近二三十年,管理学已经逐渐发展成为一大门类,学者如云,方兴未艾。

一、管理学的研究对象

管理科学来源于管理活动的实践,是人类智慧的结晶。现代社会的不同领域、不同性质的组织,由于它们管理的具体对象、内容、方法不尽相同,因此,在此基础上也就形成了不同门类的、各具特色的各种管理学科。例如,工业企业管理学、行政管理学、教育管理学、旅游管理学、银行管理学等等。管理学科的领域十分广阔,面对如此庞大的管理学科群,我国学者顾宝炎教授将其分为两个大类、四个层次,从而对管理学科的研究对象作了清晰的界定。[①]

所谓两大类:一类是经济管理学科,亦称为盈利性管理学科。这类管理学科适用于以盈利为目标的经济组织。这类组织以盈利高低作为判别管理水平的主要标志,如工商企业管理、银行管理等;另一类是非经济管理学科,亦称为非盈利管理学科,这类管理学科主要适用于不以盈利为主要目标的非经济性组织,如政府管理、社区管理、文化教育管理、医院管理、党团管理、军队管理等。

四个层次则是微观管理学、中观管理学、宏观管理学、管理学。

微观管理学是以组织个体作为研究对象,研究单一组织中的管理问题。如工业企业管理学,它以单一的工业企业作为其研究对象,研究的重点是如何加强企业内部管理以及适应外部的经营环境,从而提高企业的经营效益。

中观管理学是以多个组织的个体所组成的组织群体作为其研究对象。如普通教育管理学,它是以中等和初等教育学校的群体作为研究对象,研究的重点主要是普通教育的管理体制、教育政策、发展规划、资源配置、组织结构以及学校设置等。

---

① 顾宝炎:《管理学导论》,知识出版社1991年版,前言部分。

宏观管理学是以多个组织的群体所组成的组织整体作为其研究对象。研究在相当范围内将不同类型的组织群体集合成为一个整体情况下出现的管理问题。如国民经济管理，它是以整个国家的经济作为其研究对象，其研究的重点是国民经济整体管理中的一些带有全局性的问题，并对此进行科学的分析，提出有理论依据的对策等。宏观管理学研究的对象所涉及的范围大、内容广、因素多，因此这门学科的发展需要对客观实际有较全面深刻的了解，并且拥有多种学科的知识，以及具备融会贯通的能力。

管理学则是以管理学科的基本原理、基本理论作为其研究对象。它是一门系统地研究管理活动的基本规律和一般方法的科学。无论是经济类管理学科，还是非经济类管理学科；无论是"微观管理学"，还是"中观管理学"、"宏观管理学"，都需要把管理学的原理作为基础来加以学习和研究。管理学既为各门具体的或专门的管理学科提供了理论的依据，又为各级各类组织的管理实际工作者提供了理论指导。因此，管理学是整个管理学科体系的基石。

二、管理学的特点

学习和掌握管理学的原理，首先要对管理学的特点有所了解。一般说来，管理学具有以下几个特点。

1. 历史性

任何一种理论都是实践和历史的产物，管理学尤其如此。管理学是对前人管理的实践经验、管理思想以及管理理论的总结、扬弃和发展。因此，不了解管理的历史发展，不认真对前人的管理经验、理论进行理性的学习和借鉴，就难以理解和把握管理学的真谛。我们在学习和研究国外各种管理理论的同时，必须进一步挖掘和继承我国优秀的管理思想遗产。中国是一个具有几千年文明史的古国，在其各个历史发展时期，都蕴含着极其丰富的管理思想，有些管理思想至今对我们仍具有重要的启示和指导意义，继承这些宝贵的遗产，对于建立具有中国特色的管理学理论体系具有重要的意义。

2. 综合性

管理学的综合性主要表现在两个方面。首先,管理学不是某一个具体部门的管理学,也不是一些部门管理学简单相加的产物。管理学是对各门具体管理学科中具有普遍意义的思想、原理和方法的综合、提炼和总结。至今,这门探索中的科学,还需不断地丰富和完善。其次,由于管理活动渗透到人类生活的各个领域,以及影响管理活动的因素具有多变性和复杂性。因此,决定了管理学所要借助的知识、方法和手段具有广泛性和综合性的特点。管理学在它的发展过程中,不断地把自然科学和社会科学探索的成果加以改造融入自己的理论内核,并用来指导管理的实际工作。这些学科主要有哲学、经济学、社会学、心理学、人类学、政治学、法学、数学、计算机技术以及系统理论等等,见图1-4。

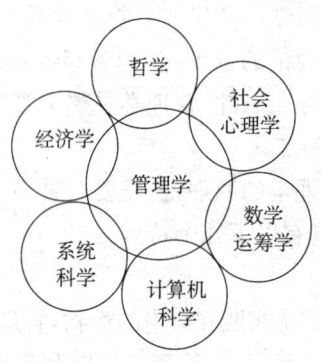

图1-4 管理学和相关学科

从管理学与上述许多学科的相互关系来看,可以说,管理学是一门交叉学科或边缘学科;同时,从管理学要综合利用多种学科的成果才能发挥自己的作用来看,管理学又是一门综合性的学科。

3. 实践性

管理学的发展来源于社会管理的实践和总结,离开了管理实践,管理学就成了无源之水,无本之木。管理学阐述的管理理论、原则和方法,能够帮助和指导管理的实践,满足社会各类组织管理的需求,避免一些可以避免的失误,提高管理活动的效能。实践是检验真理也是检验各种管理理论的唯一标准。因此,只有把管理学的理论同管理活动的实践结合起来,才能真正发挥这门学科的作用,并进一步充实和完善原有的管理理论。

4. 艺术性

管理是一门科学,管理工作又是一门艺术。管理科学和管理理论,并不宣扬有在各种具体情况都适用的"最好的管理方法",重要的问题在于结合特定的情境去应用,或根据意外情况而随机制宜地应用。管理的艺术性就是要求人们在管理的工作中能灵活运用管理的各种理论和知识并能熟练地应用各种技能来获得成效。

无所不知、万事灵验的科学是不存在的,但最有成效的艺术也总是对它所依据的科学有所理解,并以此为基础的。医生如果不具备医学知识,就成了巫医;而有了科学,他就可能成为技术精湛的外科医生。因此,科学和艺术并不相互排斥,而是相互补充。除科学以外,艺术是人类所从事的工作中最有创造性的了。在人类社会组织中,管理是通过组织的成员完成工作,达到组织的目的。组织中的每一成员都是有意识、有感情、有个性的活生生的人,只要重视组织成员在集体内有效地进行协作的重要性,毋庸置疑,管理工作就是一切艺术中最重要的一种艺术了,"因为它是智慧的组织者"。

5. 创新性

管理活动是人类社会最富有创造性的活动之一。瞬息万变的社会环境对各类社会组织带来了许多新情况、新问题。创新是组织活动之源泉,创新关系到组织的兴衰成败。建立和发展社会主义市场经济是一项前无古人的伟大事业,组织的各级管理者必须用创造的精神勇于实践、勇于探索,才能不断开创工作的新局面。

三、管理学的研究方法

根据管理学的研究对象以及基本的性质特点,管理学的主要研究方法包括以下几个方面。

1. 唯物辩证法

马克思主义的辩证唯物主义和历史唯物主义是学习和研究管理学的根本思想和方法论的基础。按照辩证唯物主义和历史唯物主义观点,学习和研究管理学必须坚持实事求是的态度,要深入管理实践,根据本地区、本组织的具体条件和特点来总结管理经验,研究和解决管理中存在的问题。同时,我们还必须充分认识到世界上一切事物都是相互联系和不断变化的,因此,必须用联系的观点、发展的观点,去观察、分析和解决问题。

2. 系统科学的方法

系统科学是当代科学研究发展的重要成果。系统科学的方法和观点为人们在研究和处理复杂社会系统时,提供了一种崭新的思维方式。坚持系统科学的观点,就是要运用系统的观点来研究分析组织管理的过程。任何管理的组织都是一个系统,而每一个系统都是有若干个相互关联、相互作用、相互制约的因素的有机结合的整体,而每一个组织系统又是一个更大系统的组成部分。因此,管理者必须对影响管理过程的各种因素及其相互之间的关系,进行总体的、系统的分析和研究,才能形成合理的决策和开展有效的管理活动。

3. 理论联系实际的方法

管理学是一门生命力很强的学科。管理理论来源于管理实践,同时,管理理论又对管理实践具有指导意义。坚持理论联系实际的方法,主要表现在两个方面:其一,任何先进的管理理论和方法,必须与管理实践结合起来,任何脱离实际、束之高阁的理论,再好也是没有意义的。其二,已有的管理理论和方法又必须通过实践来不断地检验其正确性和可行性。需要指出的是,在建设社会主义市场经济的历史进程中,学习和借鉴西方发达国家先进管理理论和方法的同时,必须根据我国的国情加以取舍和改造,既要克服"全盘否定"的思想,又要避免"盲目照搬"的做法,做到"以我为主,博采众长,融合提炼,自成一家"。

4. 比较研究方法

通过比较来揭示事物之间的共同点和差异点,是人类认识客观事物最原始、最基本的方法。有比较才有鉴别,有鉴别才会有发展。比较研究的方法,就是运用比较分析的科学方法,对不同国家和地区的管理理论和管理实践、管理方法进行系统分析,从中寻求各种理论的适用性以及具有普遍意义的管理原理和规律的方法。不同国家、不同文化、不同地区、不同行业的管理,在许多方面存在差异,通过比较和研究,既能消除因循守旧、夜郎自大的不良思想,又能清除自卑消沉、悲观失望的落后心理。做到客观地认识"自我",合理地借鉴他人经验,以求取更高层次的发展。

5. 其他研究方法

除了以上几种研究管理学的基本方法以外,还有其他一些方法,如归纳法、试验法、演绎法以及案例分析法、数学方法等等。随着现代科学技术的发展,特别是计算机信息技术在管理领域中的广泛运用,将有力地推动管理学研究方法的科学化和现代化。同时,信息技术的发展,对传统的管理思想、组织结构、业务运作以及管理的方法,都会带来变革的要求,对此,必须引起高度的关注和重视。

案例　哈脱公司高层的一场争论

哈脱电子有限公司成立于20世纪60年代初,从事设计和制造阿波罗登月计划中所需的专门仪器。它的创始人是两位著名的物理学家斯密斯·兰恩博士和莱蒙·莫来博士,著名的亿万富翁劳勃脱·哈脱恰当地担任公司财务工作。两位创始人很快地吸引了一大批科学家从事试制加速度传感器和对空间计划及空降导弹有用的检测装置。没过多少年,他们已成为整个空间控制系统的设计者和制造者了。十年内,该公司年销售额达到一亿美元,有员工约2 000人。

在该公司迅速发展过程中,由于不是因为有很好地组织和管理,而是由于它的新型的富有想象力的产品,使它成功地获得可观的利润。不久,该领域中出现了竞争,哈脱先生对该公司怎样有效地发挥销售和生产的能力感到苦恼。当哈脱和顾问讨论这一问题时,顾问建议对那些在管理岗位上的科学家进行管理知识培训,以提高他们的管理能力。哈脱接受了建议,并要求顾问起草了一个培训计划。接着,哈脱还同意成立了以顾问为负责人的管理知识培训委员会。

两位创建公司的高级科学家明确表示不赞成该计划,他们觉得公司发展得如此快,如此成功,有理由认为不需要任何管理知识训练。其中一位,显然试图终止整个计划,说:"我们怎么能谈到去实施一个管理知识培训计划?甚至没有人能够告诉我什么是管理。我听说它就是在做事时要通过大家。如果它就是那么一些,我已经这样做了多年了。何必为那么简单的事花费我们的时间去制订和实施管理知识培训计划?"

思考讨论题

1. 该科学家对管理是怎么认识的,是否正确?
2. 你将如何正确地回答并说服该科学家有一个管理学发展计划?

第二章 管理科学的发展

　　管理的思想,古来有之,人类有史以来就在群体式组织中进行管理活动。而现代企业管理则是西方资本主义工厂制度出现以后的产物。企业管理的演变过程,大体上经历了传统管理、古典管理、行为科学管理和现代管理四个阶段。各管理学派分别从自己的学科优势出发,从不同的角度,用不同的方法对管理问题进行研究,不断发展和完善管理理论,使之更加系统化、科学化、人性化,使管理不仅成为一门艺术,同时也成为一门科学。随着现代社会经济的发展,管理学也呈现出新的研究思潮和特点。

第一节 传统管理思想

　　同人类历史一样,管理的实践活动也源远流长,只要有两个或两个以上的人为了完成他们中任何一个人都不可能单独完成的目标而把他们的努力和资源结合在一起时,就需要一个管理过程。早期的管理思想大多散见于中国、埃及、巴比伦等古文明国家的历代典籍和宗教文献中,如中国的《周礼》、《孙子兵法》等就记载了大量的管理思想;古巴比伦的《汉谟拉比法典》曾谈到合同、证人、经济责任等问题;甚至《圣经》也记载了关于管理活动的建议;古罗马人运用等级原则和授予权力等方法,把罗马城扩张成为一个前所未有的组织效率很高的帝国;中国的万里长城、古巴比伦的"空中花园"、古埃及的金字塔、墨西哥印第安人阿兹台克族的大寺庙等的建造都体现了古人高超的组织才能和卓越的管理思想。

但总体上说,古代管理思想的发展是较缓慢的。长期以来,管理只被认为是一种技能,而不是一门科学,因而忽视了对管理理论的探讨。18世纪的工业革命后,机器大生产和工厂制度的普遍推行,对社会经济的发展产生了重要影响,愈来愈多的人参与社会实践中经济与管理问题的研究,这一时期可以被认为是传统管理思想发展阶段。

一、传统管理思想阶段代表人物

1. 亚当·斯密(1732～1790)

亚当·斯密是英国古典政治经济学派创始人之一,他于1776年发表了著名的《国富论》,系统地阐述了劳动价值论及劳动分工理论。他认为劳动分工能够提高劳动生产率。理由是:

(1) 劳动分工可以使工人重复完成单项操作,从而提高劳动熟练程度,提高劳动生产率;

(2) 劳动分工可以减少由于变换工作而损失的时间;

(3) 劳动分工可以使劳动简化,使劳动者的注意力集中于某种特定的对象上,有利于工具和机械的改进。

斯密的思想不仅符合当时的生产发展需要,而且也成为以后企业管理理论中的一条重要原理。此外,他还提出了生产合理化概念、经济人观点以及经济效果概念等,这些观点后来成为资本主义管理理论的重要依据。

2. 大卫·李嘉图(1772～1823)

大卫·李嘉图是英国资产阶级金融家,古典政治经济学的杰出代表和完成者。1817年他出版了《政治经济学及赋税原理》一书,该书在资产阶级经济学界产生了深远影响。他的研究是从批判亚当·斯密把消耗劳动和购买劳动混为一谈而开始的,以劳动价值论为基础,提出劳动时间决定价值,把价值与交换价值区分开来。尽管李嘉图未能解决资本与劳动相交换和价值规律的矛盾,不能解决等量资本获得等量利润与价值规律的矛盾。但他进一步研究了资本、工资、利润和地租,论述了比较成本学说。这些观点成为西方管理科学的理论基础。

3. 查尔斯·巴贝奇(1792～1871)

查尔斯·巴贝奇是英国数学家和机械学家,科学管理的先行者。他进一步发展了关于劳动分工的管理思想,并把技术手段运用到管理上,这使他成为运筹学和管理科学的鼻祖。巴贝奇对作业的操作、使用的机器和工具以及每道工序的成本等进行了分析,探讨"制造业的节约原则",并对当时流行的一些做法提出了指导性意见。

查尔斯·巴贝奇于1832年出版的《论机器和制造业的经济》一书成为企业管理学的重要文献。在书中,他论述了专业分工与机器、工具使用的关系,指出专业分工能够提高生产率。他强调劳资的协作,认为工人与工厂主之间存在利益共同点,提出固定工资加利润的分配制度,即工人除了按照工作性质获得固定工资外,还应按生产效率及其所做的贡献分得工厂利润的一部分;他还提出"边际熟练"原则,即对技艺水平、劳动强度定出界限,作为报酬的依据。他主张实行有益的建议制度,鼓励工人提出改进生产的建议,并对有益的建议按提高劳动生产率的不同给予奖励,使建议制度具有激励作用。

4. 罗伯特·欧文(1771～1858)

罗伯特·欧文是英国空想社会主义的代表人物之一,他最早注意到企业内部人的因素的重要性。他在自己的工厂里进行了一系列改革试验,如改善劳动条件、缩短工作时间、减轻劳动强度等。通过改革实践,他认为,重视人的因素,尊重人的地位,可以使工厂获得更多的利润,花在改善工人待遇和劳动条件上的投资会给工厂加倍补偿。在人力资源管理方面,欧文是一位杰出的开拓者,他对企业管理的实践,成了行为科学管理理论的先导。

此外,这一时期著名的管理思想家还有:英国的安德鲁·尤尔,他最先提出了要在工厂内部建立必要的规章制度的见解;法国的德拉维勒耶,他强调职工培训的重要性;美国的汤恩,他认为管理工作应成为专门的职业,应当让有管理才能的人担任经理、厂长、监工和领班等,作为资本家的代理人行使企业管理的职能。

二、传统管理思想的特点

这一阶段的主要特点是,传统管理仍未摆脱小生产方式的影响,管理者主要靠自己的主观经验和直观判断来组织管理生产活动,没有形成一套科学系统的管理理论和管理方法。

企业的所有者和管理者没有完全分离,企业管理者一般也是企业资本的所有者,专职的管理者还不多。

管理的依据是个人的经验和感觉,工人凭个人经验操作,没有科学的操作规程;管理人员凭个人经验管理,没有统一的管理方法。

管理人员和工人的培训也主要靠师傅带徒弟的方式,代代相传,循环往复,没有统一的标准和要求,生产管理尚处于积累实践经验的阶段。

总之,这一时期还没有摆脱小生产经营管理思想的影响,仍然继承着小生产的传统方式,因而被称为传统管理思想阶段。

第二节 古典管理理论

19世纪下半叶至20世纪初是古典管理时期。当时,企业的规模和数量不断扩大,生产技术日趋复杂,分工愈来愈细,生产社会化程度也日益提高,管理人员凭自己的经验和习惯来进行管理的传统的管理思想和方法已不能适应发展的要求;另一方面,工人工作情绪低沉,消极怠工,普遍存在着出工不出力的现象。在这种情况下,如何提高劳动生产率就成为人们普遍关注的焦点,于是古典管理就在这种背景下应运而生了。

古典管理理论以"经济人"假设为基础,其出发点是经济利益成为驱使员工提高劳动效率的主要动力。在研究方法上侧重于从静态的角度分析管理过程的一般规律,其代表性的理论有泰罗的科学管理理论、法约尔的管理过程理论以及马克斯·韦伯的行政组织体系理论等。

一、古典管理时期主要理论

1. 泰罗——科学管理理论

弗雷德里克·温斯洛·泰罗(1856～1915)在探求以效率和系统化为特点的科学管理上起到了主要的推动作用。泰罗出生在美国费城的一个律师家庭,1875年开始制模工和机械工的学徒生涯,1898年进入费城的米德维尔钢铁厂当机械工人,并在夜校坚持学习,由于表现突出,他年年晋升,从普通工人提为工长、车间主任、设备维修总负责人、总工程师。在以后的管理活动中,他致力于管理的研究,进行各种试验,其中最有名的试验是在他转到伯利恒钢铁公司以后的"搬运生铁块试验"和"铁锹试验"。在搬运生铁块的研究中,他用科学方法对工人进行训练,并把劳动与休息时间很好地搭配起来,使工人每天平均工作量较原来提高3倍。在铁锹试验中,他针对工人用铁锹从事不同的铲掘工作而设计出不同规格尺寸的铁锹,使从事不同铲掘工作的工人工作负荷大体相同,铲掘工作效率大大提高,完成同样的工作所需的工人数只有原来的三分之一。

泰罗的科学管理理论的核心是提高效率。他认为,提高劳动生产率对工人和雇主双方都有利,劳动生产率的提高意味着雇主的生产成本降低,也意味着工人工资的提高。所以,工人和雇主应相互协作,共同为提高生产率而努力。但是,提高生产率的根本途径是管理的科学化,而不是增加劳动量。科学管理的实质是劳资双方的一次完全的思想革命,即劳资双方都应把注意力从盈余的分配转到盈余的增加上来,这一主张被称为"经济大饼原理",是泰罗科学管理制度的思想理论基础。

泰罗在大量实践的基础上,吸收前人的经验,撰写了许多论著,如《计件工资制度》、《车间管理》、《科学管理原理》以及1912年他在美国众议院特别委员会听证会上的证词等,这些论著阐述了他的管理思想和管理理论。在这种理论指导下的管理叫"科学管理",人们亦称之为"泰罗制"。

泰罗的"科学管理"原理,主要有:

(1) 制定科学的作业方法。进行时间研究和动作研究,即对工人作业的每一个动作和每一道工序的时间,用秒表进行测定,并分析研究,除去动作中多余的和不合理的部分,从而确定标准的作业方法。

实行作业工具和作业环境的标准化。例如经过铲铁试验,确定以每铲铲21磅时效果最好,过轻过重都不利于总工效,据此按照各种物料的不同比重,设计大小不等的都能铲21磅物料的各式标准的铁铲。

按照标准的作业方法和合理的组织安排,确定工人一天必须完成的标准工作量。

(2) 科学地选拔和培训工人。泰罗认为,为了提高劳动效率,必须为各项工作挑选第一流的工人,同时他又认为,人有不同的禀赋和才能,一个人可能是完成某项工作最好的人选,但对于另一项工作则可能不合适。因此,作为管理者,应该有意识地去发现每一名员工的长处和局限性,为每一项工作找到最合适的人选,并对他们加以训练,以改变以往由工人自行选择工作,凭经验操作的做法。

(3) 实行刺激性的差别计件工资制度。按照作业标准和时间定额,规定不同的工资率。对完成和超额完成工作定额的工人,以较高的工资率计件支付工资;而对没有完成工作定额的工人则以较低的工资率支付工资,甚至使他们得不到基本日工资,以刺激工人提高劳动效率,完成工作定额。

(4) 把计划职能与执行职能分开。在传统制度下,工人的操作程序、操作方法及使用什么工具都是由工人按自己的经验和习惯决定的,因此,管理者无法对工人实施有效的控制。泰罗认为在大多数情况下,需要有一部分人先做计划,另一部分人去完成。他主张把计划职能从工人的工作中分离出来,设立专门的计划部门来从事计划的制订、颁布和检查等工作,而工人则只执行作业职能。

(5) 实行职能工长制。在传统的组织机构中,一个工长为了完满地履行他的职责,必须具备九种素质:智能、教养、专门的或技术性的知识,敏捷而有力量、才能、精力、坚韧刚毅、正直、判断力或常识、健康。泰罗认为,一般人很难完全具备这些素质,而只具备少数几种。因此,为了使工长的素质与其职能相匹配,就必须将工作予以细分,使每一个工长只承担一种管理职能。他的这一思想为以后职能部门的建立和管理专业化提供了参考。

(6) 实行例外原理。泰罗认为,如果企业的规模不大,可以采用职能工长制进行管理;倘若企业规模较大,还必须实行例外原理,即高级管理人员为了减轻处理繁琐事务的负担,可以把处理一些日常事务的权力授予下级管理人员,而自己只保留对一些例外事项(即重要事项)的决策权和处理权,如基本政策的制定和重要的人事任免权等。这一原理,为现代企业管理中的授权和分权化制度提供了借鉴。

泰罗在管理理论方面做了许多重要的开拓性工作,为现代管理理论奠定了基础。由于他的杰出贡献,他被后人尊称为"科学管理之父",这个称号被铭刻在他的墓碑上。

2. 法约尔——管理过程与管理职能的一般思想

亨利·法约尔(1841~1925)出生于法国一个资产阶级家庭,1860年从圣艾帝安国立矿业学院毕业后,进入康门塔里—福尔香博矿业公司,成为一名采矿工程师,1888年成为该公司的总经理。长期处于公司最高领导位置的法约尔,有可能观察和体会到企业以及其他组织的管理问题,加上他自觉的研究和实践,便形成了他自己的管理过程和管理组织理论。法约尔的管理理论集中反映在《工业管理与一般管理》一书中,这是他一生的管理经验和管理思想的总结。法约尔认为他的管理理论虽然是以大企业为研究对象的,但除了适用于工商企业管理之外,也适用于政府、教会、社会团体、军事组织以及其他各种事业的管理。因此,法约尔被认为是第一个概括和阐述一般管理理论的管理学家。其理论的主要内容有:

(1) 经营活动的分类。法约尔把企业活动分为六类:技术活动,即设计、制造、加工等活动;商业活动,即购买、销售、交换等活动;财务活动,即资金的筹措和使用;安全活动,即设备维护和人员保护;会计活动,即成本核算、资产负债表的制作、货物盘点和统计等;管理活动,即计划、组织、指挥、协调和控制。管理只是其中一类活动。他认为上述六类活动是上自高层领导、下至普通工人每个人都不同程度地要从事的活动,只不过随着职务高低的不同而有所侧重。如普通工人侧重于技术活动,高层领导人侧重于管理活动。其中,管理活动处于核心地位,即企业本身需要管理,其他企业活动也需要管理。

(2) 管理的职能。主要体现在管理活动的五大职能,它们分别是:

计划职能:就是设计行动方案,使企业达到目标;

组织职能:就是合理安排人力、物力去实现目标;

指挥职能:即指挥下级的行动;

协调职能:即统一、调和企业活动与个人的努力,使组织资源与活动能够相互配合;

控制职能:就是保证实际工作与计划拟定的标准相一致。

他认为管理活动的五大职能形成了一个完整的管理程序。

(3) 管理的原则。法约尔十分注重探求企业良好工作秩序应遵循的管理原则。他认为,原则的应用是一门很难掌握的艺术,因此,管理者需要具备智慧和经验,由经验和机智合成的掌握尺度的能力是管理者的重要才能之一。他提出的14条原则包括:

分工。劳动专业化分工能提高个人的专业化技能,从而可以提高工作效率。这种分工同时适用于技术工作与管理工作。专业化的分工要适度,并非愈细愈好。

权力与责任。权力就是下达命令和强迫别人服从的力量,包括职位规定的权力以及由个人智慧、博学、经验、精神、道德、指挥才能等个性因素所形成的影响力;责任是权力的当然结果和必要补充。如果要一个人对某一工作的结果负责,就应该赋予其完成该项任务应有的权力;权力应当同责任相等一致。

纪律。纪律的实质是遵守组织内部各方达成的协议或规定。它以组织及其雇员之间的服从和尊重为基础。维持纪律最有成效的办法是:各级领导要称职,协约尽可能明确而公正;当纪律遭到破坏时,要执行合理的惩罚。

统一指挥。组织内的每一个人只能接受一个上级的命令,法约尔认为,这是一条普遍和永恒的原则,双重命令是对权威、纪律和稳定性的一种威胁,破坏了统一指挥的原则,组织将会出现混乱,并将一事无成。

统一领导。为了达到同一目标的各种活动,只能有一个领导和计划。只有这样,资源的应用与协调才能指向实现同一目标。统一领导是统一指挥的前提,统一指挥只有在统一领导下才能存在。

个人利益服从集体利益。个人利益不能置于整体利益之上,一个组织谋求实现总目标比实现个人目标更为重要。为了协调好两方面的利益,管理人员必须做出良好的榜样,以身作则,进行公正地协调和监督。

人员的报酬。报酬必须公平合理,并尽量使劳资双方都感到满意。报酬制度多种多样,各有利弊,应结合起来使用。

适度的集权与分权。集权与分权作为一种管理制度并无好坏之分,只是两者适用的组织特点不同。组织的集权程度是由管理层和员工的素质以及企业所处的环境和条件所决定的。因此,领导者要根据本组织的实际情况,适时改变集权与分权的程度。

等级链。在管理机构内,从最高权力机构到低层管理人员的领导等级制度,实际上是一条权力线,是自上而下和自下而上确保统一指挥、传递信息的必要途径。法约尔认为,为了克服平行管理环节信息传递的延误,应设计一种分层管理的"跳板",也叫"法约尔跳板",以便及时沟通信息、处理问题、提高工作效率。

秩序。组织的每个要素(包括人、财、物等)都应各在其位。任何组织都要建立秩序,从而避免物资和时间的损失,并使每个人都在能够发挥自己最大能力的岗位上任职。

公平。主管人员对其下属亲切、友好、公正,就可以使下属以忠诚和献身精神去完成他们的任务。公平是组织处理人际关系的一条道德价值准则。

人员的稳定。保持组织中人员的稳定是管理者的重要职责。人员不必要的流动、人事的不断变动是企业管理不善的结果。任何组织都应鼓励员工从事长期服务。

首创精神。所有的管理部门都应允许企业员工以某种方式显示其首创精神,组织成员的首创精神是组织力量的源泉。

团结精神。一个机构内集体精神的强弱取决于机构内部职工之间的和谐与团结,它是企业发展的巨大力量。所以领导者应尽一切可能,维护和巩固组织中人员的团结、协作、融洽的关系。

法约尔关于管理过程和管理组织理论的开创性研究,特别是关于管理职能的划分以及管理原则的描述,对后来的管理理论研究有着非常深远的影响。后人尊称他为"管理过程之父"。

3. 韦伯——理想行政组织体系理论

马克斯·韦伯(1864~1920)是德国著名的社会学家,与同时代的泰罗、法约尔不同,他毕生从事学术研究,涉猎的学科领域十分广泛,他在管理理论上的研究主要集中在组织理论方面,提出了所谓的"理想行政组织体系",这一理论在其专著《社会组织与经济组织》中有系统的阐述。所谓的理想的行政组织体系是指不凭家族地位、人事关系、个人感情等来进行组织,而是按照严密的行政组织、严格的规章制度来组成管理机构。其主要理论观点有:

(1) 设计了理想的行政组织体系,即:

明确分工:组织成员之间有明确的分工,即每个职位的权利和义务都应有明确的规定,人员按照职业专业化进行分工。

等级严密:组织内部的各个职位按照等级原则进行法定安排,形成自上而下的等级系统。

规范录用:人员的任用要完全根据职务的要求,通过正式考试和教育训练来实行。

管理职业化:管理人员有固定的薪金和明文规定的升迁制度,是一种职业管理人员。

遵守纪律:组织内的任何人都必须遵循共同的法规制度,遵守组织规定的规则纪律以及办事规程,组织也要通过建立准则和规范来控制人的行为。

组织内的人际关系:组织中人员之间的关系是工作与职位的关系,不受个人情感的影响。这种公正不倚、理性的态度,不仅适用于组织内部,而且适用于处理组织与外界的关系。

韦伯认为这种理想的组织体系最符合理性原则,能获得最高的效率,它在精确性、秩序性、稳定性和可靠性等方面都优于其他组织形式。

(2) 行政组织体系的基础是合法规定的权力。他认为,任何组织都必须有某种形式的权力作为基础,才能保证组织的秩序和达到组织的目标。他指出有三种类型的权力。

理性和法律的权力:这是指合理挑选、依法任命、并赋予行政命令的权力。

传统式的权力:这种权力来源于传统习惯。在封建社会中的传统习惯就是家族世袭,权力代代相传。

个人崇拜式的权力:它来自对某个人的迷信和崇拜。

韦伯认为,理想的行政组织体系必须建立在第一种权力,即理性和法律规定的权力基础之上。因为只有这种权力具有合法性,能保证管理的连续性,在任命时经过理性的考虑和挑选,能保证管理工作的合理性。

(3)纵向分工的分层结构模式。行政组织体系的结构主要分为三层。如图2-1所示。

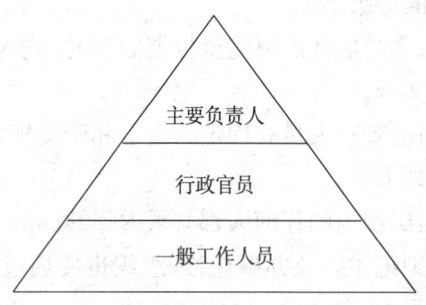

图2-1 行政组织体系的分层结构

在图中,第一层是主要负责人,其主要职能是进行决策;第二层是行政官员,其主要职能是贯彻主要负责人所作出的决策;第三层是一般工作人员,其主要职能是从事实际的业务工作。这种最高决策层、中间环节管理层、基层作业层的三级分工组织体系,至今仍为大多数企业所采用。

韦伯的这一理论是对泰罗、法约尔等人的理论的一种补充,对后来的管理学家,尤其是组织理论学家有很大影响,因此,他被后人尊称为"组织理论之父"。

4. 其他有影响的人物

科学管理理论阶段比较有影响的人物还有如下几位：

亨利·甘特,美国管理学家,机械工程师,创建了"甘特图",是当时计划和控制生产的有效工具,并为当今现代化方法PERT(计划评审技术)奠定了基础。

卡尔·乔治·巴思,美籍数学家,他提出的许多数学方法和公式,为泰罗的工时研究、动作研究、金属切削试验等研究工作提供了理论依据,为科学管理工作作出了很大的贡献。

吉尔布雷斯夫妇,美国工程师弗兰克·吉尔布雷斯与夫人(心理学者莉莲·吉尔布雷斯)在动作研究与工作简化方面作出了特殊贡献。吉尔布雷斯毕生致力于研究如何提高效率,即通过减少劳动中的动作浪费来提高效率,因而他被称为"动作专家"。

切斯特·巴纳德,美国的管理学家和高级经理,他在组织理论研究方面作出了很大贡献,他指出组织是一个自觉协作活动的系统,并且有正式组织和非正式组织之分,这一理论为后来的社会系统学派的理论奠定了基础。

林德尔·厄威克,英国著名的管理学家,主要贡献是把科学管理理论系统化,综合出一套科学的逻辑框架。

二、古典管理理论的特点

1. 资本所有者与企业管理者分离

在传统管理阶段,工厂的经营者就是企业的资本所有者,他们只追求减少成本和增加利润,很少考虑其他方面的情况。随着生产过程的复杂化和生产规模的扩大,这种管理方式暴露出致命的局限性。一系列工矿企业恶性事故的发生,促使企业资产所有权与经营管理权的分离,管理成为企业中的专门职能,社会上出现了专门从事经营管理的管理者阶层,许多管理学家开始研究管理者的作用,组织结构合理化的问题。职业管理人员的出现,促使管理理论的发展。

2. 科学管理代替单纯的经验管理

传统管理阶段的经验管理方法是与简单小生产的生产方式相适应的,随着生产社会化程度的提高,就需要用科学的方法来进行管理。古典管理理论阶段,管理学家所着重解决的问题就是促使管理者们由传统的家长式经验管理过渡到制度化、标准化的科学管理。他们着重强调了严格分工、标准操作方法、按定额付酬、健全的组织机构和人员培训等。

3. 强调物质因素的作用而忽视了人的社会性

把人看成是单纯的"经济人"、"活机器",认为工人只能服从而没有主动性;在组织结构上是独裁式的管理,强调了组织形式而忽视了对人格的尊重;等级层次和规章制度过于僵硬,缺乏灵活性。

总之,在这一阶段,管理工作逐渐成为一种专门的职业,由职业管理人员——经理、厂长作为资本家的代理人进行管理。管理方法上,也在原来单凭经验进行管理的基础上,经过总结提高,采用科学的方法,使管理工作向科学化、标准化、制度化、系统化的方向发展。但同时,也应该看到对人的社会性的忽视,带来了管理的失灵,这一阶段管理思想的局限性,为管理科学继续发展留下了空间。

第三节 行为科学管理理论

20世纪20年代至50年代,管理科学的发展进入了行为科学理论阶段。

古典管理理论的广泛运用,大大提高了组织的效率。以泰罗和法约尔为代表的古典管理理论完成了使管理从经验到科学的转变,为西方管理理论奠定了坚实的基础。但是,古典管理学者们强调物质因素的作用,忽视了人的主观能动性;强调科学性、精密性、纪律性,严格的等级制度,忽视社会、心理因素对人的行为的影响,强调自上而下的控制和惩罚,忽视人的行为对组织成败的重要作用。事实上,仅仅靠工程师的科学设计,依靠奖金刺激,依靠等级分明的指挥系统,并不可能给企业带来持久的活力;相反,紧张而单调的劳动和日益严重的分配不均,却越来越激起工人有组织的反抗。因此,一种把人类学、社会学和心理学等运用于企业管理的新理论——行为科学便诞生了。

所谓"行为科学",就是研究人在生产中的行为规律以及产生行为的原因的一门综合性的边缘学科。它是西方学者用人类学、社会学、心理学、经济学、管理学的理论和方法,分析研究人的本性与需要,行为与动机,以达到协调人际关系和提高工作效率的目的的新学科。行为科学管理理论的研究基本上可以分为两个时期:前期称为"人际关系学说"(或人群关系学),它以20世纪二三十年代美国学者梅约的霍桑试验开始;后期是从1949年在美国芝加哥讨论会上第一次提出"行为科学"这一概念开始的。这些研究在实际上否定了传统的"经济人"的假设,为以人为本的现代管理思想的产生打下了重要的基础。

一、行为科学的理论

1. 前期——人际关系学说

人际关系理论是由美国哈佛大学心理学教授乔治·埃尔顿·梅约(1880~1949)在总结霍桑试验成果的基础上提出的。梅约生于澳大利亚,曾获逻辑学与哲学硕士学位,以后在苏格兰的爱丁堡研究医学,成为精神病理学副研究员。移居美国后,主要在哈佛大学工商管理学院从事研究工作。主要论著有《工业文明中人的问题》(1933)、《工业文明中的社会问题》(1945)。

1924~1932年,以梅约为首的一批学者,在美国西方电气公司所属的霍桑工厂进行了长达8年的一系列试验,即著名的霍桑试验。他们通过变换车间的照明条件(照明试验),改变职工的福利条件(福利试验)以及对群体工人工作动机和行为的观察(群体试验),广泛同职工接触和谈话(谈话试验)等方法,仔细地了解和分析社会与心理因素对职工行为和生产效率的影响,发现了非正式组织的存在及其活动机制,以及对职工行为的作用。第一次把工业生产中人际关系问题提到了首要位置。梅约在《工业文明中人的问题》一书中,系统阐述了与古典管理理论截然不同的人际关系学说,其主要观点可以概括为:

(1) "社会人"的观点。古典管理理论把人看作是一种仅仅为追求利益而活动的"经济人",因而它通过制定不同的计件工资标准刺激工人,以求提高生产效率。而梅约认为工人并不单纯追求金钱收入,他作为复杂的社会系统成员,也在追求人与人之间的友情、安全感、归属感等社会和心理需求的满足。因此,除了金钱刺激以外,社会和心理方面的动机也对提高生产效率有着重要的作用。

(2) "非正式组织"的观点。企业中除了"正式组织"之外,还存在着"非正式组织",它是人们在共同工作中发生相互联系,形成共同感情而组成的群体。这种组织有自然形成的规范和惯例,左右着成员的行为。这种非正式组织是影响劳动生产率的重要因素。

(3) 管理职能的观点。泰罗是通过改变工人的操作方式和通过计件工资制加强工人之间的竞争来提高生产效率的;法约尔和韦伯则是通过强化组织原则和组织权威来提高生产效率;梅约则认为需要通过提高工人的"士气"来达到提高效率的目的,因为生产率的升降在很大程度上取决于工人的工作积极性、主动性与协作精神,而士气的高低,则取决于社会因素特别是人群关系对工人的满足程度。因此,提高工人的"士气"就必须尽可能地满足工人的需求,而管理的职能就在于倾听下属的意见,沟通上下思想,在正式组织的经济需求和非正式组织的社会需求之间创造平衡,从而最大可能地提高工人的"士气"。

对于管理学的发展,梅约的研究具有重大意义,他提出重视人的行为,开辟了管理学研究的崭新领域,打开了新的思路,从而为行为科学的发展奠定了基础。

2. 后期——行为科学

行为科学是一门横跨心理学、社会学等多学科的理论,它对工作中个人和群体的行为进行分析和解释,强调创造出一种最优工作环境,以便既能实现组织目标,又能实现个人目标。在人际关系学说以后,西方从事这方面研究的学者大量涌现,行为科学在后期的发展主要集中在4个方面:

第一,有关人的需要、动机和激励问题。激励在心理学中的含义是指激发人的动机的心理过程。通过激励,个体可以处于兴奋状态之中。将激励这一概念用于管理时,是指激发职工的正确动机和工作积极性,使职工向着组织目标努力。激励理论分为内容型激励理论、过程型激励理论和状态型激励理论,这三种类型分别从不同角度探索了对职工的激励问题。其代表理论有:马斯洛的"需求层次论";赫茨伯格的"双因素理论"(激励因素——保健因素理论);斯金纳的"强化动机理论";弗鲁姆的"期望几率模式理论"。

第二,企业管理中的"人性"问题。其代表理论有:麦格雷戈的"X理论——Y理论";莫尔斯和洛希的"超Y理论";大内的"Z理论";阿吉里斯的"不成熟——成熟理论"。

第三,企业中的"非正式组织"以及人与人的关系问题。非正式组织对组织目标的实现有着巨大的影响作用,包括非正式组织的规模与结构、内聚力与士气以及非正式组织内的人际关系等。其代表理论有:卢因的"团体力学理论";布雷福德的"敏感性试验";莱维特的"沟通网络理论"。

第四,企业的领导方式和领导行为的问题。领导行为理论即领导有效性理论,它研究如何提高领导效率的问题。其代表理论有:坦南鲍姆和施密特的"领导方式连续统一体理论";利克特的"支持关系理论";斯托格第和夏特尔等人的"双因素模式";布莱克和穆顿的"管理方格法"。

二、行为科学管理理论的特点

行为科学管理理论的产生和发展是现代化大生产发展的必然产物。它把社会学、心理学、人类学等学科的知识导入管理领域,开创了管理领域的一个独具特色的学派。其特点可概括如下:

1. 提出了以人为中心来研究管理问题

古典管理理论强调组织形式而忽视了人,行为科学理论主张以人为中心进行管理,这是管理思想的一个重大变革。在行为科学阶段出现了许多不同的理论和假说,但是,它们的一个共同特点是认为人的积极性是决定生产效率的关键,人是组织中最重要的资源。因此,一个管理者必须学会激励和领导员工,学会处理好人际关系。

2. 肯定了人的社会性和复杂性

行为科学对人类个体、群体、组织行为的研究,揭示了人类行为的一般规律,认为人的行为动机和需求是非常复杂的,人们工作不仅仅是为了物质利益。行为科学的研究重点就是人的动机、人的需求、人的行为的激励和领导方式等问题。行为科学理论的发展,推动了管理思想由僵化的专制式管理方式向灵活、激励式的管理方式的转变。

第四节　现代管理理论

第二次世界大战后,企业管理进入现代管理阶段。当时,现代自然科学和技术日新月异,自动化水平不断提高,技术更新周期逐渐缩短,生产和组织规模急剧扩大,生产力迅速发展,生产社会化程度不断提高。这些现象引起人们对管理理论研究的高度重视。在许多国家,不仅从事实际管理工作的人和管理学家在研究管理理论,而且一些心理学家、社会学家、人类学家、经济学家、生物学家、哲学家、数学家等也从不同的背景、不同的角度,用不同的方法对现代管理理论进行研究,各种管理理论学派如雨后春笋,相继而生,呈现出管理学派林立的局面。1961年美国著名的管理学家哈罗德·孔茨在他的论著中,把这一现象形象地描述为"管理理论的丛林"。由于这些学派都是从各自的背景出发,以不同的理论为依据来研究同一对象——管理过程,因此带来了一些概念、原理和方法上的混乱。近年来,许多学者都在力求将各派的观点兼容并蓄,为走出"丛林",建立统一的管理理论寻找新的出路。

一、系统管理理论学派

20世纪60年代,一些学者运用一般系统理论的原理和方法来分析和研究管理问题,创立了系统管理学派。其主要代表人物有美国的理查德·约翰逊、费里蒙特·卡斯特以及詹姆士·罗森茨威克等。他们三人在1963年合著的《系统理论与管理》以及卡斯特和罗森茨威克两人合著的《组织与管理》是系统管理理论的代表作。

按卡斯特等人的研究,系统管理理论的主要内容有:

1. 企业是一个人造的开放的系统

它的开放性指同周围环境如顾客、竞争者、供应商、政府等存在着动态的相互作用,并具有内部和外部的信息反馈网络,能够不断地自行调节,以适应环境和企业本身的需要。

2. 企业本身也是由各个子系统有机联系而组成的一个系统

在管理工作中,强调通过各个子系统之间的协调,以实现组织大系统的整体优化。企业内部的子系统可以从不同角度进行分类。

(1) 从各个子系统的性质内容来划分,可分为:① 目标与价值子系统。组织的许多价值观是从外界的社会文化环境中取得的,有些则是根据组织自身的需要而塑造的。企业的目标体现了价值观的要求,它包括企业的战略目标、各部门的策略目标和职工的个人目标。② 技术子系统。包括为实现目标和任务所需的机器、工具、程序、方法、专业技术知识。③ 社会心理子系统。包括组织成员的行为和动机、地位和角色的关系、群体动力、影响力等。④ 结构子系统。包括职能结构、职务和岗位结构、部门结构、职权结构、工作规范、协调系统等。⑤ 管理子系统。包括决策、计划、组织、领导、人事、控制等管理职能。管理子系统在上述五个子系统中处于中心地位,它负责指导和协调其他各个子系统的活动。

（2）根据各个子系统在企业中所起的不同作用可划分为：① 传感子系统。用来度量和传感企业系统内部和周围环境的变化。② 信息处理子系统。如会计、统计等数据处理工作。③ 决策子系统。接受输入的信息,制定决策并向下传达。④ 加工子系统。利用信息、原料、能源、机器等完成一定的生产和工作任务。⑤ 控制子系统。保证加工按照原定的计划进行,一般都有反馈控制。⑥ 信息储存子系统。可采用记录、手册、工艺规程、电子计算机程序等形式。

（3）根据各子系统在组织中所处的不同层次来划分,可以有战略子系统、协调子系统及作业子系统。

系统的运行效果是通过各子系统相互作用的效果决定的,它通过和周围环境的交互作用,并通过内外部的信息反馈,不断进行自我调节,以适应自身发展的需要。

系统管理理论为管理人员提供了一种新的思考问题的方法,有自己的特点和独到的程序。他们把系统论、控制论、信息论等新学科的知识运用到管理研究中,形成了有一定体系的管理理论,并为管理理论的统一探索新路。

二、权变理论学派

权变管理理论是20世纪70年代在西方兴起的一种管理理论,并在美国等地风行一时,其代表人物有美国的帕罗·劳伦斯、杰伊·洛希、弗雷德·卢桑斯和登·赫尔瑞格等人。美国尼布拉加斯大学卢桑斯教授于1976年出版的《管理导论:一种权变学》一书中系统地阐述了权变理论。这一理论的核心是研究组织的各个子系统之间的相互联系,以及组织和它所处的环境之间的关系,并确定各种变数的关系类型和结构类型。它强调:在管理中,要根据组织所处的内部和外部条件的变化随机应变,针对不同的条件寻求不同的最合适的管理模式、方案和方法。

权变理论认为,以往的管理理论大致可以划分为四种,即过程学说、计量学说、行为学说和系统学说,这些学说的共同缺陷是没有把管理与环境妥善地联系起来,因而它们的管理观念和管理技术存在着理论与实践相脱离的问题,都不能有效地指导管理活动。权变理论就是要改变这种状况,把环境因素对管理的影响具体化,从而使管理与管理环境紧密地联系在一起。因此权变管理就是考虑到有关环境的变量同相应的管理观念和技术之间的关系,使采用的管理观念和技术能有效地达到目标。在通常情况下,环境是自变量,而管理的观念和技术是因变量。这就是说,管理者必须明确每一种情景的各个变数,了解这些变数之间的关系及其作用,掌握原因和结果的复杂关系,从而针对不同情况作出灵活变通的对策选择。在权变理论看来,管理中并不存在什么通用的最好方法,应该用哪种理论和方法要视组织的实际情况和所处的环境而定。例如,在经济衰退时期,企业在供过于求的市场条件下经营,采取集权的组织结构就更适合于达到组织目标;在经济繁荣时期,在供不应求的市场条件下经营,采取分权的组织结构可能会好一些。

权变理论致力于组织环境的研究,认为环境可以分为外部环境和内部环境。外部环境又可以分为两种:一种是由社会、技术、经济和政治、法律等所组成的；另一种是由供应者、顾客、竞争者、雇员、股东等组成的。内部环境基本上是正式组织系统，它的各个变量与外部各变量之间是相互关联的。管理者在管理过程中，应正确地估量环境条件，把握各个变量之间的关系，从而作出管理行为的选择。

权变理论吸引了众多管理学者，其魅力不仅在于其独特的思维方式和走出丛林的可能，而且特别是在管理理论与实践之间架起了一座桥梁，它既摆脱了系统理论的抽象，也避免了纯经验论的具体，是二者的良好结合。权变理论三个突出的特点是：

1. 开放系统的观念

这是权变理论最基本的观点。权变论并不满足于只对组织内部机制的了解，而且还要分析组织系统与外部社会、政治、经济系统的相互作用机制。

2. 实践研究的导向

实践研究能导致更为有效的现实管理活动，而权变理论正是努力把实践研究的结果变成方法和特定情景下的模式，以促进更有效的管理。

3. 多变量的方法

权变理论采用多变量分析技术以确定不同变量的组合所产生的特定结果。

在现代管理理论的丛林中，权变理论并没有提出新的具体的管理理论、技术和方法，但却为管理者提供了一个新的思路，那就是提醒他们不要成为某一具体的管理理论的奴隶，而是要根据具体情况选择适用的管理理论、技术和方法。这样，权变理论就使以往的过程学说、计量学说、行为学说和系统学说恢复了生命力，表明了它们不会过时或被新的管理学说所否定。但是，这一理论又对所有管理理论的适用范围加以限制，指出没有普遍适用的管理学说，一项管理活动可能会面对各种复杂的变数，至于哪种管理理论是适用于这项管理活动的,要视具体情况而定。

权变理论的出现,是对传统理论的一种挑战,它反对传统理论企图用一种理论或模式以求得在一切情况下获得管理最高效率的做法,强调具体情况要具体分析,这种态度对企业管理实践无疑是有益的。卢桑斯甚至认为权变管理能够引导管理理论走出"丛林",实现管理理论的统一,可见,管理学者对权变理论的评价甚高。

三、管理科学学派

管理科学学派是在继承泰罗科学管理思想的基础上,广泛吸收统计判断、线性规划、排队论、博弈论、统筹法、模拟法、系统分析法等科学成果而建立起来的管理学说。在进一步的发展过程中,它不断地运用最新的数学方法、电子计算机技术以及系统论、信息论、控制论等手段,建立数学模型,对管理领域中的人力、财力、物力进行系统的定量分析,作出最优规划和决策。

管理科学学派的代表人物和著作主要有:拉塞尔·阿考夫等人所著的《运筹学入门》;萨缪尔·里奇曼的《用于管理决策的运筹学》;埃尔伍德·伯法的《生产管理基础》。

管理科学的主要特点有:第一,运用系统的方法考虑问题;第二,运用数学模型和定量化方法解决问题;第三,以经济效果最优为解决问题的标准;第四,充分利用和发挥电子计算机的作用;第五,采用多学科交叉配合的方法从事研究。

现代管理科学的广度和深度都有了发展,它包括三个重要的方面:运筹学、系统分析和决策科学化。

1. 运筹学

运筹学是随着现代人类活动的需要和现代科学的发展而产生的。第二次世界大战中,以杰出的物理学家布莱克特为首的一批英国科学家,为了解决雷达的合理布置问题发展了数学分析和计算技术,后来,它又应用于反潜艇战和其他组织管理领域。1951

年美国的莫尔斯和金布尔总结了第二次世界大战期间的部分经验和方法,合写了《运筹学方法》一书,指出运筹学可以为各种行政部门的工作服务。这是一种分析、实验和定量的科学方法,专门研究在物质条件(人、财、物)既定的情况下,为了达到一定的目的,统筹兼顾整个活动所有各个环节之间的关系,最经济、最有效地使用人、财、物力,取得最好的效果,从而为选择一个最好的方案提供数量上的依据。

运筹学在实践中,由于解决问题的特殊性,又形成了许多新的分支,主要有:

(1) 规划论。主要用来研究如何统筹安排、合理地调度各种资源,使资源处于最佳配合状态,以保证系统最佳运行并取得预定的效果。根据情况不同,规划论可以分为"线性规划"、"非线性规划"、"动态规划"、"整数规划"、"目标规划"等。

(2) 对策论。又称博弈论,是在研究利益相互矛盾的多因素问题或具有竞争性的活动中,探求如何获取期望利益最大或期望损失最小,从而选择制胜对方的最佳策略的一种数学方法。

(3) 排队论。主要是用来研究在公共服务系统中,如何调整服务设施、如何选择最合适、最有利的服务方式,既不使顾客或使用者过长地排队等候,又不使服务设施过久地闲置。

(4) 搜索论。用来研究寻找某种对象(如石油矿物及产品中的废品等)的过程中,如何合理地使用搜索手段(包括人、财、物和时间),以便取得最佳的搜索效果。

(5) 库存论。用来研究如何选择购货(生产)方式和最优储存的数量,使购储成本最低,从而既能满足实际需要,又能减少存货积压,保证资金有效地运转。

(6) 网络模式。是利用网络图对工程进行计划和控制的一种管理技术,即采用"计划评审技术"(简称 PERT)。在完工期限已定的条件下,如何调整计划,以使资源利用最省(均衡);或在资源一定的条件下,如何调整计划,以使整个工程尽早完成。常用的方法还有"关键线路法"(简称 CPM)。

2. 系统分析

系统分析这个概念是美国兰德公司在 1949 年首先提出的。现代管理科学将管理对象视为一个复杂的"系统",这个"复杂系统"是由相互联系、相互作用的不同部分(子系统)结合构成的具有特定功能的有机整体,它又从属于更大的系统。管理科学的系统观,是要从系统全局出发,进行分析研究,制定符合系统规律的决策,并采取有效的组织管理措施,它的准则和步骤是:

(1) 首先明确系统的最终目标以及子系统的分目标和阶段性目标。

(2) 把研究对象视为整体,是一个统一的系统,并分析子系统与系统、各子系统之间的相互关系和功能特性。

(3) 探索达到系统总目标对各子系统的要求。

(4) 设计标准,对可选方案进行分析,以实现总体目标为准则,选择最优方案。

(5) 组织实施,实施优选方案并不断修改完善。

系统分析与运筹学作为逻辑和计量方法有很多共性,一般认为,系统分析的范围更广泛一些,属于战略性质的高级决策研究;运筹学研究的范围较狭窄,一般作战术性质的分析论证。但在实践中,作为决策工具,系统分析与运筹学可以同时使用,相互补充。

3. 决策科学化

决策科学化或科学决策要以充分的事实为依据,采取严密的逻辑方式,对大量的资料和数据按照事物的内在联系进行计算、分析,遵循科学程序,作出正确的决策。现代管理科学主要是为决策服务的,运筹学和系统分析为决策科学化提供分析技术和分析思路,它所使用的先进工具——电子计算机和管理信息系统也为决策科学化提供了可能和依据,管理科学的发展过程,在很大程度上也是决策科学化的过程。

当代决策理论中最著名的代表人物是诺贝尔经济学奖获得者、美国卡内基——梅隆大学教授西蒙,他认为计划本身就是决策,组织和控制也离不开决策,运用管理科学,归根到底是要减少决策的失误,提高决策的质量。

管理科学理论把现代科学方法运用到管理领域中,为现代管理决策提供了科学的方法,为管理科学定量分析和计算机手段的广泛运用开辟了广阔的天地。

四、日本式管理

20世纪80年代后,整个国际经济形势发生了巨大的变化,使得西方的管理学者对传统的管理理论进行了深入的思考。更为重要的是,日本在此前的短短二十几年内,由一个战败国一跃成为居世界经济第二的国家,成为美国主要的市场竞争对手,引起人们对这一现象的深刻反思。经过深入的分析,人们发现,文化在企业的竞争和管理中发挥着十分重要的作用。1980年,美籍日裔教授威廉·大内出版了《Z理论——美国企业界怎样迎接日本的挑战》一书,在西方企业界掀起了一股企业文化思潮。

所谓的企业文化就是企业的经营理念、价值体系、历史传统和工作作风,表现为企业成员的整体精神、共同的价值标准、同一行为的准则、习惯的沉淀、职业的习惯、一定的道德规范和文化素质。日本式管理的三个支柱是终身雇佣制、年功序列制、企业工会制。这是日本企业竞争力量的源泉,也是日本企业的个性特征。

1. 终身雇佣制

其特征是:① 录用刚毕业的大学生;② 以综合能力为基准进行录用;③ 被录用者主动要求将本人的一生奉献给企业,但企业必须以保障本人一生的职业作为前提条件。终身雇佣制有利于企业的员工效忠企业,主人翁意识强;另一方面它灵活性较差,给企业资产组合和产业结构调整带来一定的困难,容易僵化。

2. 年功序列制

年功序列制与终身雇佣制密切相关，它是依据从业人员在本企业连续就业的年数确定其工资和职务的制度，年功序列制是终身雇佣制的一个必然结果。随着年龄的增长、工作经验的丰富，员工对企业的贡献必然越来越大，然而其家庭的负担也越来越大，因此其工资和职务与年龄同步提高是合情合理的。在日本，这种年功序列制根深蒂固，并与人们的普遍价值观及社会文化紧密联系。

3. 企业工会制

日本企业工会的成员仅限于科长（不含科长）以下的职工，一旦晋升为科长后，就不再成为工会成员。在日本有相当一部分科级以上的企业管理人员是原来工会的成员或者是工会干部，有的企业的干部全部都曾是企业工会的成员。因此，企业工会与企业有深刻的关系，其本质上是一个实体的两个方面。

日本企业的工会不同于其他西方国家的工会，前者与企业管理者的目标一般是一致的，而后者与企业的管理阶层却经常处于对立的状态。日本企业的工会要对企业的经营状况、财务状况行使起监督的职能，以防止经营者滥用职权，损害职工的利益。在企业处于困难时期，企业工会常采用一些方法激励工人为企业尽力。

上述三个支柱是一个有机统一体，相互渗透、相互作用，为增强日本企业的活力，提高日本企业在国际市场上的竞争力发挥了巨大的作用。

日本众多企业的高效运作，让世界同行们惊叹不已，诸如质量循环、准时制生产（JIT）等，都是日本企业获胜的法宝。

第五节　管理理论的新思潮

随着时代的前进，以信息技术为代表的新技术革命引发了一场人类社会前所未有的社会、文化、环境等诸方面的深刻变革,这些变革也影响了现代企业管理,使管理理论出现了新的思潮。

一、学习型组织学说

"学习型组织"说,是美国麻省理工学院的一群学者和一些企业家合作研究后所提出的一种管理理论。他们研究成果的结晶,体现在彼得·圣吉写的《第五项修炼——学习型组织的艺术与实务》这部巨著之中。该书于1992年获得世界商业学会的最高荣誉开拓奖,该书的作者也于同年被美国商业周刊推崇为当代最杰出的新管理大师之一。其主要内容有:

1. 最有竞争力的公司是学习型组织

任何公司都是一个组织。传统公司是权威控制型组织,但是20世纪90年代以来最成功的公司是学习型组织。如今世界,纷繁复杂,企业不能再只靠领导者"一夫当关"运筹帷幄来统帅全局,企业唯一持久的竞争优势源于比竞争对手学得更快更好的能力,未来真正出色的企业,将是能够设法使各阶层人员全心投入,并有能力不断学习的组织。

2. 塑造学习型组织需要创新

彼得·圣吉认为:发明与创新是有区别的。一个新构思,在实践或实验中被证实,这是发明;新构思以适当的规模推广开来,变得实用,带来经济和社会效益,才是创新。他指出,学习型组织已经被发明出来,但还没有达到创新的地步。因此,为了能把一个公司变成学习型组织,就必须进行创新,使每个公司提高自己的学习能力,发展自己创造未来的潜能。

3. 五项修炼

彼得·圣吉认为:汇聚五项修炼或技能,是建立学习型组织的关键。所谓"学习型组织",就是充分发挥每个员工创造性的能力,努力形成一种弥漫于群体与组织的学习气氛,凭借着学习,个体价值得到体现,组织绩效得以大幅度提高。学习型组织是人们从工作中获得生命意义、实现共同愿景和获取竞争优势的组织蓝图。

第一项修炼:自我超越,这是学习型组织的精神基础。这项修炼就是要培养组织中的个人不断追求自己终极目标的能力,使组织中的每个人都学会"如何在生命中产生和延续创造性能力",使人们不断认识自我,认识客观现实,不断赋予自己新的奋斗目标和新动力,从而超越过去、超越自己。自我超越作为一项修炼,对于学习型组织来说,它的所有员工都应该是主动的、积极的、富有创造性的,而不是被动地接受管理者的指挥。因此,"自我超越的人"丰富了管理理论中关于"自我实现的人"和"复杂人"的人性认识。

第二项修炼:改善心智模式,即改善我们的认知模式、思维模式,它是不断检验隐藏在我们所有行为背后的基本假设是什么,以及这些假设是否正确的过程。心智模式是一个看待旧事物而形成的特定的思维定势,这种心智模式,能够使我们较为迅速地处理一些经验性的问题。但另一方面,在一个急剧变动的社会中,我们心中存在的许多假设、成见甚至图像、印象,会影响我们看待新的事物,影响我们采取正确的行动。改善心智模式实际上是要求组织能够不断地随着外部环境的改变适时调整甚至革新组织内部的习惯性做法,唯有人的观念改变才能使行为发生根本性的转变。

第三项修炼:建立共同愿景,其目的主要是组织能够"培养组织内的成员主动而真诚地奉献和投入,而不是被动地遵循"①。共同愿景对于学习型组织来说,至关重要,由于共同愿景组织的成员对愿景的共同关切,所以它能够将组织成员的所有能量凝聚在一起,在极端不同的人与人之间建立一体感,是组织产生活力和勇气的源泉。

第四项修炼:团队学习,其主要目的是发展团队成员整体搭配

---

① 彼得·圣吉著:《第五项修炼——学习型组织的艺术与实务》,上海三联书店1994年版,第9页。

与实现共同目标的能力。团队学习的主要形式是"深度会谈"和讨论,它可以使组织内的成员注意到思维的集体性本质,觉察彼此思维中不一致的地方,从而相互帮助,使集体思维变得愈来愈默契。

第五项修炼:系统思考,这是"看见整体"的一项修炼,它要求人们运用系统的观点看待组织的发展,使人们看清隐藏在复杂现象后面的结构,并且能够敏锐地感觉到属于整体的各个互不相关的因素之间的联系。系统思考的精髓在于转换思考方式。熟悉、掌握并能够运用"系统基模"则是将系统观点用于实践的第一步。

以上五项修炼缺一不可,应该把它们融合起来。系统思考,恰恰是能把五项修炼融为一体的理论和实务。少了系统思考,就无法探究各项修炼之间如何互动。系统思考强调其他每一项修炼,并不断地提醒我们:融合整体能得到大于各部分汇总的效力。系统思考使人们实现了一次观念上的根本改变:从把自己看成与世界割离的,转变为与世界联系的;从把问题看成是由"外面"某些人或事所引起的,转变为看到自己的行为如何造成问题。

值得强调的是:修炼的境界并非靠强制力量或威逼利诱所致,而是必须精通整套理论、技巧,进而付诸实行。"每习得一项修炼,便更向学习型组织的理想迈进一步。但是学习是一个终身的过程,你永远不能说:我们已经是一个学习型组织,学得愈多,愈觉察到自己的无知。因而,一家公司不可能达到永恒的卓越,它必须不断学习,以求精进。"[①]

圣吉在其学习型组织理论中,完整地提出了组织发展的最高目的,即个人价值得到体现,组织绩效得以大幅度提高。前一个目的以往只是较多地体现在空想社会主义思想家的著作中,管理学界根本未予以应有的重视。圣吉将两者有机地结合在一起,指出

---

① 彼得·圣吉著:《第五项修炼——学习型组织的艺术与实务》,上海三联书店1994年版,第11页。

组织进步与发展必须是两个目标的统一，为以后的理论创新与实践探索提供标尺。再者，他的开创性研究，唤起了许多学者对塑造学习型组织的兴趣。圣吉提出的具备五项修炼的学习型组织的模型，为不断开展这方面的研究提供了一个坚实的基础。他对于个体如何超越、团队如何学习、如何管理心智模式、如何建立共同愿景、如何进行系统思考的许多论述，具有极高的应用价值。

二、再造流程

1993年哈默与詹姆斯·钱皮在合著的《再造公司：企业革命的宣言》一书中阐述了这一理论，他们认为业务流程再造（BPR）是"对企业的流程作根本性的再思考和彻底再设计，以便在成本、质量、服务、速度等衡量企业绩效的重要指标上取得显著性的进展"[1]。其基本含义如下：

（1）企业再造必须从根本上重新思考业已形成的基本信念，即对长期以来经营中所遵循的基本原则如分工思想、等级制度、规模经济、标准化生产和官僚体制等进行重新思考，打破原有的思维定势，进行创造性思维。

（2）企业再造是一次彻底的变革，它不是对组织进行肤浅的调整修补，而是要进行脱胎换骨式的彻底改造，是抛弃现有的业务流程和组织结构以及陈规陋习，另起炉灶。

（3）企业通过再造工程可望取得显著的进步。企业再造是根治企业顽疾的一剂"猛药"，有可能取得飞跃式进步。哈默和钱皮为"显著改善"制定了一个目标，即"周转期缩短70%，成本降低40%，顾客满意度和企业收益提高40%，市场份额增长25%"[2]。通过抽样统计表明，在最早进行再造的企业中，70%达到了这个目

---

[1] 迈克尔·哈默、詹姆斯·钱皮：《再造公司：企业革命的宣言》，上海译文出版社1996年版，第124页。

[2] Michael Hammer and James Champy. Reengineering the Corporation: A Manifesto for Business Revolution [M]. Harper Collins Publishers, 1993.

标,取得了初步的成功。

（4）企业再造从重新设计业务流程着手。业务流程是企业以输入各种原料和顾客需求为起点到企业创造出对顾客有价值的产品(或服务)为终点的一系列活动,它强调工作是如何进行的,而不是工作是做什么的。一般而言,流程决定着企业的运行效率,流程是企业的生命线。业务流程的重组,是企业重新获得竞争优势与生存活力的有效途径。

BPR的实质是对工业社会中劳动分工和管理分工的整合[①]。BPR的关键是对业务程序的重新设计,使流程的衔接尽可能通畅,使工作像在没有接头的管子里流动的水一样毫无阻碍。因此流程再造的核心是速变、速决、速动,其基础是高速度地掌握和处理与企业生产、经营、管理、研究开发等有关的信息。而传统的企业管理、市场营销方式将随之消失或至少是发生很大改变。因此,BPR意味着企业从原来标准稳定的管理手段转向实用、流动的管理体系。在实用、流动的体系中,整体与部分之间的关系比机械模式中的组合更加松散,其明显特征就是整体比各部分的总和更多,即 $1+1>2$。它强调的是凝聚与合力,最大限度地释放员工的能量。BPR导致了企业在学识和自我创新方面产生了一种良性的内在生态效应,而其外在表现则为企业产品成本低、特点明显、个性化强、品种齐全、进入市场时间早。

再造流程是管理科学发展到今天由新经济催生出来的一个最热门的管理思想,也是继全面质量管理运动之后为适应新环境而发起的又一次重大的企业革新运动。如果说全面质量管理的着重点在质量,流程再造的着重点则在效率;全面质量管理的出发点在全员参与,调动人的积极性,再造流程的出发点则在组织重建,创

---

① 李爱民、李非:《企业再造思想及其发展路径选择》,《学术研究》,2006年第12期,第52～57页。

造灵活、高效的工作程序和环境。近年来,再造流程不仅是管理界学术研究的热点,更是在国际企业界形成了讨论和应用的热潮。美国、日本、西欧的一些企业都争先恐后开始了这方面的实践。企业再造理论为企业管理带来了一个全新的视角,曾经被奉为金科玉律的亚当·斯密的分工理论因此被打破,以按产业目标组合的过程团队取代了按劳动分工建立的职能组织,成为一场革命。

三、战略管理

企业战略管理理论萌芽于 20 世纪 30 年代。1938 年,切斯特·巴纳德首次将战略的概念引入管理理论,提出组织与环境匹配的主张,成为现代竞争战略分析的基础。20 世纪 50 年代以后战略明确用于企业管理中。学者们基于不同的理论基础、研究方法和研究角度,形成了各种理论流派,它们相互补充共同构成了完整的战略管理理论体系。代表人物主要有:

1. 阿尔福来德·D·钱德勒——《战略与结构》

1962 年,美国管理学家阿尔福来德·D·钱德勒出版了《战略与结构》一书,在该书中他首次分析了环境、战略、组织结构之间的相互关系,认为企业的经营战略要适应环境变化,企业的组织结构又必须适应企业战略并随战略的变化而改变,从而确立了"环境——战略——结构"这一以环境为基础的经典战略理论分析方法。

2. 安索夫——《公司战略》

1965 年美国学者安索夫出版了《公司战略》一书,把企业战略研究向前推进了一大步。他认为战略构造是一个有控制、有意识的、正式的计划过程,企业高层的任务是制定和实施战略计划。从此,制定和实施企业战略被看作是企业成功的关键并逐步普及。安索夫的研究开创了战略规划的先河,成为现代企业战略理论研究的起点,标志着企业战略理论的研究已经进入了一个新的阶段。

3. 迈克尔·波特——《竞争战略》和《竞争优势》

美国学者迈克尔·波特在 1980 年出版的《竞争战略》和 1985

年出版的《竞争优势》中,运用产业经济学的 S-C-P 范式阐述了其战略管理思想,明确提出企业在制订战略时必须考虑其所处的行业环境,指出行业结构决定企业的竞争范围,从而决定企业的利润水平。他还提供了分析企业竞争优势的具体方法,如五种竞争力模型、公司地位和产业吸引力分析矩阵、价值链等等。

20 世纪 90 年代以后,社会经济和企业发生了大变革,战略管理理论也产生了许多新的变化和发展。

4. 核心能力学派

1990 年普拉哈拉德和哈默发表在《哈佛商业评论》上的《企业核心能力》一文是核心能力学派的代表作。1992 年斯多克、伊万斯和舒尔曼在《哈佛商业评论》上发表《基于能力的竞争——公司战略的新规则》,将企业战略研究的视角从企业外部转向了企业内部。核心能力学派强调组织内部的技能和集体学习,认为竞争优势的根源在于企业内部,强调通过企业内部环境分析,了解企业自身的能力结构,制订竞争战略,通过实施战略建立并保持企业的核心能力,赢得竞争优势。

5. 战略资源学派

从 20 世纪 80 年代中期到 90 年代初,出现了战略管理的资源观。它认为企业的优势来源于企业拥有的稀缺的、有价值的、并为竞争对手不可模仿的资源。它强调企业的资源不能仅限于企业的内部,还要考虑企业的行业环境,要将企业的内部环境和外部环境结合起来考虑企业的核心能力,通过竞争战略的制订和实施来建立与产业环境相匹配的核心能力。

6. 战略理论其他最新发展

(1) 集群竞争战略。迈克尔·波特于 1990 年在《国家竞争优势》中提出集群的概念后,在 1998 年又发表了《产业集群与竞争》,在该文中波特肯定了企业集群对维持企业竞争优势的重要性。他认为在一定的地理位置上集中的、相互关联的企业以及相关机构可以使企业享受集群带来的规模经济和范围经济的好处,又可以保持自身行动的敏捷性。基于诚信基础上的企业集群可以减少交易费用,可以使经验、知识、技能在企业之间很快地传播,有利于企业创新机制的培育。集群将是产业组织的发展模式,在未来变幻莫测的环境中,企业之间的竞争将体现为集群之间的竞争。

(2)合作竞争战略。美国学者詹姆斯·莫尔在1996年出版的《竞争的衰亡》中提出了一种新的竞争战略形态——企业生态系统观,将生态学的原理用于商业研究,提倡企业应该和谐共生于一个丰富而利益相关的动态系统中。这一新的理念打破了传统的以行业划分为前提的战略理论的限制而力求"共同进化"。1996年纳尔巴夫和布兰登伯格在合著出版的《合作竞争》中提出了企业合作竞争的新思想。他们认为企业的经营活动不仅有竞争,也应该有合作,是一种可以实现双赢的非零和博弈。这种思想强调合作的重要性,有效克服了传统企业战略过分强调竞争的弊端,是对企业在网络经济时代创造价值和获取价值的新思维。

(3)边缘竞争战略。1998年布朗与艾森哈特合著的《边缘竞争》一书针对计算机行业的发展给企业管理带来的新问题,提出了全新的战略管理理论。其理论基本思想是:企业应该不断变革管理来构建和调整企业的竞争优势,根据一系列不相关的竞争力来彻底地改造企业优势,保持企业在无序和有序之间的微妙平衡。边缘竞争战略把如何制定战略目标和如何实现战略目标两个方面的内容紧密联系起来,不断地寻找新的战略目标以及实现战略目标的方法,这种战略充分显示出企业的关键动力就是应变能力。

(4)价值创新战略。2005年W·钱·金和勒妮·莫博涅合著的《蓝海战略》一书在世界范围内引起了极大的反响。蓝海战略要求企业把视线从市场的供给一方移向需求一方,从关注并比超竞争对手转向为买方提供价值的飞跃。通过跨越现有竞争边界看市场以及将不同市场的买方价值元素筛选与重新排序,企业就有可能重建市场和产业边界,开启巨大的潜在需求,从而摆脱"红海"(血腥的已知市场空间),开创"蓝海"(新的未知市场空间)。在研究1880~2000年30多个产业150次战略行动的基础上,作者指出价值创新是蓝海战略的基石。价值创新挑战了基于竞争的传统教条即价值和成本的权衡取舍关系,让企业将创新与效用、价格与成本整合一体,不是比照现有产业最佳实践去赶超对手,而是改变产业远景框架重新设定游戏规则;不是瞄准现有市场高端或低端顾客,而是面向潜在需求的买方大众;不是一味细分市场满足顾客偏好,而是合并细分市场整合需求。蓝海战略的颠覆性思想反映了在当今商业现实和竞争态势下,全球企业界对寻求新的手段以实现获利性增长的强烈渴望,为企业指出了一条未来发展的新道路。

战略管理理论的重点开始由传统的经营宗旨制订转向注重战略的未来导向和长期效果,由以竞争为主导转向竞争与合作并重,由适应环境变化的竞争定位理论转向以创造未来为主的核心能力理论。在实践方面,运用企业核心能力理论等思想去揭示企业经营战略的奥秘成为当今世界的最新潮流。这些理论对西方国家的企业管理和战略规划产生了实质性影响。

四、知识管理

世界正在快速地由生产性经济向知识性经济转变,知识资产已成为企业中最重要的资本积累,组织越来越依赖知识的创新来创造价值。知识管理是知识经济时代涌现出来的一种最新管理思想与方法,它融合了现代信息技术、知识经济理论、企业管理思想和现代管理理念,是一个时代的综合产物[①]。

知识管理就是人们在企业管理中对组织所拥有的知识和组织

---

① 邱均平、文庭孝、张蕊等:《论知识管理学的构建》,《中国图书馆学报》,2005年第3期,第11~16页。

外部知识加以管理和利用,促进信息处理能力与人的知识创新能力相结合,最大限度地实现知识共享,从而提高组织创造价值的能力。知识管理最早出现于20世纪50年代的实践领域,1986年知识管理作为一个学术名词首次出现在联合国国际劳工大会上。早期的知识管理主要是围绕信息技术的发展而展开的,其理论和实践活动主要是探讨信息技术在知识管理中的应用,并利用信息技术对企业现有的知识进行管理[①]。1989年,美国成立了知识资产管理研究会,对知识管理进行深入研究。进入20世纪90年代,以知识为背景的商业观念成为主流。麦肯锡、埃森哲都是知识管理实践领域的引领者,其中一些管理大师从理论层面将知识管理提升到了新的高度,如美国学者彼得·圣吉、日本的野中郁次郎等。1997年,知识管理国际联盟在美国成立。1999年,美国有80%的企业已经或正在实施知识管理计划,2000年被确认为"知识管理年"。

从历史的演进来看,知识管理理论的发展经历了两个阶段:第一阶段,是以IT技术为基础建立企业知识管理系统,内容围绕着如何收集处理信息以构建核心竞争力,保持战略竞争优势,所以这一阶段知识管理以信息管理为中心,主要以收集和处理显性知识为主。知识分显性知识和隐性知识。显性知识指能够编码,以书面和系统的语言传播的知识;隐性知识是难以编码、表达的知识。因此,基于IT技术的企业知识管理系统只能解决显性知识共享的问题,对于那些与公司发展更为密切相关的隐性知识则无能为力。第二阶段,则更加侧重以人力资源为中心,围绕着如何挖掘员工隐性知识为目标,这一阶段的主要特征是事后评价、网页建设、知识地图等方法和工具的应用。

---

① 和金生、熊德勇:《知识管理应当研究什么》,《科学学研究》,2004第1期,第70~75页。

知识管理研究包括两大重要内容：一是把个人知识最大化地融入到组织知识中，二是把组织知识最大化地转化成能够为企业创造价值的知识资本。其重点是将信息处理能力和人的生产与创新能力有机结合起来，使企业在面临不断变化的非连续性环境时，采取积极的应变措施。知识管理通过对企业知识资源的识别、分配、重现和创造，实现对知识的有效利用和学习，进而提高企业创新能力。知识管理作为一种系统化的流程，能够获得、学习、分享和创造知识，将最恰当的知识在最恰当的时间传递给最恰当的人，以便使他们能够做出最好的决策。

知识管理不仅适用于企业发展，而且对人类的生存和发展也有着重大意义。国际社会已经开始实施从信息管理到知识管理的变革，很多部门为保证稳定发展，都引入了知识管理的理念和方法，提出了自己的知识管理战略。据巴克曼实验室公司估计，公司收入的7%都用于知识管理。长期以来，麦肯锡公司都将其收入的10%用于发展和管理智力资本。世界500强大企业中80%以上都建立了知识管理体系，推行知识管理。

五、跨文化管理

随着全球经济一体化进程的加快，越来越多的企业进行跨国经营，因此不可避免地涉及不同文化背景的人、物、事的管理，即"跨文化管理"(Cross-Cultural Management)。跨文化管理又称"交叉文化管理"，即在全球化经营中，对子公司所在国的文化采取包容的管理方法，在跨文化条件下克服任何异质文化的冲突，并据以创造出企业独特的文化，从而形成卓有成效的管理过程[①]。跨文化管理作为一种新兴的思潮，是跨国经营活动在全球范围内飞速发展的产物，是跨文化交流学与工商管理学相结合的产物，也是

---

① 黄卓：《跨文化管理研究》，《绍阳学院学报(社会科学版)》，2011年第6期，第72页。

管理科学的一个分支学科。其研究最早可以追溯到20世纪50年代美国麻省理工大学、芝加哥大学和普林斯顿大学对发展中国家工业化过程的大规模的项目性研究。20世纪60～70年代，组织理论的迅速发展与跨文化管理形成密切的互动，有力地推动了该理论的发展。进入20世纪80～90年代，西方学者开始思索对文化差异进行量化分析。

跨文化管理领域影响最大、被应用最广泛的理论是荷兰学者吉尔特·霍夫斯泰德（Geert Hofstede,1980,1991）提出的文化维度理论,该理论总结出了影响民族文化差异的几个维度：个体主义与集体主义，权力距离，不确定性规避，事业成功与生活质量，长期导向与短期导向。进而指出一个国家的管理原则与方式是建立在其文化基础上的，只有透过文化的差异性观察不同国家的管理方式的差异性，才能提升跨文化管理活动的目标性及有效性。该理论用实证研究的方法使每一个国家在每一个维度上都有一个得分，可以用量化的方式来表达文化差异，而不是只是定性，这为我们认识各种文化差异并进行更有效的跨文化管理与交流提供了一个全新的视角和分析工具。在不同形态的文化氛围中，设计出切实可行的组织结构和管理机制，以维系具有不同文化背景的员工共同的行为准则，从而最合理地配置资源，特别是最大限度地挖掘和利用企业人力资源的潜力和价值，提高企业综合效益，将成为跨文化研究的重点。

人文关怀是21世纪的主题，跨文化管理的发展与成熟从某种意义上可以说是管理学领域实现人文关怀的必由之路。跨文化管理在新的国际环境和历史形势下应运而生，是对传统管理学的扬弃，它不仅仅寻求与发展理论，而且更加注重人类社会的发展，不仅仅谋求管理的成效，而且更加关怀全人类的福祉。

案例　施乐公司知识管理整体解决方案[①]

知识管理要求企业实现知识的共享,运用集体的智慧提高企业的应变和创新能力,使企业能够对外部需求做出快速反应,并利用所掌握的知识资源预测外部市场的发展方向及其变化。在知识经济时代,企业如果离开了知识管理就不可能具有竞争力。施乐公司深刻认识到了这一点。早在20世纪50～60年代,施乐公司就已经是世界上著名的办公设备的生产者,它生产的各种复印机名闻天下。后来,施乐公司的统治地位受到了日本复印机的威胁。为了巩固自己在复印设备领域的领先地位,施乐公司在20世纪90年代以战略性的眼光,不惜投入,率先建立起较为完善的知识管理体系,展示了企业为迎接知识经济的到来而采取的发展战略,从而为企业的竞争和发展注入了新的活力。

一、密切注意和深入研究知识管理的发展趋势

施乐公司积极主动地投入研究资金,在世界范围内探讨知识管理的作用。为此,施乐公司启动了名为"知识创新"的研究工作,这项工作与施乐公司的长期战略,即"提供新的知识产品和服务以满足客户的需要"紧密相连,其主要内容有:

1. 对美国其他机构的60名知识管理工作者进行深度面访,了解他们对知识管理的认知程度。深度面访内容包括他们认为最重要的十个知识管理领域:

(1) 对知识和最佳业务经验的共享;

(2) 对知识共享责任的宣传;

(3) 积累和利用过去的经验;

(4) 将知识融入产品、服务和生产过程;

[①] 资料来源:管理资源网 http://www.m448.com/info/wzview_7167.html。

(5) 将知识作为产品进行生产;

(6) 驱动以创新为目的的知识生产;

(7) 建立专家网络;

(8) 建立和挖掘客户的知识库;

(9) 理解和计量知识的价值;

(10) 利用知识资产。

2. 参加由美国、欧洲和日本等100名知识管理者组成的研究小组。他们大多是世界500家大公司中负责知识管理的高级管理人员。该小组一年开展一两次研讨活动,以沟通各公司在知识管理方面的进展情况,探讨知识管理的发展趋势。

3. 积极参与安永咨询公司(Ernst & Young's)组织的"知识管理"活动。这是一个多客户知识管理项目,有10~15家公司参与,并在剑桥商业中心的领导下建立了互助研究基金。到目前为止,这个小组开展的活动有会议、研究小组活动、工作研修等,其目的是建立一个知识管理实践方面的共同体。

4. 支持三个由美国生产力和质量中心(American Productivity and Quality Center)进行的基准测试研究项目。第一项研究是跟踪10家公司知识管理的发展趋势,并记录其应用的情况;第二项研究主要集中在支持知识管理的信息技术方面;第三项是欧洲公司知识管理的基准测试。

5. 在加州大学伯克利分校哈斯商学院(Hass)建立了知识管理教位。

二、设立知识主管

知识主管的主要任务是将公司的知识变成公司的效益,他的主要职责为:

1. 了解公司的环境和公司本身,理解公司内的信息需求。

2. 建立和造就一个能够促进学习、积累知识和信息共享的环境,使每个人都认识到知识共享的好处,并为公司的知识库做贡献。

3. 监督保证知识库内容的质量、深度、风格,并与公司的发展一致,并及时更新信息。

4. 保证知识库设施的正常运行。

5. 加强知识集成,产生新的知识,促进知识共享的过程。

由于知识涉及的范围大于信息,知识主管的作用已大大超出信息技术的范围,进而包括培训、技能、奖励、战略等。因此,企业在设立知识主管时应避免将知识管理视为信息管理的延伸,从而试图把信息主管错误地改为知识主管,因为这将在不知不觉中会把知识管理工作的重点放在技术和信息开发,而不是置于创新和集体的创造力上。

三、建立企业内部网络

施乐公司专门建立了名为"知识地平线"的内部网络,有上万名员工访问了这个网络。"知识地平线"主要包括以下6方面内容:

1. 工作空间:这是员工可以分享文献和思想的虚拟空间,可以由员工自我组织和自我维护。

2. 知识管理新闻:包括有关知识管理的新闻、事件、报告、演讲和各种活动通知。这项内容每周更新一次,在事情较多时更新更为频繁。施乐公司聘请两名信息监测人员从一千多种信息资源中抽取知识管理信息。

3. 事件:存储有关知识管理的会议、研讨、演讲等信息。

4. 知识的搜集:这个知识库保存知识管理研究资料、发展趋势和最佳实践案例,其中也包括施乐职员已经做的工作、有关施乐公司的文章和施乐的知识管理案例研究。

5. 产品、技术和服务:它将保存施乐公司及相关公司的知识产品、技术和服务信息。

6. 相关网点:连接了与知识管理有关的15~20个站点,包括知识工作和知识管理站点、知识公司的站点等。

四、建立企业内部知识库

施乐公司还建立了企业内部的知识库,用来实现企业内部知识的共享。知识库建立在企业的内部网络上,它能提供所需要的服务以及一些基本的安全措施和网络权限控制功能。员工可以利用该系统阅读公报和查找历史事件,并彼此在虚拟的公告板上相会。该系统解决了公司内部知识共享问题。知识库的内容包括:公司的人力资源状况;每个职位需要的技能和评价方法;公司内各部门、各地分公司的内部资料;公司发生的重大事件等历史资料;公司客户的所有信息;公司的主要竞争对手及合作伙伴的详细资料;公司内部研究人员的研究文献和研究报告。

五、重视对公司智力资源的开发和共享

施乐公司非常重视对公司内部智力资源的开发与共享。公司总经理兼执行董事长保罗·阿尔莱尔(Paul A. Allair)认为:"知识管理是从强调人的重要性,强调人的工作实践及文化开始的,然后才是技术问题。"为此,公司采取的措施主要有:

1. 将公司的人力资源状况存入知识库。这样可以方便知识主管及其他管理者对公司员工的管理。

2. 让员工进行自我测评。施乐公司在内部信息系统上专开了一个网页,在网页上列出公司每个职位需要技能和评价方式,每个职员可匿名上网,利用该系统对自己的能力做出评价,系统会帮助你找出自己和职位上的差距,并告诉你如何提高,这一系统有利于员工的职业培训和职业发展。

3. 将员工的建议存入知识库中。员工在工作中解决了一个难题或发现了处理某件事更好的方法后,可以把这个建议提交一个由专家组成的评审小组。评审小组对这些建议进行审核,并把最好的建议存入知识库中,在建议中注明建议者的姓名,所有的员工都可以从知识库系统中看到这个建议,以保证建议的质量及提高员工提交建议的积极性。

4. 开创家庭式的办公环境。公司对工作环境进行了改善,将工作空间的墙涂成浅粉色、紫色、黄色和绿色,全部的工作空间都是平等和开放的。施乐公司认为,这样有助于创造一个充满和谐的氛围,有利于员工之间进行公开、坦诚的交流。

六、改变传统的营销方法

传统的营销方法是指企业与客户之间只是单纯的买卖关系,现在要改变这种单一的关系,变客户为合作伙伴,充分挖掘客户的有效资源,在营销过程中促进企业与客户的共同发展。

1. 对销售部门的知识管理。在过去,施乐公司的销售人员一般为一个客户工作一年,然后转为其他客户。以这种方法运作,公司损失了大量的知识。因为每次业务人员对新客户都是陌生的,需要从头开始了解这个客户,这不仅浪费时间而且客户也不希望这种行为发生,客户希望按以前约定好的计划进行。现在施乐在公司的内部网上建立了一个系统,销售人员将所了解到的客户的所有信息,特别是每一笔交易的情况都存入这个系统。公司鼓励销售人员了解客户各方面的情况,包括客户的个性、脾气、喜好、习惯,甚至小孩的姓名等,当然还包括有关客户的商业信息。如果客户在商务交往中发生了不愉快,销售人员必须将事情的背景记录下来,施乐公司会派专职人员负责处理客户和员工之间的矛盾。

2. 对维修部门的知识管理。施乐公司开展了一个有关维修业务的知识管理计划,以更好地获得并保存维修人员的知识。在此前,售后服务部门的新知识是通过手册传递给每个维修人员的,由于产品的生命周期越来越短,软件开发的时间也越来越短,手册刚制订出来往往就过时了。现在工作手册的传递也已进入了计算机时代。施乐公司的技术人员现在拥有带高效能超文本文献服务功能的便携电脑,用来诊断和维修机器。假如技术人员要进行复印机的例行检查,那么就可以通过超文本快速链接到有关的工作指南中去；若技术人员打算更换某个零件，那么这个系统也可自动链接有关零件的图纸和更换程序。这种"聪明的小手册"的成本比印刷的版本要便宜得多，并且可以经常进行更新。施乐公司还建立了一个系统，在这个系统中维修人员可以进行实地交流、诊断和维修机器。维修人员还可将在工作过程中发现的新问题或新方法及时存入这个系统，以实现维修知识的共享与及时更新。

思考讨论题

1. 知识管理对企业发展有什么重要意义？
2. 结合案例，谈谈现代企业如何有效地开展知识管理？
3. 知识管理对改变传统的企业管理和营销方式有什么帮助？
4. 企业在进行知识管理时应注意哪些问题？

第三章 现代管理的基本理念

管理的基本理念是人们对管理活动基本规律和原理的科学反映和概括。它是管理实践的基本指导思想，也是管理活动必须遵循的行为准则。

管理世界是一个不断变化的世界。这种变化跨越了传统和现代，从广阔的历史发展的视野中考察我们的管理活动，从咄咄逼人的新时代挑战中审视我们的管理活动，一些新的核心管理理念已逐渐浮出"水面"。本章所要介绍的管理运作系统观、以人为本的管理，以及创新和变革的管理，这些现代管理的基本理念，将帮助我们更好地领悟现代管理的精髓，并成为现代管理活动正确的思维导向和威力无比的工具。

第一节 管理的系统观

现代社会的发展，组织无论是企业、学校、医院，还是政府机构和跨国公司，其规模、多样性和复杂性都有了显著的增长。用系统理论的观点来分析研究组织管理活动和管理过程，是现代管理学的一个新课题和新发展。系统管理理论认为，组织是一个系统，"研究组织的唯一有意义的方法是把组织看作系统来研究。"[①]系统管理理论是在一般系统论的影响下形成的，系统的哲理观体现

[①] 卡斯特、罗森茨韦克：《组织与管理》，中国社会科学出版社2000年版，第136页。

了传统的管理哲学改变,它为研究社会组织及其管理的运作提供了一种新的范式,体现了一种新的管理理念。

一、系统的一般含义

1. 什么是系统

系统一词在当今社会被广泛地使用。对于什么是系统?韦伯斯特词典的定义是"一个有规律的相互作用和相互依存的事物所形成的统一体。"一般系统论奠基人L·V·贝塔朗菲则把系统的定义简言之为"相互作用诸要素的综合体"。也有学者认为:"系统就是要素的集合,在要素之间,或要素属性之间存在着相互关系。"[1]

所谓系统,就是由若干个要素按一定的结构,相互联系组成的具有特定功能的有机整体,而这个整体本身又是它所从属的一个更大系统的一个组成部分。

在自然界和人类社会中,一切事物几乎都以系统的形式存在的,它们自成系统,又相互连成更大的系统。例如,人的身体就是一个系统,人体由皮肤、骨骼、肌肉、内脏以及呼吸系统、消化系统、神经系统等几个部分或子系统组成。这些部分或子系统相互关联,共同受制于人的整体发挥其功能。社会的各类组织也是如此,如学校、工厂、医院,以及政府机关、军队等等,它们也都是由若干个部门或子系统组成,这些部门或子系统相互关联的,共同组成一个整体以实现组织的功能。而这些组织系统,又是整个社会大系统中的一个子系统。

2. 系统的基本特征

(1)目的性。任何系统都有一个明确的目的,不同的系统有不同的目的。不同目的的系统,形成了不同的结构与功能。对于社会系统的组织来说,系统的目的性,具有导向的作用、凝聚人的

---

[1] 北原贞辅:《现代管理系统论》,中国人民大学出版社1987年版,第7页。

作用和激励人的作用,从而使系统成为一个有机的、具有特定功能的整体。

(2) 整体性。任何系统都是由两个或两个以上要素或子系统,按照一定的结构集合而成的一个有机的整体。这个整体的性质和规律只存在于各组成要素的相互联系、相互作用之中,即整体存在于个别之中;反过来,各个组成部分孤立的特征或者活动,它们的总和也并不能反映整体的特征和活动,即系统一旦成立,它具有不同于个别要素的特征功能。系统的这一特征,也就是我们经常所讲到的一个著名公式:"1+1>2"的整体功能。

(3) 系统的层次性。任何复杂的系统都有一定的层次结构。如农业这个系统,就可分为世界的、全国的、省市的、地区、县以及乡村直到农户等多个层次。系统运动能否有效以及效率高低,很大程度上取决于能否分清层次。系统的每个层次都应有各自的功能,规定明确的任务、职责和权利范围,同一层次的各子系统间的横向联系,应由子系统本身全权进行,只有他们协调失败或发生矛盾时,才需要上一层次出面解决。

3. 系统的类型

根据系统构成要素的种类以及不同要素间关系的性质,可以对系统进行不同的分类。如根据构成系统的不同要素进行分类,系统可分为物理系统和生物系统;根据系统的产生原因来分类,可分为人工系统和自然系统;根据系统对待环境是否开放,又可分为开放系统和封闭系统;根据系统的行为来分类,系统又可分为静态系统和动态系统,或者稳定系统和不稳定系统……显然,对系统研究不能仅仅依靠一种分类法来进行分类,而应把它们从多个角度组合起来进行分类和界定为宜。

现代管理理论认为,根据与外部环境的关系,将系统分为开放系统与封闭系统具有重要意义。开放系统与封闭系统之间有着重大的区别,封闭系统孤立于其外部的环境,物理系统和机械系统可以被认为是封闭系统。与此相反,生物系统和社会系统则是不封闭的,而是与其环境不断相互作用的,这种将生物和社会系统视为开放系统的观点对社会科学和现代组织理论具有深远的指导意义。传统的管理理论把组织看成是一个高度结构的、封闭的系统,而现代管理理论则认为,组织在它与其环境相互关系之中是一个开放系统。在我们这个高度竞争的现代环境中,组织不可能是封闭系统。

二、组织是一个开放的系统

前面讲到,组织是处于与其外部环境持续性相互作用之中的。因此,任何社会组织为了维持其生存,不得不与其外界环境之间发生相互作用。组织与环境的这种相互作用和相互关系,如图 3-1 所示。

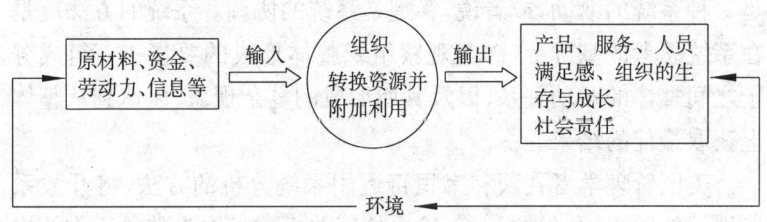

图 3-1 作为转换系统的组织

任何组织与其环境,都存在着这种输入和输出的连续循环的转换过程。组织必须接受足够的资源投入,以维持其运转过程。同时组织也输出足量的经过转换的资源供给外部的环境,以便继续这种循环。

例如,企业组织以劳动力、原材料、机器资金和信息作为其输入,在转换过程中,原材料被制成最终的产品,最终产品是系统的输出。输入由环境进入组织,而输出(产品和服务)又由组织进入环境。货币与市场提供了一种使企业和环境之间的资源再循环的机制。

需要指出的是,我们在说组织是个开放系统的时候,应该说是"相对"开放的系统。事实上,任何类型的社会组织都是"部分"开放和"部分"封闭的。开放与封闭是个程度问题,在绝对意义上说,所有系统是开放还是封闭完全取决于所涉及的问题。比如,作为学校组织必须对外界环境的干扰拥有一定的独立性,以便有效地执行它的转换职能。同样,组织也不能无限制地从事各种转换活动,而必须对自己的活动有所限制,以向它的环境送出某种特定的产出。如红十字会要求受训者通过一定的考试之后才能成为救生员;家电制造商必须严格质量管理,使其产品标准化,方能投放市场。

三、管理运作的系统分析

确定了组织的系统之后,我们就可能选定在管理运作中所采用的方法。对象的系统化,要求方法的系统性。从根本上说,管理是一种系统的活动,或者说,管理是系统的协调。系统的方法就是在系统思考的基础上,深入观察组织整体形成的要素——组成分子之间整体的互动关系,以及其所形成的复杂现象,以达到从整体上获取最佳的结果。

美国管理学者孔茨和韦里奇运用系统分析的方法,将开放系统组织的输入——过程——输出的简单模式扩展为整体运作的模式,这种模式显示了各种输入如何通过计划、组织、人员配备、领导和控制等管理职能进行转换的,如图3-2所示。

1. 输入与利益相关者

来自组织外部环境的输入主要包括人力资本、物资设备以及技术知识与各种技能。此外,组织的利益相关者也会对组织提出他们不同的要求。比如说,员工希望得到更高的工资以及工作的稳定性;顾客则要求提供的产品和服务的安全、可靠且价格合理;供应商希望企业能长期从他们那里进货;股东则要求有较高的投资回报;政府期望企业能够遵守法律,并依靠企业缴纳的税收以维持其运转;公众则要求企业做个"好公民",增强环保意识,提供最

第三章 现代管理的基本理念

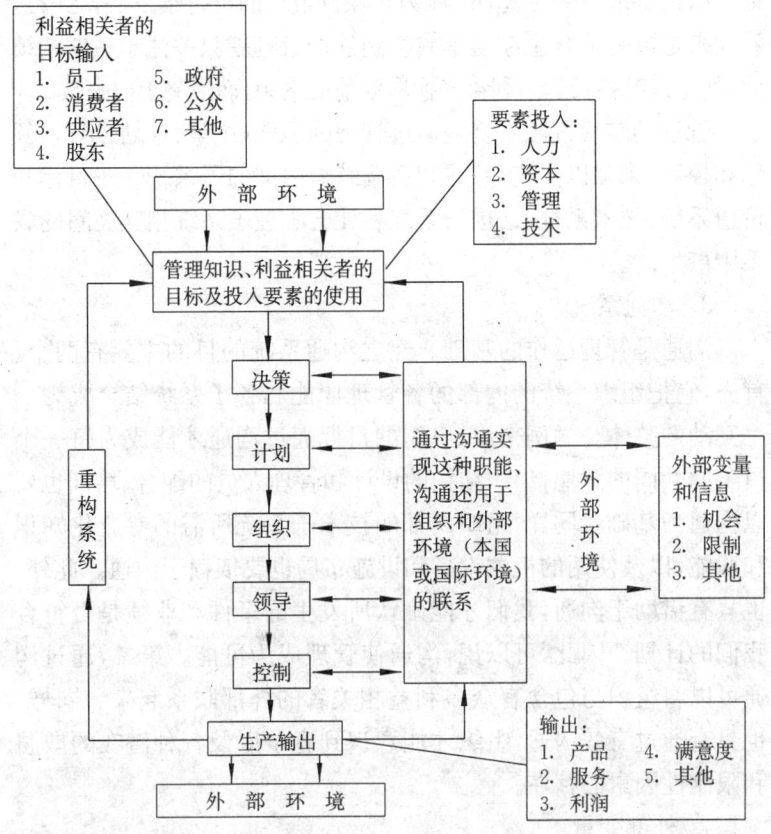

图 3-2 管理的系统方法

资料来源：J·M·普蒂、H·韦里奇、H·孔茨著：《管理学精要》，机械工业出版社 1999 年版，第 6 页。

大数量的就业机会。很显然，在这些要求中会产生各种利益冲突以及和组织目标相反的观点，管理者的工作就是要协调各方的合法要求并产生可以执行的组织目标。

2. 管理的转换过程

管理者的任务在于以有效的方式将输入转换为输出，它包括保证组织在将来的持续运动的能力。保持组织的可持续发展,尽管这看起来是再明显不过的,但有许多组织的管理者只关注于短期的绩效,甚至以牺牲长远的利益来换取眼前的繁荣,而最终走向失败。

管理的转换过程主要是通过管理的职能(决策、计划、组织、领导和控制)来加以实施,并在和协调组织内部的子系统——目标和价值系统、技术系统、结构子系统和社会心理子系统相互之间的联系中产生的。

3. 沟通系统

沟通是管理运作的基础。建立沟通系统的目的主要有两个。首先,它把组织系统的内部的各管理职能和各子系统结合成为一个互动的整体。举例来说,组织的目标通过沟通才能成为每一个员工的共同的意愿;组织结构的设计和管理人员的配合、培训也要以沟通为基础。同样,组织内部的技术子系统所需的专业化知识和职能,以及使用的机械设备和设施布局也要依赖于沟通。此外,也只有借助于沟通,我们才能确认所发生的事件和业绩是否符合我们的计划。因此,可以说,沟通使管理成为可能。第二,通过沟通可以将组织与包含有众多利益相关者的外部联系起来。同样,也只有通过有效沟通,组织才能意识到竞争以及各种潜在的威胁和限制性因素的存在。

4. 外部变量

有效的管理者必须密切地关注外部环境的变化。环境在对组织的发展带来直接或潜在威胁的同时,也会为其带来机会和希望。组织的管理者几乎没有甚至完全没有什么能力来改变环境。因此他们别无选择,只有根据环境的情况作出相应的反应。

5. 输出

管理者的任务是确保和利用组织的输入,并在综合考察外部变量的同时,发挥管理的职能,将输入转变为有效的输出。

输出的种类尽管会因组织的类型而异,但通常包括产品、服务、利润、满足度、各类相关利益者目标的统一以及社会的责任。需要指出的是组织输出对社会的责任，这是一个被社会各界广泛关注和引起很大反响的问题。社会责任的纲领最初只与企业有关，现在则更经常地扩展到诸如教育、学校、医院、慈善以及各种非盈利性组织。本书将在后面的章节探讨有关这方面的内容。

6. 重构系统

在管理运作的系统模式中，某些输出会重新回到系统变成输入。例如员工的满足度就是一个有关人力资源的很重要的输入；企业的销售而获得的利润，以现金或购买设备、原材料被重新投资于企业活动之中。

重构系统的最主要的动力来源于环境的变革力量。组织外部事件和变化会影响组织内在的功能和结构。本章后面内容将讨论组织的变革问题。

总之，管理运作系统要求人们学会和运用系统思考的方法来看待组织的管理与发展。系统思考是21世纪领导的新能力，它将引导人们从看局部到综观整体，从看事件的表面到洞察其变化背后的结构，从静态的分析到认识各种因素的相互影响，进而寻找一种动态的平衡。

第二节　以人为本的管理

人是组织所拥有的资源中的第一资源。未来综合国力的竞争、市场的竞争，实质上就是人才的竞争。由于人力资源的特殊性——活的人、有思想的人、有灵感有情感的人，因此，开发和管理人力资源必须在保持和维系人的主体地位和人格尊严的价值前提下展开，追求以人为本的管理理念，让人本管理统领组织的一切，正成为现代管理理论和实践的一种新的发展趋势。

一、人本管理的含义及其原则

1. 人本管理的含义

人本管理是指确立人在管理过程中的主导地位,继而围绕着调动人的主动性、积极性、创造性,以实现组织目标和促进人的全面发展的一种管理活动。

显然,人本管理不同于以往"见物不见人"或把人作为工具手段的传统管理模式,而是在深刻认识人在社会经济活动中的作用基础上,突出人在管理过程中的主导地位。

社会的发展首先源于人类的进步,在生存空间有限、资源缺少和人口迅速膨胀的今天,人类社会的可持续发展,以及更好地满足人们日益增长的物质和文化需要的基础是人类自身的进化。这种进化很大程度上就是通过社会的各种组织在实施以人为本的管理活动,以及用尽可能少的消耗获取尽可能多的产出实践中,达到完善人的意志和品格,提高人的智力,增强人的体力,从而使人获得超越生存需要的更为全面的自由发展。这就是人本管理的内涵和本质。

实现以人为本的管理,具体来说,主要包含以下几层含义:

(1) 依靠人、发展人——全新的管理理念。

(2) 开发人的潜力——最重要的管理任务。

(3) 尊重每一个人——组织的最高标准。

(4) 塑造高素质的员工队伍——组织成功的基础。

(5) 凝聚人的合力——组织有效运营的重要保证。

(6) 组织与人的全面发展——管理的终极目标。

2. 人本管理的原则

人本管理的原则是指以人为本的管理过程中所应遵循的基本准则,它涉及以人为本管理的基本方式的选择以及以人为本管理的核心与重点。

(1) 激励人的原则。激励是激发鼓励之意。遵循激励人的原则,就是要求组织的管理者在实施以人为本的管理过程中,必须充分考虑人性发展和下属的需要,尽最大可能去推动和发挥人们的积极性、主动性和创造性,并使之产生一种内在的动力,朝着所期望的目标行事。

人有未满足的需要,才会引起动机,所以需要是激励的起点。激励人,首先要了解下属的各种需要,确定这些需要的主次顺序和结构,以及满足何种需要将导致最大的激励。同时,组织管理者还需要通过外部的诱因去激发下属的"潜在的需要",并使之将潜在的需要变成现实的需要,内化为个人的自觉行为,从而进一步促进组织和组织成员的发展。

激发下属的工作动机和热情,通常可以通过精神的、物质的以及信息的等方面的鼓励和褒奖予以激发。所谓"精神",就是指用尊重、友爱、信任、表扬以及晋升等各种非物质性的手段,激励人们内在的工作动力。所谓"物质",就是指用物质鼓励的方法,满足人们基本物质需要和物质享受的追求,从而激发下属的工作热情。所谓"信息"就是能给人以期望、力量或给人以感情满足的各种社会知识。信息动力能够增强人们的希望与追求,激发工作热情和动力,提高工作的有效性。

激励人的原则,要求组织的管理者在实际的工作中将物质动力、精神动力、信息动力有机地结合起来,互相促进,从而实现以人为本的根本目的。

(2)个性化发展原则。以人为本的管理从根本上说是应该以组织成员的全面发展为出发点。个性化发展是人全面发展的基础,激励人的原则也是以组织成员的个性化发展作为实施的依据的。

组织的发展和目标与组织成员个人的目标和个性发展,在整体利益上是一致的。组织的目标和共同愿景是从个人的目标和愿景中汇聚而成的,借着汇聚个人的愿景,组织的共同目标和愿景才能获得能量。因此,组织成员的个性得以充分发展,对于组织追求卓越的目标至为重要。

组织成员的个性化发展融入于组织的目标和发展,最直接的方法是具有愿景的领导者,以鼓励下属分享组织愿景的方式进行沟通,并且在组织成员的岗位安排、教育培训以及组织的工作环境和文化氛围的酝酿、资源配置过程等方面均从当事人本意出发,按照组织成员的特殊潜能以及长远的发展加以考虑,绝不是简单地处置,也绝不是从组织功利性目标出发。

追求组织与其成员个性化全面发展的是人本管理的终极目标。

(3) 环境创设原则。以人为本的管理就是要创设一种激励人以及能让人全面发展的环境,从而使组织成员能自由地、持久地发展自己的才智和潜能。

通常环境的创设,从组织内部而言主要由两个方面组成:其一是创设令人舒心愉快的工作条件和环境;其二是创设一个和谐、友善、融洽的人际关系和组织氛围。

工作条件和环境的创设与组织拥有的资源有关,良好的物质条件是调动人的积极性发展人的潜能的重要支撑和保证。然而,并不能说物质环境愈好,人的工作积极性愈高,人就愈能得到个性的全面发展。良好的人际关系和奋发向上的组织氛围,对人的积极性、创造性的发挥,以及个性的全面发展,其效用更为持久和有力,并在很大程度上可以弥补组织物质资源的不足。

组织管理者的一个重要职责,"就是去设计和维持一个环境,使在那里许多个人集合在集体内一起工作,以完成选定的任务和目的",①这是实施人本管理的一项重要保证。

---

① 哈罗德·孔茨等著:《管理学》,上海人民出版社1999年版,第2页。

二、人本管理的主要内容

以人为本的管理,是一项多目标、多因素、多功能的复杂的管理工程,它涉及人的培育和成长、人的选聘与任用,人的需要满足和积极性、主动性、创造性的发挥,以及员工参与管理、人际关系、团队建设、管理者的素质以及组织文化诸多方面的问题,面对所有这些问题,都基于一个核心内容:即,如何认识和对待你的员工?

1. 要让每一位员工感觉到"自己很受重视"

心理学家、哲学家威廉·詹姆斯曾说过:"人类所有的情绪中,最强烈的莫过于'渴望'被人重视"。他认为:"通过表现出对个人价值和动机的关心,一个有影响力的领导者就会使人们紧密地团结在他的周围。"[①]美国玛丽凯公司的创办人、总裁玛丽凯女士指出:"要让公司的每个员工都有'自己觉得很重视'的感觉。要通过各种办法来满足员工的这种重要的感觉。假如员工的这种重要感觉没能得到满足,那就是主管人员没有尽到职责"。[②]

可惜的是,在我们的一些组织中,不少管理者过于以自我为中心,以至于忽略对员工的关切和重视,特别在"肯定员工的贡献"上,往往吝啬"赞美"。他们总以为员工愿意工作的主要原因就是待遇好、工作有保障和有晋升机会,工资报酬能给员工以激励。殊不知,组织中的晋升只能降临少数幸运者;大多数员工对工资报酬的所得则认为是他们工作应有的回报。正如哈佛大学康特教授所说:"薪资报酬是一种权利,只有肯定才是一个礼物。"在一些组织中我们经常可以听到员工们这样的抱怨:"我们不在乎钱,当我把事情做得很好时,如果领导者能说谢谢,承认我们存在就好了。可

---

① 安妮·布鲁斯、詹姆斯·S·伯比顿若:《员工激励》,中国标准出版社、科文(香港)出版有限公司2000年版,第11页。
② 玛丽凯著:《掌握人性的管理》,中国工人出版社1992年版,第32页。

是我唯一听到的,却是在我做错事的时候。"由此可知,员工最想从工作中得到的是:希望能和尊重自己的人一起工作,当工作表现好时能受到表扬,以及对所发生的情况感受到一种了解的满足。

赞美和肯定你的员工,管理者必须怀有真诚之心,我们说赞赏和肯定的目的,是通过你的真诚的赞赏,激励员工的进步,使之能认识并充分发挥蕴藏着的那种神秘的能力,而不是哄骗人、笼络人。言为心声,如果怀有笼络人心的目的,必然是花言巧语,虚情假意,员工对此不但不能受到激励,反而会感到讨厌。

另外,重视员工的一个重要手段和方法,就是让员工担负责任,授权给予他们工作的更大空间和自由度,使员工在权利范围内自主管理、自我管理,以便恰当地完成所交给的任务。

2. 与员工建立新的伙伴关系

与员工建立新的伙伴关系,有福同享,有难同当,这是当前面对市场激烈竞争,通过激发员工的力量,解决组织生存危机的一种有效的方法,也是贯彻以人为本管理理念的具体体现。

在这里,首先要注意员工和合伙人这两者定义的差异。所谓合伙人,根据美国《韦伯斯特新世界大辞典》的注释,是指"两个或两个以上的人,他们在经营同一事业中共享利润并共担风险"。而员工,韦氏解释为"受雇他人以收受工资或者薪金报酬的工作者"。[①]

显然,两者的差别很清楚。合伙人是积极参与事业的经营并有直接利害的关系者,而员工只是受雇于人以获取工资或薪金者。如果让你在两者之间选择,你愿意做哪一种呢?合伙人,还是员工?你对哪个岗位可能作出贡献最大呢?答案很清楚,只有当每个人感到自己是一名完全参与的合伙人时,才愿意把自己的一切

---

① 杰姆·哈里斯著:《让员工热爱你的公司》,上海人民出版社1997年版,第48页。

力量贡献给企业。现代的优秀企业都意识到如果他们和自己的员工能建立坚强的伙伴关系,那么,不论在生产率、利润,还是承担的义务等各方面都能有巨额的回报。如微软公司这样一个高成长的公司,员工的工资水平并不比其他公司高,处于中等水平,其诱人的物质待遇主要来自员工所持有的公司期权股票,以股票期权的方式让员工共享产权,每个职工所拥有的股票数量按工作时间长短和工作业绩而定。由于员工手中股票不断地分割,价格的上扬,员工中富翁不断涌现,公司的发展也同样蒸蒸日上。

目前,我们国内一些竞争性的国有企业,也允许经营管理者和员工持股和控股经营,还采取部分国资赊给企业员工,这种"产权+工资+奖金"的分配形式已成为现代企业的激励金字塔。在这些企业中,"企业是大家"的已成为经营管理者和员工发自内心的价值理念。

必须强调的是,与员工建立新的伙伴关系与合伙人的概念是不完全相同的,前者所包含的内容更广。真正的伙伴关系并不强调每个人所得的报酬都要相等,分红和福利也要一致。再则,伙伴关系也并不意味着绝对的民主化,管理部门必须拥有领导权,以便于对组织的一些重大问题作出决策。

强调与员工建立新的伙伴关系,首先,组织管理者要把对员工工具性的工作观认识转为注重员工精神层面的工作观认识。传统的企业和员工关系是一种契约关系,即以一天的辛勤劳动,交换一天对等而公平的报酬;而注意员工精神层面的工作观,企业与员工是建立在一种新型的关系——盟约的基础上。这种盟约关系是建立在对价值、目标、重大议题以及管理过程的共同意愿上面,盟约关系应是和谐、优美和均衡的,是一种更适应人性的组织范式。其次,与员工建立这种伙伴关系,要求组织管理者的职能更多地从指挥、控制转向授权以及为第一线的伙伴服务上来。由此,传统组织的金字塔结构则要求完全颠倒过来,管理者在倒金字塔的底部,第一线员工则被推到了倒金字塔的顶端,管理者的主要作用是支持和服务第一线的员工。当代一些成功企业的经营信条正从"顾客第一",转为"员工第一",从而使员工真正树立起主人翁的意识,全身心地投入到工作中去。从某种意义上来说,"员工第一"也正是"顾客第一"。因为,企业竞争力的源泉,是蕴藏在充满活力和创造精神、敢于挑战市场的企业员工的身上。只有当员工的积极性充分调动起来,企业才能向社会提供更多更好的产品和服务。可惜的是,这种"力量倒置"的概念还没有被大多数管理者所接受,在他们的组织中推行的政策仍然是第一线的员工首先为管理部门服务。

3. 营造一个良好的用人环境

遵循以人为本管理,就要努力挖掘每一位员工身上存在的潜能,充分展现每一位员工的价值。由此,把握人才使用技巧,营造良好的用人环境,就成为人本管理的重要内容。

(1) 善于用人,将人才用在合适的位置上。善于用人,首先表现在管理者要根据每个人不同的特长,摆在不同的位置上充分施展他们的才能。组织中有些人善管理,工作思路敏捷,就应摆在管理岗位上;有些人工作细致、谨慎,业务能力强,就应摆在业务岗位上。做到活用人才,使所有人才在本组织中都能找到合适的位置。

善于用人,还表现在管理者敢于选用比自己更强的人来为自己工作。美国钢铁大王卡内基的墓碑上镌刻着这样一句话,"这里躺着一个会使用比他更有本领的人们为他工作的人"。正因为卡内基有着这样高的用人境界,所以他可以信誓旦旦地表示,"你可以摧毁我的工厂,夺走我的全部财产,但只要我的这批人还在,两年之后,我仍然会建造成一个同样的企业来"。

(2) 善于把握用人的时势,即善于把握好人才使用的"火候"。

组织的管理者要在人才创造力处于最活跃的高峰期及时加以使用,为其提供搏击长空的机会和舞台。人才的使用实质上是一个经过较长时期的人才识别、选拔和培养之后的收获季节,在人才的才智积累未达到一定量时,过早使用,往往会事倍功半,甚至会"拔苗助长",贻害人才。然而,人的才智也"过时不候",只有在其风华正茂、锐气正盛时,及时重用,为他施展才智提供舞台,才能使其一展宏图,大放异彩。

(3) 造就人才脱颖而出的环境。对人才的选用应坚持"公平、平等、竞争、择优"原则,做到制度规范、透明公正、运行有序。要合理配置人才资源,扩大识人视野,广开进贤渠道。在重视人才的个性发展的同时,我们又要大力提倡和宣扬团队精神,营建一个人才脱颖而出的和谐的环境。

(4) 鼓励和推动员工的学习。当今时代,社会的每个人求取自我发展,必须不断地提高自己的才能,增加自己的知识方能跟上时代的需要。为了在快速进展的世界中获得竞争上的优势,企业绝不会允许他们的员工在知识和才能上的落后。员工们的集体智慧是长期竞争的保证。不少成功的企业把知识丰富的员工视为企业拥有的唯一的最大财富,他们把推动和鼓励员工的学习作为鼓励员工们长期为公司奉献以及留住人才的战略方法。

今天,留住一个知识员工除了金钱和酬劳以外,更吸引他的是学习的机会。如果一个企业让他感觉到有永远学不够的东西,有永无止境的追求,他就会留在那里,享受那里的环境。一家聪明的公司懂得用更多的知识来"喂养"知识工作者,如出国培训、赴国外大公司考察,以及接触世界水准的产品和资料等,来促进和激励员工的学习。"工作学习化、学习工作化"正成为一些具有竞争力组织奉行的信条。

国外一些优秀企业在取得员工的信任和奉献方面都有一套不同于传统的一般的办法。他们对员工不是保证终身雇佣,而是保证使员工的未来具有更为重要的——受雇佣的能力。所谓保证雇佣就是单位总有一个职位留给他(她),但这样的保证现在已不再合理了。因为企业前进的速度不允许任何单位给任何人一个铁饭碗。而保证受雇佣的能力则是完全不同的一回事,如果一个公司保证员工有被雇佣的能力,即保证了提高他的工作能力并有受雇佣的竞争力。万一员工失去现有的职位,他们也很容易在别的部门或公司找到新的工作。受雇佣的能力是员工取得长期工作的重要组成部分,如果公司能够帮助他(她)成长,让他(她)能学习企业其他方面的新知识,并鼓励他(她)除本身业务外再能全面发展,则他们一定会施展全部力量投身于公司工作。

科技的进步、信息的增长和整个社会不断进步,导致员工们不再把培训看成是"很高兴参加"的份外事,而看成是为了生存必须具备的竞争手段。集中力量培养员工长期受雇佣的能力是建立积极的和具备多才能员工队伍的基础战略,是对公司和员工都会带来满意,取得"双赢"的高明之举。

4. 实施员工的自我管理

实施员工的自我管理,是人本管理的最基本特征。长期以来,在对人的认识和对人的管理上,都存在着缺陷,他们都将人当作一种经济资源来看待,人在管理过程中是被动接受者,他们受制于组织的制度和规章,受制于生产过程的技术条件,受制于给定的薪金报酬。即使在这过程中有人主张通过多种方式激励人的积极性,但仍是把对人的激励看成是管理手段,而不是目的。实施人本管理的社会组织,他们在追求组织功利目标的同时,也为本组织员工的全面发展创造良好的条件和空间,这就是人本管理与传统管理的差别所在。

实施人本管理要更多地依靠员工的自我指导,自我控制以及顺应人性化的管理,员工们不再是被动地在规则的束缚下工作,而是自动地完成自己应该做的事情。实施员工的自我管理,主要有两种表现形式,即个人的自我管理与团队的自我管理。

(1) 所谓个人的自我管理,就是指员工个人可以在组织的共同愿景或共同价值观的指引下,在所授权的范围内自我决定工作内容、工作方式,实施自我激励,并不断地用共同愿景来修正自己的行动,以使个人能够更出色地完成既定目标。同时,在这一个过程中自己得到了充分的全面发展,并在工作中获得最大的享受和满足感。

(2) 所谓团队的自我管理,是指组织中的工作团队的成员在没有指定的团队领导人的条件下自己管理团队的工作,进行自我协调,共同决定团队的工作方向、路径,团队成员都能尽自己所能为完成团队的任务而努力。团队的自我管理在某种条件下比个人自我管理更为困难一些,成功的团队自我管理不仅需要每个团队成员具有良好的素质和责任,还要有一种团队精神,以此凝聚每一个人。

实施员工的自我管理,使组织进入一种"没有管理的管理"的层次和境界,是人本管理的本质特征之一。

第三节 管理的变革和创新

我们正处在一个充满变革、充满未知数,自然也是既充满风险,又充满机会的时代。面对巨大的变革与环境的不确定性所带来的挑战,组织的管理者必须重新思考他们的角色,创造性地寻求组织发展的途径。那种固定不变的常规型管理,必将被创新型管理所取代,变革和创新将成为未来管理的主旋律。

一、瞬息万变的管理世界

20世纪90年代以来,社会越来越快的变化节奏,是史无前例的。这种变化不仅比以往任何时代更为迅猛、更加捉摸不定,而且也更具变革性。"应付迅速变化的出现已成为今天管理者和组织面临的最普遍的问题"。① 在风起云涌、复杂凌乱的变化中,以下几种主要力量在推动着变化的加速。

1. 经济全球化

所谓经济全球化是指货物和生产要素在全球范围内自由流动程度提高的过程。这个过程在最近几年中的速度大大加快了。特别是随着直接投资的产业资本以及各种各样金融资本流动性增大和资源配置效率提高,当今许多国家的产业、金融投资、运输、通讯等都已打破了国家和地区的界限而在全球范围内逐步融为一体。一些未来学家曾预言:"我们将带着全球化的产品走进全球的市场。"如今,可口可乐、肯德基、麦当劳、佳能、丰田、松下、微软、耐克、摩托罗拉……全球化的品牌正一泻千里地推向全球化市场,足够证实了这个预言。然而,这种情况在三四十年前是无法想象的。那时,一家外国公司进入某国市场会被看作是对国家主权的威胁。而现在,各国争先恐后地颁发许可、提供税收优惠和无息贷款来吸引外国公司的投资,能大量地吸收国际投资已被看作是一个国家的经济优势,而不是经济的劣势。

2. 新技术革命

20世纪90年代以来,以信息——网络技术为代表的"数字革命",已经大大改变了国际经济的格局,电脑与传播的结合力量已充分展示在互联网上,整个世界已被电子传播科技彼此相连。这场革命将对我们现有的生产方式、生活方式、思维方式,包括教育、经营管理乃至领导决策产生重大的影响。抓住这个变革的最好时机,对于奋力追赶世界的中国意味深远。在传统的工业经济领域里,我国的汽车、钢铁、化工、机械以及铁路运输业等始终落后于西方发达国家数年乃至几十年,要弥补这样的差距仍需数十年的努

---

① 理查德·L·达夫特著:《组织、理论与设计精要》,机械出版社1999年版,第4页。

力。而在以网络为核心的新经济发展中,我们对新经济的掌握水平和应用程度与国外差距已不到半年时间。① 抓住新技术革命的机遇,正是缩小我国与国外差距、实现跨越式发展的契机。以信息化带动工业化的经济发展思路,对于我国未来社会和经济的发展,具有重大的战略意义。

3. 我国经济体制转轨所带来的变革

在建设社会主义现代化的过程中,要实现从传统的计划经济体制向社会主义市场经济体制转变,以及经济增长方式从粗放型向集约型转变,是一场深刻的革命。这场革命所涉及的因素与影响的广度、深度较之新技术革命和经济全球化所带来的变革实在有过之而无不及。

当前在社会主义市场经济发展的过程中,所面临的矛盾和问题很多,如有效需求不足,就业压力大,结构不合理更加突出,无序的竞争愈演愈烈……对此,党和政府提出了本世纪初我国经济发展的一个重大思路就是要对经济结构进行战略性的调整,包括产业结构、地区结构、城市结构甚至所有制结构。这一战略决策对于提高我国国民经济的整体素质、扩大国内需求,增强企业国际竞争力,具有深刻的意义。而经济结构的战略调整,必将对社会的各个领域和各类组织产生巨大的变革力量。

4. 市场

市场变化步伐的加快是当今环境的一大主要特征,其主要表现是:消费需求越来越变幻莫测,产品的寿命周期也不断缩短。由于科学技术的发展和社会消费水平的提高,整个市场步入了从生产者导向走向以消费者需求为导向的新的时代。社会对各类产品的要求在质量、规格、花色、品种上呈现多样化,而且不断提出新的

---

① 田潮宁:《知识经济叩响世纪之门》,转引自人才市场报编《迎面而来——知识经济时代》,1998年,第37页。

更高的要求。企业能否适应市场需求的多样性与多变性,已成为企业生存和发展的严峻问题。

5. 竞争

同行业的生产者包括国外的同行生产者、潜在进入者、替代品生产商以及具有强讨价能力的供应商和顾客,这些都是企业经营和赢利的竞争者。企业之间的竞争已不再是单纯的产品竞争,更是服务的竞争。竞争的手段也已经从成本、价格越来越转移到质量、品种以及对市场的反应速度等,甚至竞争的主体已由单个企业转变为整条商品供应链的联合体。面对日趋激烈的竞争环境,如何提高快速反应能力,增强竞争优势,已成为组织管理者的一大难题。

6. 组织内部的变革力量

除了组织外部环境力量以外,组织内部也孕育着多方面的引发变化、促进变革的力量。这些内部力量可能最初产生于组织的内部运营,也可能产生于外部变化的影响。如组织内部员工的年龄、教育程度,以及态度、价值观等方面发生的变化;又如新设备、新作业方法引进,以及随之而来员工工作的重新设计;另外,知识成为企业组织的重要资源以及知识员工比例上升,等等。所有这些变化必然要求管理的职能以及管理方式进行相应变化,并与之相适应。

二、变革的战略角色

变革的浪潮如此巨大,冲击着整个社会和经济。"正像工业革命威胁着并最终改变了全部封建社会制度一样,我们面临的变革同样威胁着现有的全部基本制度。"①昨天还是一颗明星,今天却发现已停滞不前,并陷入困境,甚至跌入似乎是不可逆转的危机之中,这种现象不仅发生在企业,也频频出现在企业之外的组织——政府机关、医院、社团、学校等。

---

① 阿尔温·托夫勒著:《适应变革的企业》,世界知识出版社1987年版,第3页。

生存的法则告诉我们:"昨天的成功正是今天的危险所在。"那些曾帮助在过去获得成功的产品、规章程序和组织形式正成了许多组织败落的根源。未来的组织管理者必须敢于向体现自身使命中最基本的观念进行挑战,创造一种新型的管理方法和培养具有前瞻性的管理能力,才能在市场激烈的竞争中立于不败之地。

1. 管理变革的新角色

社会经济环境中的躁动和变革既带来挑战,同时也带来机遇。要想成功的话,组织及其管理者必须用一种积极的、寻求机遇的态度来处理这些问题。培养前瞻性思维和由外而内式管理能力,以及定位与再定位技巧是未来组织管理者亟需的新管理模式。①

(1) 培养前瞻性思维。前瞻性思维是一种面向未来的思维方式。要想驾驭那些足以影响该组织的变革浪潮,组织的管理者绝对不能只是被动地作出反应,而必须预测环境的各种变化,并为迎接这些机遇和调整做好准备。运用前瞻性思维,组织的管理者就能够以非常积极的态度去寻求机遇、识别机遇、创造机遇。同时,对于环境可能带来的负面和消极因素,必须以富有创造力的方式去处理这些不利因素,变消极为积极。从而摆脱传统的"反应模式",实现"自主控制局面",使组织始终走在变革的前列,并保持长期的竞争优势。

(2) 由外而内式管理。由外而内式管理,即用整体的眼光来透视环境,头脑中带着宏观背景来构建组织内部的结构和程序。在组织与环境保持密切的联系中,许多组织忙于由内而外式管理,它们往往从内部的分界线和视角看待环境所带来的问题,或者组织高层管理者想这么做时才有意义。因此,它们的行动通常都是分散随意的,缺乏有效性。掌握由外而内式管理能力的组织管理

---

① 加里斯·摩根著:《驾驭变革的浪潮》,中国人民大学出版社2002年版,第24页。

者,他们通过了解市场、顾客的需要,以及透过外部重要利益相关者尤其是竞争对手的眼睛来审视自己组织的优势和劣势,并以这些认识为基础,重新构建与环境之间的联系,提高组织面对变化环境的反应能力。

(3) 定位与再定位技巧。定位与再定位技巧是帮助组织不断调整并抓住新机遇的能力。动荡变化的环境与组织目前的处境总存在一种紧张的关系,试图进行组织大的方向调整和保持当前组织的常态运转往往不能兼顾。定位与再定位过程所带来的风险和变革与管好自己的事,做自己最擅长事的传统组织价值观是矛盾的。有效的再定位呼唤这样一种能力,即能够将组织中的各种力量聚合在一起,使他们能够帮助而不是阻碍必要的变革。

定位与再定位的过程需要一种创造性的、主动寻求机遇的方法,同时它也要求很强的原则性。组织要扩展视野迎接新的机遇,实施变革决策,但又不要孤注一掷,避免将组织完全陷落风险之中。一个必备的、最重要的定位与再定位技巧取决于管理者是否有能力将组织的宏伟规划落实为"可行动方案",是否能将组织愿景变为现实。

2. 管理变革的类型

组织用以适应环境的变革大致有以下几种类型:

(1) 渐进式变革和剧烈式变革。通常人们讨论变革,往往指的是渐进式变革。渐进式变革是一种理性分析和计划过程的结果。在这过程中有预期的目标以及为达到这一目标而制订的一系列的步骤和持续的改进,这些改进维持着组织的一般平衡,并且通常只影响组织的一部分。渐进式变革是一种比较稳妥、可以降低风险的变革。而剧烈式变革则需要一种全新的思维和行为方式,这种变革将打破组织原有的框架,并在此基础上产生一个新的平衡。剧烈式变革涉及的范围广,它不是过去的简单延续,而且一般是不可逆转的,因而剧烈式变革难免要冒些风险。图3-3,对渐进式变革与剧烈式变革进行了对比,随着市场环境的日益多变和不可预测性,人们对剧烈式变革的关注也日益增长。

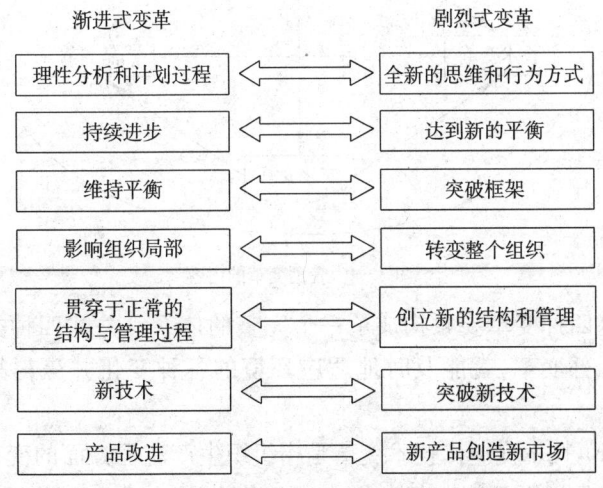

图3-3 剧烈式变革与渐进式变革的对比

(2) 相机式变革和先发制人式变革。所谓相机式变革是指在问题出现之后,组织面对压力而采取的行动,这也意味着做一个环境的追随者。大多数组织变革都是相机式变革。但是,先发制人式变革却是更好的选择。先发制人式变革是指管理者在预测不确定的未来并为之做出准备的一种超前式管理。它的作用是从根本上杜绝那种"仓促上阵"或"死后验尸"式管理。先发制人式的变革要求组织的管理者必须高瞻远瞩,不断学习和追求成长,并能抓住机遇,以及创造未来。

3. 管理变革的内容

作为赢得竞争优势的管理变革,大致可划分为四个方面的内容:技术变革、产品与服务变革、战略与结构变革、人员变革,如图3-4所示。

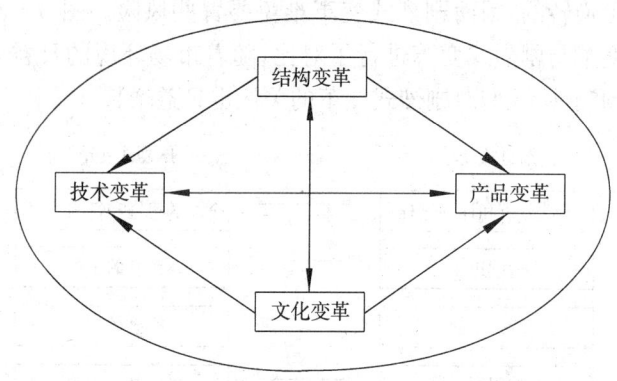

图 3-4 管理变革的内容

这四种变革要素构成了一个完整的体系。关注四种类型的组织内部变革,就能及时地适应环境的各种变化并赢得战略的优势。

(1) 技术变革。技术变革是指组织生产流程方面的变革。它涉及产品或服务的生产技术,包括工作方式、装备、工作流程,进行技术变革是为了使生产更为有效以及提升组织的竞争力。

近几年来,最明显的技术变革是计算机信息技术的发展,许多组织努力扩大计算机的应用范围,包括安装复杂的管理信息系统。如大型超市已将它的收款台改造为输入终端,这些终端与计算机连接,可以提供实时的库存数据。又如在中学和大学里,利用多媒体辅助教学,以提高教学的质量。

在当今科技飞速发展的社会,任何一家公司或组织如果不能持续地开发获取和改变新技术,就有可能在激烈的竞争中被淘汰。

(2) 产品与服务变革。产品和服务变革是指组织通过新的产品或新的服务来适应外部的消费者。许多用来描述技术变革的概念和内容也与新产品或新服务的创造有关。设计新产品、提供新服务是为了扩大市场份额、开发新市场,吸引更多的消费者和顾客。对许多公司来说,创造新产品是其在快速变化的环境中适应生存的一条重要途径,通过产品的不断创新获得公司持久的竞争力。

(3) 战略与结构变革。战略与结构变革是指组织结构、战略管理、政策、报酬系统、劳资关系、协调政策、管理信息与控制系统,以及会计与预算系统等方面的变革,环境的激烈变化,要求所有组织都必须在其战略和结构方面进行变革,以适应新的竞争要求。最近几年,不少公司或组织裁减冗余人员,减少管理层次,进行决策授权,并使组织的结构向更为横向化的结构转变。有些组织考虑重新设计工作安排,如修订工作说明书,丰富工作内容,实行弹性工作制,改变组织的报酬制度等,以提高员工的激励水平。

(4) 人员与文化变革。人员与文化的变革是指员工的价值观、态度、期望、信仰、能力和行为等方面的变革。人员和文化变革是为了帮助组织的个体和群体更有效地工作,组织的任何领域的变革都包含了人员的变革。塑造一支高效能的员工队伍是增强组织竞争力的基础,最近几年来,大多数组织都注重人力资源系统的开发与管理,吸引、促进和支持员工队伍的建设,注重组织基本文化价值和规范的变革。不少组织创造条件,让员工参与、改进与共享组织的共同愿景;发展一种团队合作精神,加强自我管理以及提出改进工作的创造性构思等等。

组织管理的四种变革内容是相互依存、相互联系的,其中,一个变化往往意味着另一个也会发生变化。如一种新产品的产生可能需要在生产技术上的变革,或者结构上的变革,也可能需要新的员工技能。而发展员工的技能,也需要工资系统相应的变革。组织是各种要素相互依存的系统,某一方面的变革往往会涉及其他组织要素的相应变化,对此必须引起足够的重视。

三、创新——管理的永恒主题

创新是一个民族进步的灵魂,是国家兴旺发达的不竭动力。创新也是一个社会组织增强对环境的适应能力,从而在复杂多变的环境中求得生存和发展的灵魂,是管理的一个永恒主题。对创新最早进行系统研究的是美籍奥地利经济学家约瑟夫·熊彼特。熊彼特在1912年出版的《经济发展理论》一书中认为:"创新是生产手段的新组合,它主要包括下列五种情况:

(1)采用一种新的产品,也就是消费者还不熟悉的产品或一种产品的一种新的特性。

(2)采用一种新的生产方法,也就是在有关的制造部门尚未通过经验鉴定的方法,这种新的方法决不需要建立在新的科学发现的基础之上;并且,也可以存在于商业上处理一种产品的新的方式之中。

(3)开辟一个新的市场,也就是有关国家的某一制造部门以前不曾进入的市场,不管这个市场以前是否存在过。

(4)掠取或控制原材料或半成品的一种新的供给来源,也不问这种来源是已存在的,还是第一次创造出来的。

(5)实现一种工业的新的组织,比如造成一种垄断地位(例如通过"托拉斯化"),或打破一种垄断地位。[1]

熊彼特的创新概念涉及了产品的创新、技术创新、市场创新、环境创新和组织创新等方面。此后,在此基础上,人们对组织管理的全过程,进行了创新的探究,并在此基础上提出了"管理创新"的概念。

什么是管理创新?我国学者芮明杰教授认为:"管理创新是指创造一种新的更有效的资源整合范式,这种范式既可以是新的有效整合资源以达到组织和责任的全过程管理,也可以是新的具体

---

[1] 熊彼特:《经济发展理论》,商务印书馆1990年版,第73页。

资源整合及目标制定等方面的细节管理。"①根据这个概念,芮明杰教授提出了管理创新的五种情况:

(1) 提出一种新发展思路并加以有效实施。但这种新发展思路并非针对一个组织而言是新的,而应对所有的组织来说那是新的。

(2) 创设一个新的组织机构并使之有效运转。

(3) 提出一个新的管理方式办法,这个新的管理方式办法能提高生产效率,或使人际关系协调,或能更好地激励组织成员等等。

(4) 设计一种新的管理模式。这一模式对所有组织的综合管理而言是新的、有效的。

(5) 进行一项制度的创新。管理制度既是对组织行为的规范,也是对员工行为的规范,制度的变革会给组织行为带来变化,因此,制度创新也是管理创新之一。

综上分析,管理创新是指为了更有效地运用组织的资源以实现预定目标所进行的一种创新活动和管理过程。管理创新贯穿了组织的各项管理活动中,并通过对决策、计划、组织、领导、控制等职能的创新推动着管理向更有效地运用资源的方向前进。因此管理创新又是产品创新、技术创新、工艺创新、营销创新等各类创新的基础。没有管理创新,其他创新很难取得预期效益。唯有不断创新,才能不断增强组织对环境的主动适应能力。

面对来自技术、竞争以及社会、文化的冲击,经典的管理思想正受到了前所未有的挑战,代之20世纪90年代以来一浪高过一浪的管理变革以及创新的思路和实践,这不仅是人们在新环境下对管理理论和实践的认真思考结果,也是激励人们走向美好未来所做的有效准备。

---

① 芮明杰:《管理创新》,上海译文出版社1997年版,第49页。

案例 美国西南航空公司成功的秘诀

在民用航空界有一个"不老的传说"——美国西南航空公司成长壮大的历程。它不但被视为全球低成本航空运营模式的鼻祖，而且在美国民航领域中一枝独秀，连续保持盈利。什么是该公司成功的秘诀呢？

许多航空公司试图模仿该公司的成功经历，在低成本低票价领域展开竞争。然而按照美西南航空的观点，有一样是这些公司无法模仿的——员工的战斗精神。在美西南航空，员工充满激情，员工创造不同。正是员工的热情服务，对乘客的关心照料，以及足智多谋，帮助公司成为全球最成功的航空公司之一，即便在"9·11"事件的不利背景下仍能保持赢利，并连续几年被《财富》杂志评选为美国最令人羡慕的公司。

员工工作积极性的高涨得益于公司信奉的"员工第一"的组织价值观。公司董事长 Herb Kelleher 认为：信奉"顾客第一"是老板可能对雇员做出的最大背叛之一。

"在美西南，我们宁愿让公司充满爱，而不是敬畏。"公司努力强调对员工的认同，如将员工的名字雕刻在特别设计的波音737上，以表彰员工的突出贡献；将员工的突出业绩刊登在公司的杂志上；表彰员工的时候经常采用庆典的方式；公司中随处可见的员工个人、家庭乃至宠物照片，随时在告诉员工：公司强调员工第一和员工所获得的个人认同感，公司以拥有他们为荣。公司乐意见到员工对具体问题的判断，希望员工不要被一堆规则束缚，对问题作出自己最好的判断，并且主动、积极地寻求解决问题的对策。

虽然是低成本航空公司，但公司向员工提供了极佳的福利，花费大量的时间和精力雇用、培训和保留那些聪慧的员工,让员工享受快乐,成为热爱和关心工作的"真正"的雇员。"不仅仅是一项工作,而是一项事业"的口号则提醒员工,他们并不是在为了获取收入而被动地工作,而是在从事一项组织和个人发展的事业。公司的文化引导员工形成一种主人翁意识,在员工培训中强调员工应该"承担责任、做主人翁","畅所欲言",认识到公司的发展也就是个人的发展,从而促使员工愉快地投入到工作中去。员工们因此清楚:每一次热情、关怀的服务就是向客户展现公司可靠产品的过程,比如他们所具有的标志性的幽默感能让乘客拥有一段令人愉悦和美好回想的旅行经历。

"9·11"事件后,几乎所有的美国航空公司都陷入了困境,大肆裁员,而美西南航空则例外。"员工第一"的信念激发了忠诚和保障飞行以及不裁减员工的决心。许多员工义务加班,许多人将预扣税返还留给公司,还有人义务照管公司总部前的草坪。他们再一次团结在一起,面对困难,使公司在全行业普遍亏损的背景下仍然保持盈利。

信守"员工第一"与培养合作精神密不可分。公司十分注重培养合作、信任和团队精神,强调在组织内部以及在员工、供应商和顾客间建立积极的信任关系。公司里有85%的员工加入了工会,但并没有出现其他航空公司中工会与管理层间的巨大冲突。在一次公司的文化研讨会上,首席运营官Colleen Barrett指出,工会是企业的伙伴——大家是一家人。公司中无论是管理层还是员工,在强调外部顾客利益的同时,都很注重内部顾客即所有员工和相关者的利益。

此外公司还提出了一系列口号,诸如"了解他人的工作",即鼓励员工了解其他部门员工的工作,建立共同工作、合作的意识。共同合作促使公司的生产率不断提高,也强化了部门间的相互协调能力。

思考讨论题

1. 你认为企业的经营理念应信奉"顾客第一"还是"员工第一"?

2. 你如何处理刚性的规章制度和信守"员工第一"两者之间的关系?

第四章 决　　策

决策是管理的核心内容。在管理活动中,它的作用是全方位的:一切管理活动都受到决策的影响;它的作用又是全过程的:贯穿于管理活动的始终。它从根本上决定了组织的发展方向和行为成败。决策理论有完全理性与有限理性之分,实际上,决策只能趋向合理、满意。为此,决策者需遵循信息活动、设计活动、抉择活动、评审活动的科学决策程序,辩明程序性决策与非程序性决策等类型及其内涵,选择有效的决策方法,实现组织目标。

第一节　决策的含义和作用

研究表明,管理者每天作出的决策甚至多达几十个。效果如何,很大程度上取决于他们能否清醒地认识到决策具有的特定含义,取决于他们是否发挥了决策的重要作用。

一、决策的含义

所谓决策,是指人们为达到改造世界的预期目标,运用科学理论,遵循合理程序,选择有效方法,针对解决特定问题设计出的多种可行性方案,作出分析、评估和抉择,并将抉择的方案加以实施的活动。决策本质上是人们认识世界、改造世界的有意图指向的表达。

一项有效决策,至少应牢牢把握三个要素。

1. 决策是人们有意识有目标的活动

决策依赖于事实前提,又受制于一定的价值前提,即为了达到预期价值目标。如果无目标,决策即为多余;如果对目标的认识不清晰不自觉,决策有可能削减了可行的内容与满意的结果。决策总受到决策者认识的制约,两者呈正相关关系。这就要求管理者在决策时,以科学理论指导,正确把握我(决策者)、能够(主客观条件制约)、做什么(主观期望目标)三者关系,使决策建立在可靠的事实及科学理论的基石之上。

2. 决策是行动的先导,它总要付诸实践

决策是人们认识世界的产物,也是改造世界的前奏曲,是主观能动把握世界、超前建构未来的表现。决策一旦形成并付诸实施,必将引发一系列行动;择定的解决特定问题的方案,事实上成为"不归点",具有不可逆性。因此,有什么样的决策就把人们引向什么样的未来;正确的决策是成功实践的导向;草率的错误的决策,哪怕决策者有良好的初衷,也会使组织蒙受最重大的损失。

3. 决策应该在若干可行性方案的比较、选择中作出

决策的目的是为了优化地达到目标,因此,如果只有一个方案,没有选择过程,也就不叫决策。因为,没有两个或两个以上的可行性方案比较,即无以鉴别,没有鉴别也无所谓正确选择,而没有正确的选择,是无从优化地达到目的的。

由于决策往往不是一锤定音,一劳永逸的,即决策不只是在某一时刻针对特定要解决的问题作出的决定,而且在解决问题的方案付诸实践,组织、指挥、控制等管理职能相继发挥作用时,还要作出补充的修正的等相关决定,决策由此构成一个连续统一的活动过程。决策者要重视每一环节的运行质量,方可保证决策的整体质量,发挥决策的总体效能。

二、决策的作用

源起于人类共同(协作)劳动的管理活动,在漫长的历史时期内,没能被提升为系统的科学理论。至多,它们表现为零碎、片断的思想闪光,决策领域也不例外。资本主义大生产出现迄今,生产

力发展呈迅猛态势,它导致社会分工细化,组织结构复杂化,竞争激烈化。这一切,催促着管理理论蓬勃而生,也使决策备受重视。此外,新科技、新方法不断萌生,又使科学决策成为可能。当今社会不重视决策,从一个具体组织到一个民族国家,对内无以提高管理水平,对外无以应对挑战,决策有重要作用已成为不争的事实。其作用主要表现为:

1. 决策是行动的魂魄

管理活动由决策、行动两个相关部分组成。决策是对将要采取的行动的思考和选择,它有着决定做什么、怎么做、什么时间做、由谁做等功用。在管理的一切领域,贯穿于各领域管理的各环节,如组织机构构建、目标设立、分解、落实,人、财、物的调配,以及指挥、协调、控制等,都有决策问题,且都围绕着决策作现实的展开运作。古人云:谋定而后动。决策中的筹谋,很大程度上决定着行动的方式,预示着行动的结果。所谓"失之毫厘,差之千里",正足以说明决策在管理中作用的重大。

2. 决策是提高管理绩效的有力保障

从古典科学管理时期始,绩效就成为管理关注的热门课题。能提高绩效,甚至是管理之所以为人青睐的强有力理由。而决策,正为提高管理绩效提供了科学的程序和方法,保证了优化达到目标的速度和质量,帮助组织尽可能避免前行中面临的各种风险。在很多场合,严格遵循决策程序和方法,自然要耗费一定的人力、物力、财力,比之有勇无谋的行动,似乎并不快捷,亦即无绩效可言。但磨刀不误砍柴工,好的决策比起鲁莽的行动,因为减少了失误,降低了成本,实际上绩效是大大提高的。

3. 决策是凝聚人的重要承诺

艾伦·巴克指出:"制定一项决策不仅仅是选择一种行动方案。它还做出一种承诺,不管这种承诺从理性和感性的角度看是多么微不足道。而且,做出某一决策通常也是在代表他人做出承诺,因为别人需要执行你的决策。"① 管理者以决策方式做出的承诺,如果为被管理者认同、信赖,它就有强大的号召力、凝聚力,并能催生出群体实现决策意图的持久热情,坚韧奋发精神。

三、理性的限度

决策是艺术的、直觉的、经验的还是科学的、逻辑的、理性的?在前景不明状态下如何作出适当的抉择?人的文化心理因素怎样影响着决策?现实世界的复杂多变及人的意图企求的相异,致使对决策中的理性有不同的认识。

1. 完全理性决策

完全理性决策源自工业化初期经济学家们提出的基本假设:在给定的环境下,人的行为是符合逻辑的,因此可以预测;"经济人"的行为是理性的。他们经营决策的目标是追求利润最大化,而只要信息准确,他们就能作出实现利润最大化目标的理想决策。决策中,理性的、规范的、抑或数理的观点确立于第二次世界大战期间。当时,英国皇家海军运筹学研究所与美国第十舰队附属的反潜战运筹学研究所携手合作,试图通过对数学和其他科学的综合运用,提高盟军船只横渡大西洋的安全性。军队的研究使管理者相信,理性决策既然可以用于解决战争问题,那么同样可以解决管理问题。

综合上述,完全理性决策相信:决策的问题是清楚的。决策者拥有与决策相关的完整信息,能全面寻找备选方案;决策能符合客观理性,即决策者不带个人主观情绪和偏见,借助科学手段和方法,分析每一抉择可能导致的结果;决策者具备一套价值体系,作为评估抉择方案的准绳,从而最大化也是最优化地实现组织经济利益。

---

① 德斯·迪拉夫著:《核心管理决策》,大连理工大学出版社1999年版,第16页。

2. 有限理性决策

实践中，人们认识到，完全理性决策是一种简化的抽象的理想模式。在一定的时空条件下，决策者又掌握了与客观情况相适应的理论与方法，它也有适用性。但更重要的是，世间事物普遍存在不确定性。不确定不是一个例外，而是一种规律。以这样的观点审视，西蒙提出的满意原则和有限理性标准，有着更广泛更现实的可操作性。

西蒙仔细分辨了理性的不同内涵："如果一项决策由于在指定状态下给出的价值确实最大，就可以说该决策'在客观上'是合理的。如果在本人实际具有的知识范围内，其决策可以收到最大成果，则该决策'在主观上'是合理的。使手段适应于目标的过程是一个认识过程，如果认识是自觉的，则该决策'在认识上'是合理的。"[1]这里说的客观上、主观上、认识上的合理，其实就是承认决策满意度受到理性限定。在现实层面，人的理性限度总受到如下因素制约：人的知识与能力（预见能力、实际能力等）的有限性，不可能掌握决策所需的全部信息，不可能列出所有备选方案，也不可能完美处理浩瀚复杂的情况；决策者可利用的资源和时间是有限的；组织内部政治、文化诸因素的交互作用与组织外部不确定因素的大量存在及影响。这一切，使决策无法臻于完全理性，只能遵循或追求满意原则。

按西蒙的满意原则，人的理性介于完全理性和非理性之间；现实比假定复杂得多；决策要求把握现实的机遇，要求调动人的多方面才能，它只能以合理、满意为鹄的，不可为了理论完美忘却现实的可行。

值得注意的是，决策理论近年来仍有新进展。2002年诺贝尔经济学奖得主丹尼尔·卡纳曼从心理实验角度证明，由于信息不对称，个人视角的限制，文化传统的制约，人的心理作用与受时尚习惯等因素的影响，人会作出非理性然而也无遗憾的决策行为。

---

[1] 赫伯特·西蒙:《管理行为》，北京经济学院出版社1988年版，第75页。

第二节 决策的程序

决策是面向未来的。未来具有不确定、多向度的特征;人们可以从各自的立场、视阈出发,对它作判断与选择。因此,选择将带来机遇或风险。尽力把握机遇,规避风险的办法,是遵循科学合理的程序进行决策。

决策程序包含前后衔接的四个活动阶段,八个方面。如图4-1所示。

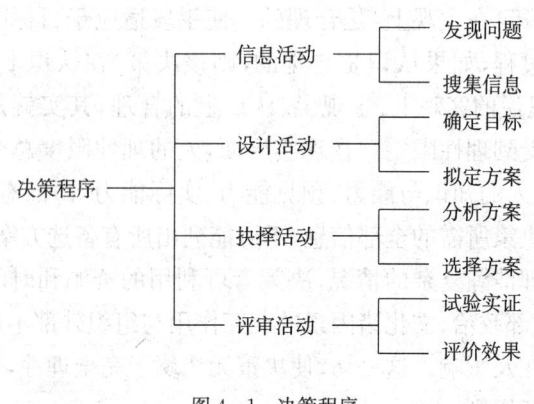

图4-1 决策程序

一、信息活动

信息活动的任务是探查、发现组织面临的各种问题,寻觅组织决策的条件,找出制定决策的理由。按工作顺序和内容,包括发现问题、搜集信息两个方面。

1. 发现问题

决策始于对问题的发现。问题通常可解释为主观意识到的必须研讨求解的事项。它内蕴于事物本身,显现为主客观的差距、矛盾。它可以是业已历史地存在着的,或正现实地发生着的,或走向未来途中可能发生的。发现问题的关键是找出问题的症结,确立科学合理地解决问题的期望标准。期望标准不一，问题的性质、范围、程度即不一。倘若没有科学合理的期望标准，对问题或者会视而不见，或者会夸大其词。那样，都无助问题的真正解决。有了科学合理的期望标准，才能测衡出主客观的差距、矛盾的实质：是主观超前、客观滞后还是其他原因引发？从而为解决问题确定决策目标，为尔后的设计、抉择、评审活动提供坚实的基础与依据。

2. 搜集信息

发现问题已经意味着对一定量信息的搜集，但搜集信息是对问题更详尽完备的认识。信息是决策的原料；详尽而可靠的信息是科学决策的前提和保证。信息的质量直接影响到决策的质量。决策所需的详尽而可靠的信息，是指对一个特定决策问题有意义的经过加工的材料。它首先应该是客观真实的。因为，客观真实的信息涵蕴着问题的本质，启迪着正确的解决思路和办法；其次，它应该是轻重有别、主次显然的。唯此，决策才能突出重点，抓住关键，切中肯綮。因此，搜集信息过程中，去伪存真、去粗取精、比较判别、研究归纳是不可忽略的工作内容。决策面对的问题越复杂，信息的搜集、加工、处理过程也越复杂。

二、设计活动

设计是蓝图的勾画。依据已经掌握的经过加工的材料，构想解决问题拟达到的合理结果（设计目标），编制解决问题的方案（设计内容），是蓝图的两个主要组成部分。所以，设计活动包括确定目标和拟订方案两个方面。

1. 确定目标

任何决策都指向一定的目标。设计合理的目标是科学决策的内核。有了合理的目标，才能着手拟订可行性方案。设计合理的目标应该满足以下几个基本要求。

目标应富有挑战性，又具有可行性，是挑战性与可行性两者的统一。可行性—指组织内部具有实现目标所需的人力、技术、物资、资金、信息等必备条件,一指组织确立的目标要符合外部条件的规定,如国家的政治、法律、社会心理状态、受众文化特征等。挑战性则指目标的新颖性,实现的困难程度,对组织成员内聚力量的激发强度等。

目标有明确的标准,能给予量的测定或质的测评。明确的标准会给目标实施带来一系列益处。它构建起清晰流畅的信息链,便于管理者解释、沟通,便于下属或基层人员理解执行;它为监控系统提供了反馈检查的标准;它也提供了考评的依据。

目标有规定的时效。如规定一目标是长时段的还是短时期的,以充分发挥目标的导向作用、控制作用、激励作用。

目标有内部合逻辑的关联。一个目标通常也就是一个系统,它的内部是可以分解的。确定目标,亦即包括确定大目标和小目标、宏观目标和微观目标间的主从关系。决策者要使局部目标从属于整体目标,短期目标从属于长期目标,次要目标从属于主要目标,以便根据目标的先后重轻,对有限资源作合理的分配和利用。

2. 拟订方案

方案是实现目标的途径。拟订方案,即寻觅达到目标的较佳途径。由于人的认识水平、视角的不一,也由于特定决策问题有的相当复杂,对同一问题的解决会存在多种可能的途径,可以形成多套可行性方案。拟定多套可行性方案解决某一特定问题,有利于决策者比较、鉴别、选择,作出满意的决策;反之,如解决某一特定问题只有一个方案,很可能潜伏着事实上的危险性,令决策者承负巨大风险。

拟订各种可行性方案,可遵循头脑风暴法、德尔斐法、风险性决策法等现代决策方法。但只要方案是可行的,那么,它们应具备如下共性特征:一是详尽,方案的设计是可靠掌握信息并作思辨后的产物;二是独特,可行性方案各有优点,且不能完全为它方案替代包容;三是客观,对方案实施中可能的结果,如利弊得失,发展演变中的机遇风险,有比较客观的分析估计。

三、抉择活动

设计出的诸方案都是备选方案,它们并非都具备实践的品格。事实上,人们也不可能将备选方案一一尝试,然后判定优劣,择善而行。因此,究竟将哪一个方案付诸实践,需要作出认真仔细的分析、选择。抉择活动,即由分析方案和选择方案两个环节构成。

1. 分析方案

分析是选择的基础和前提。所谓分析方案,是对各备选方案的利弊得失给出科学求实的评定。没有对事物的透彻分析,我们无从选择;硬性作出选择,盲目性太大因而风险太大。

分析方案的工作按照谋、断分工协作的历史趋势,通常可交付咨询机构或专家帮助进行。咨询机构或专家主要侧重从技术层面、效益(包括社会和经济)层面、主客观可行或限制条件层面、心理(包括社会公众心理和组织成员心理)层面、风险和机遇层面等方面,对备选方案作出分析预测。分析方案尤其应该注意各备选方案的差异性。因为,差异才体现出各方案的独特、独创,才使各方案的优劣长短充分凸显。分析方案还应该站在更高的视点上,对备选方案的优长加以拓展,对缺劣加以修正弥补,作可能的整合,使准备实施的方案趋于完备。

2. 选择方案

在一定意义上,决策可视为发现问题、寻找对策和选择方案三者的某一特定组合。其中,寻找对策属于"谋"的性质,可由专家承担;选择方案属于"断"的范畴,应由决策者负责。由于各备选方案是为解决同一特定决策问题拟定的,它们基本上不呈现此全优彼全劣的状态。一般情况是,一方案的优劣相互依存,难以剥离;各方案比较则互有优劣。决策者接受一方案优点时可能无法完全拒绝它或有的不足。所以说,选择活动不是在优劣、是非间展开,选择应摒弃求全责备,万无一失等理想化模式。决策者选择方案时,自然应该考虑专家的分析,但又不能为之所囿。他要具备宽阔视野、大局眼光,处理好短期利益与长期利益,局部利益与整体利益,经济利益与社会利益、技术性与目的性等一系列复杂的问题。

方案一经实践,将发生多方面的甚至是长远的影响。因此,选择方案是牵一发动全身的举足轻重的活动。它要求决策者有良好的心理素质,当断即断,避免延误决策时机;有高超的识见,能全面客观分析各方案,准确预测未来走势,权衡利弊,居高临下,审时度势。

四、评审活动

一个重大决策方案择定后,付诸实践前,必须经过试验实证。即使对一个特定问题的决策有了严密论证,付诸实践后,仍有效果评价的需要。只有经过试验实证、效果评价两个环节,一个完整的决策过程才告结束。

1. 试验实证

试验实证通常发生在特定的决策问题是性质复杂的,或有全局意义的,或是开创性的领域。试验实证可以选择方案的关键部分,也可以模拟试验方案的整体性能。决策者要根据试验实证的不同结果,采取不同的后续手段。倘若试验证明方案是可行的,可推而广之,进入普遍实施阶段;倘若发现方案运行中有重大问题,应将信息反馈,进而具体分析产生问题的原因,分别情况采取对策:是方案本身的疏漏所致,应对方案作修正完善;是方案执行者的原因所致,应加强宣传、约束、检查等;是外部环境发生了主观不能预料的变化,应立即停止方案的运行,变换决策方案。总之,试验实证是主观期望求得客观证明的过程,切忌固执己见。

2. 评价效果

方案运作间,决策者要追踪评价决策实施的效果。如果发现方案实施中由于各种不确定因素影响而发生了偏离目标的情况，还要作出追踪评价。追踪评价的重点是分析什么原因导致方案偏误或失效。决策者要根据反馈信息，审慎反省决策实施中偏误或失效的原因：如时间（早期还是后期），性质（偶然还是必然），程度（主要部分，还是次要部分），原因（执行者了解不够，还是方案本身不足，或是环境变化引起）等，寻找合理的解决对策。重大决策实施的每一阶段，都需要评价和反馈，以期及时发现问题、解决问题。从某种意义上说，评价效果本身就是一个决策过程。假如主观预期与客观进程吻合，那么，评价效果事实上为下一轮决策做了必要的准备。

第三节 不同决策类型的用途

由于决策的层次、内容、形式、目标、信息的清晰完整度等不同，决策类型有多种划分标准。科学划分决策类型，了解不同决策类型的用途，有助于管理者合理决策。

一、战略决策、战术决策和日常业务决策

依据决策问题对管理系统的影响程度和重要性划分，决策有战略、战术、日常业务三种类型。

1. 战略决策

决策是组织有目标的行为。组织的目标指组织在一定期限和范围内欲完成的任务和取得的成效。凡组织的目标关联到本组织的大局、命脉、方向等问题，时限在3～5年或更长，如五年发展计划、十年发展纲要此类规划型的，属于战略决策。战略决策具有面向全局、长远、整体的特点，决定着管理活动的方向、原则和目标。它可以是一国的发展战略如西部大开发，也可以是一企业的经营方略如若干年后企业的产品市场占有率、整体布局、结构调整、竞争重点等。战略决策的特点决定它面临的问题比较复杂，是决策者根据不完全信息对未来作出的判断,需要决策者具备宏观洞察力和强有力的判断能力。

2. 战术决策

战术决策是介于战略和日常业务决策之间的桥梁,有承上启下功能。和战略决策的规划属性相比,它属于中期性、局部性决策。和日常业务的短期性相比,它又有影响面宽广时效性更长的特点。因此,战术决策是战略决策展开和细化的支持环节,又对日常业务决策有指导引领的作用。

3. 日常业务决策

决策目标定位在基层的局部的范围内和短期内应完成的具体活动,叫日常业务决策。日常业务决策往往和具体的业务、技术、数字、日程相联结,并容易转换为具体的行动如设备维修、货物入库、造表登记等,有琐碎性、操作性、即时性的特点。基层组织经常作出的是日常业务决策。日常业务决策特点决定,决策者可以根据制度、规则乃至常识、经验处理决策事务。但是,由于日常业务决策可能是战略、战术决策的有机展开,至少是战略、战术决策得以实现的基础性工作,因此,日常业务决策者不仅应具备很强的工作责任心,而且要深入领会战略、战术决策的意图和内容,在实际工作中分解落实。

二、程序性决策和非程序性决策

根据各层管理者所遇到问题的性质分类,决策有程序性和非程序性两类。其关系如图4-2所示。

图4-2说明,越是沿决策层次的斜面下行,决策越是趋向程序性;反之,则趋向非程序性。两端之间,还存在着一种程序性和非程序性渗透并存的混合型决策。

程序性决策主要适用于解决结构性问题。所谓结构性问题,一般指常规的、例行的、重复出现的、有周期性和规则性的问题。由于这类问题经常反复出现,能被人预料,有史实可借鉴,且较易

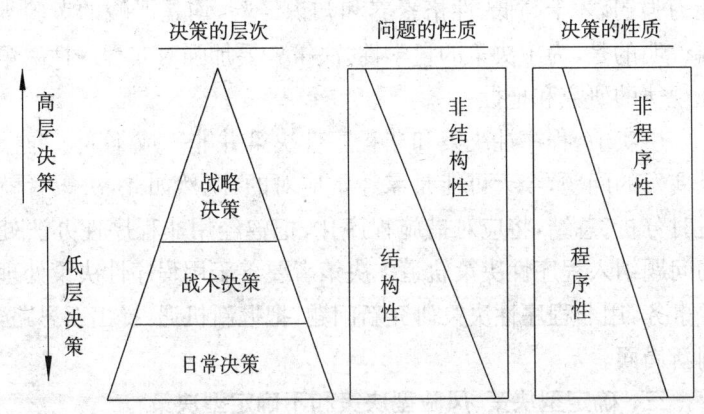

图4-2 决策性质和管理层次、问题性质的关系

处理,管理者可以采用程序、规范、准则、制度等具有普遍适用性、较长时效性的管理对策来解决,不必每遇一个问题就作一次决策。例如企事业单位对日常事务的处理(学校的教学安排、上海市对夏季台风的预警,工厂对标准产品的操作要求等),大量的就属于程序性决策范畴。程序性决策的益处是,管理工作简便化、秩序化、量化,能做到公开、公平、公正,管理者有法可依、省时省力,执行者有章可循。在程序性决策领域,中、高层管理者还可加大授权力度,转而将自己的注意力贯注到对组织发展有重大意义的非程序性决策方面。

非程序性决策针对非结构性问题。非结构性问题有一次性(偶发)、开创性(无先例)、不重复、突发、不确定等特征。它无可借鉴,难以量化,甚至不能预测,因此不能用固定程序、常规办法处理。适用的倒是随机的、探索性的办法,发散型的、创新的思维。一般地说,战略性决策(如工厂开发重大新产品,国家建设的战略重点转移等)都属于非程序性决策。因为作用的时间跨度长、地域范围幅度广,或涉及高层人事影响大,或进入新领域风险、机遇、挑战大大增强,非程序性决策显然比程序性决策更重要,它对决策者能力强弱、才干高低、性格素养和知识经验,均是严峻的考验。需要说明的是,为了决策的科学性,决策者要加强对非程序性决策内在规律的研究和把握。

事实上,程序性决策和非程序性决策并非一成不变。昨天还是偶发的问题,今天可能是需经常应对的,既然如此,决策者就要适时分析、总结,将应对措施程序化,把曾经用非程序性办法处理的问题纳入程序性决策轨道。决策者要善于用程序性决策处理日常事务,用非程序性决策研究新问题,把握新机遇,提出新思路,开创新局面。

三、确定型决策,风险型决策和不确定型决策

决策主体对决策结果有的能确切预知,有的无法准确预料,据此,决策可分为确定型、风险型、不确定型三种类型。

确定型决策指主观上决策者对要解决的问题是清楚的,且能精确估算出决策实施的结果;未来的客观条件是确定的,备选方案实施后不会发生大的偏移。显然,能充分满足上述主客观条件的确定型决策,只存在于环境稳定、决策事项简单的领域。指导确定型决策的方法主要有数学分析方法,如线性规划、盈亏平衡分析、库存模型等。

风险型决策指主观上决策者对面临的问题是清楚的,可以识别备选方案实施后出现的几种可能结果以及各结果的概率。但客观上,决策者不能确定备选方案实施后会发生哪种结果,不管执行哪一种备选方案,他都将承担一定风险。面对未来的决策,选择往往意味着有风险伴随,决策者不能预先确知环境条件时,很难把握选择最好的行动方案,避开最坏的行动方案,同时或许还不能无作为(不选择)。这样的风险型决策,在人类决策中占了很大比重。指导风险型决策的方法,最常用的有决策树。

不确定型决策指主观上决策者掌握的信息不完全,可供选择的备选方案可靠程度较低;客观上,备选方案执行时可能发生哪几

种状态,以及各状态出现的概率是不明确的。不确定型决策也是一种风险型决策。两者区别在于,决策者对备选方案实施结果的概率,一个无法预测和把握,一个是可以识别把握的。不确定型决策由于信息资料缺乏,需要决策者及时作出直觉判断,也可以采用数学分析方法来帮助决策。

以上分析说明,待决策的事项情况不同,无不和决策者掌握的信息差异有关。决策者对决策各环节信息充分掌握的决策为确定型决策;受到收集信息的时间、费用等条件限制,只能在不完全信息状况下作出的决策为风险型决策或不确定型决策。

四、个人决策和集体决策

对备选方案的选择是由人(决策者)作出的。按照参与选择的人数多少及议决规则的区别,决策可分为个人决策和集体决策两类。

决策是对多个备选方案之一作出肯定性选择,对其余方案作出否定性选择。如果决策的权力、责任集于一个人,就叫个人决策。个人决策的优点是显见的:它职责明确,能有效杜绝互相妥协、推诿责任的不良风气;它权力集中,因而行动迅速有力;它费时较少,降低了决策成本,亦即在一定程度上提高了管理效益。

个人决策的优点说明,它适用于面临突发事件,危急情景,需立即采取行动时;环境动荡,反复磋商久拖不决会贻误战机时;问题清楚,无须数度审慎研究时;历史事件重现,个人经验和聪明才智可充分应对时。这些情况在环境错综、问题复杂、竞争激烈的现代,时有发生。因此,个人决策在现代决策领域仍有用武之地。

个人决策的不足主要是个人的学识、经验、才干、精力和他要处置的复杂问题可能构成鲜明落差;个人权力过分集中可能导致有效监督失效;个人性格的薄弱处可能在关键时刻无法得到有力弥补;个人权重一时可能挫伤下属参与管理的积极性,使民主管理弱化乃至沦丧,还可能使阿谀奉承者乘隙迎合,等等。

从发展趋向看,作为决策主体,个人决策的比重不断下降,集体决策正成为占主导地位的方式。所谓集体决策,指决策的整个过程赋予两人以上的集体并按集体议事规则完成,简言之,集体成了决策的主体。

许多学者对个人决策与集体决策孰优孰劣作过比较。归纳起来,集体决策的优点如下:

(1)信息全面。相比个人决策,集体决策参与者因为每人都有自己的经验和识见,可以汇总到个人无可比拟的丰富信息,使决策建立在信息准、全的基础上;

(2)虑事广博。以全面丰富的信息为思考对象,各抒己见,交换、比较、相互激发,不难形成更多的备选方案;

(3)基础厚实。集体决策对充分发扬民主,避免个人决策可能出现的主观片面性,开启了宽阔的通道,与此同时,也垒起提高决策质量,推进现代民主管理,决策有效执行的厚实基础;

(4)权责分散。权力高度集中于一人手中,组织风险太大。集体决策使权责分散,既利于相互制约和监督,又利于通过分工合作,既发扬各人所长,汇聚众人之力,优化决策,规避风险。

集体决策显现的或潜伏的问题也是不容回避的。

(1)时效差。集体决策需费时进行沟通和讨论,情况紧急亟须当机立断时,反复磋商讨论会延误决策时机;

(2)费用高。投入的人员多,议事时间长,决策成本必然高;

(3)易妥协。集体决策不是每次都能达成一致意见。在分歧严重的情况下,集体决议达成的很可能是人人同意却又是低水平的妥协决议;

(4)责任不明。集体决策的制度导致权责分散,可能会出现决策时七嘴八舌,执行中无人负责或推卸责任的情况;

(5)风险心理弱。研究表明,集体决策比个人决策更倾向于冒险。这是因为,成员在集体决策时共同分担责任,不像个人决一样有强烈、明确的责任感。即使集体决策失败,责任不会由个人独自承担,风险心理因此弱。还因为,集体中的领袖人物,为显示自己具有的特殊作用、才能、胆略,会选择冒险水平较高的大胆决策,而其他成员因为担心集体对他有不良印象,也会迎合冒险水平较高的大胆决策,从而,在群体动力作用下,形成"冒险转移"(冒险水平增加,风险意识降低)现象;

(6)民主虚假化。集体决策是具有现代民主性的管理体制。但在运作时,不排除它变味为某一人在某些问题上有操纵、控制、支配他人的力量。

集体决策的优劣说明,比起个人决策,它不具备天然的全方位的优越合理性。集体决策要发挥它的优点,一有赖于注意它的适用领域,有所为有所不为;二有赖于规范它的运作,"按照集体领导,民主集中,个别酝酿,会议决定的原则","完善议事和决策机制";[1]三要掌握集体决策的方法。随着决策主体由个人向集体转移,德尔斐法、名义小组法等集体决策的方法应运而生,集体决策的科学性正日益得到方法论上的保证。

第四节 几种常用的决策方法

"方法"一词,希腊文中指沿着道路即循着正确道路的行动。正是在这样的意义上,笛卡儿强调"要认识真理,必须运用正确的方法。"[2]用于决策领域,决策的方法指在决策过程中寻找优化决策方案的手段和工具。概括而言,决策方法有侧重借助外脑和侧重借助技术之别,又有趋向定性决策和趋向定量决策的不同。

---

[1] 江泽民:《全面建设小康社会开创中国特色社会主义事业新局面——在中国共产党十六次全国代表大会上的报告》。

[2] 笛卡儿:《谈方法》。转引自《西方哲学原著选读》上册,商务印书馆1982年版,第363页。

一、决策的定性方法

1. 头脑风暴法

头脑风暴法又称专家会议决策法,指邀请有关专家,通过会议形式,就特定决策问题敞开思想,各抒己见,借以鼓励决策新构想的产生。头脑风暴法分直接头脑风暴法和反头脑风暴法两种。

直接头脑风暴法又称畅谈会法,特点即体现在畅谈之中。为酿造各位专家得以畅谈的氛围,直接头脑风暴法要求,会议开始,主持人可以明确阐明待决问题,但切忌把自己解决问题的设想和盘托出,以免框住他人的思想。主持人的职责是启发、引导、激扬专家的思维灵感。为此,主持会议要遵循四项规则:

(1) 鼓励、提倡独立思考,拓展思绪,自由发言,以利于集思广益;

(2) 对他人的意见不批评、不反驳、不下结论;

(3) 争取较多的意见。意见越多,越有可能出现高质量的内容;

(4) 可以补充和归纳。欢迎在他人意见的基础上补充、完善、发展,从而完备一个方案。

直接头脑风暴法是决策领域偏重思想观点创新的方法,如果切实贯彻四项原则,决策者将获益匪浅。它确立的行为规范,利于专家们的思想共振和作发散性思考,不利于激发专家彼此间的思想碰撞。直接头脑风暴法的不足,正可用反头脑风暴法弥补。

反头脑风暴法先后召开两次会议。第一次会议按照直接头脑风暴法的规则进行,第二次会议是对已经系统化的方案质疑。它要求与会者对每一方案进行全面评价,质疑每一设想的可行性、限制因素,提出排除限制因素的建议,一直到没有问题可质疑。它禁止对已提出的设想作确认和论证。它还要求对质疑中提出的建议进行评估,以便形成实际可行的最终解决方案。反头脑风暴法的逆向思维,有利于弥补方案设计时思考的不周密。

2. 德尔斐法

德尔斐法即专家意见函询调查法,由美国著名咨询机构兰德公司首创,并成功地运用于技术预测领域。它是为克服专家会议决策法易受权威影响、易受潮流思想裹挟等不利因素而发展起来的一种决策方法。

德尔斐法的基本运行步骤是:

(1) 意见征询者组建一个专家组成的小组,将要讨论或咨询的关键技术问题(如可能性、突破的时间、障碍等)编制成表,函询征求专家的意见;

(2) 专家在不通气的情况下,经独立思考,写出自己的意见,并反馈给意见征询者;

(3) 意见征询者对反馈意见进行整理、综合。这时尤其要注意专家意见的倾向性和一致性,注意对关键问题作重点分析;

(4) 将经整理、综合的意见匿名后寄给专家,再度征询意见。

如此数度反复,逐步剔除令人不满意的方案,缩小分析的范围,对关键部分的设想作无拘束的互相启发,最后形成代表专家组意见的方案。

德尔斐法以函询匿名、数度信息反馈、结果的统计性为特点。函询匿名使被征询者不受个人的权威、资历、口才、劝说等因素的影响,可以有效避免专家云集一处时彼此产生心理反应;数度信息反馈弥补了函询方式征求意见造成的信息、意见封闭状,使专家及时了解集体的意见,也利于专家在此基础上补充、拓展、深化自己的意见。一般来说,经过四轮征询,专家们的意见可以达到相当程度的协调;结果的统计性是指德尔斐法是可以定量处理的。比如,以预测某技术突破的时间为例,它可以将专家的意见按中位数和上下四分点排列。中位数表示一半专家的决策结果小于它,另一半专家的决策结果大于它。上下四分点之间的间隔表示意见的偏差。

运用德尔斐法决策,需要注意的是:

(1) 函询调查表设计时问题要集中、有针对性,问题的数量要有限制;

(2) 用词要确切,避免名词概念有歧义、范围有交叉;

(3) 专家名单确定时要注意他们知识结构的合理性,专家人员总量的确定要根据问题的复杂程度,一般以20～50人为宜;

(4) 意见征询者要遵循科学方法整理函询意见,要用规范的术语归纳意见。

德尔斐法容易出现缺陷的环节主要有:专家知识结构与函询问题相关性的差异,对预测结果会发生种种影响;函询方式使问题的深入讨论受到很大限制;意见整理者因不能很好理解专家意见而发生整理误差。针对上述易出现的缺陷,20世纪60年代以来,兰德公司对德尔斐法提出了若干改良办法,如增加向专家提供与征询问题相关的更广泛的背景材料,部分的改变匿名性,甚至在函询基础上引入公开争论等。

3. 名义小组法

名义小组是说这一小组不是实体,只有小组的名分。名义小组法是指决策制定过程中限制以小组形式讨论,又要得到小组的整体意见。它的具体运行步骤为:为解决特定决策问题,意见征询者组建一个专家小组,把要解决的关键内容告诉专家,请专家独立思考后在纸上写下自己的意见(这阶段也可和德尔斐法一样,用函询方式进行)。然后,按次序一个一个地在小组内介绍自己方案的思路和内容。最后,由专家对各备选方案投票,用数学方法,排出等级序列,投票赞成率最高的备选方案就是决策方案。

名义小组法的决策程序设定意在克服面对面的讨论对个体创

造力的抑制,对个体心理的不利影响,企图既保留德尔斐法的独立思考和头脑风暴法的集思广益的优点,又尽可能在减少时耗、降低成本的基础上,集中专家的意见。

作为发展,名义小组法和计算机技术结合后,已演变为电子会议。电子会议主持人将待决策问题在屏幕上显示给各位专家,请专家把自己的解决方案、对备选方案的评价打在计算机屏幕上。通过会议室里的投影屏幕,主持人对各专家的意见及专家们的倾向性意见了然于胸。决策方法和现代科技联手,加快了决策的进程。

二、决策的定量方法

决策的定量方法大多用数学模型分析,它以准确的量化,提高了决策的科学性。比较常用的决策定量方法有决策树、收益矩阵决策等。

1. 决策树

在所有的决策方法中,决策树恐怕是最著名的一种。决策树是以树形图表示可行方案,以树的生长过程的不断分枝表示事件发生的各种可能,以剪修分枝进行决策的方法。决策树能够计算和比较各方案的风险和收益,帮助决策者作出正确选择。风险决策一般常用决策树。

【例】 某县政府为发展本地经济,组织一些专家讨论,确定上哪些项目。专家对本地的自然资源、人力资源、外部环境等条件分析后,提出了发展旅游业和生态农业两个方案。两方案的一次投资有效期都是 10 年。发展旅游业总投资需 3 000 万元。以年度为核算单位,成功概率是 80%,成功获利 500 万元;失败概率 20%,失败受损 100 万元。发展生态农业总投资需 2 500 万元。以年度为核算单位,成功概率是 60%,成功获利 700 万元;失败概率 40%,失败受损 150 万元。也可以无所作为,但每年仅流动资金空置,预期损失 50 万元。问合理的决策是什么?

根据给定的三种行动方案画出决策树,如图 4-3。

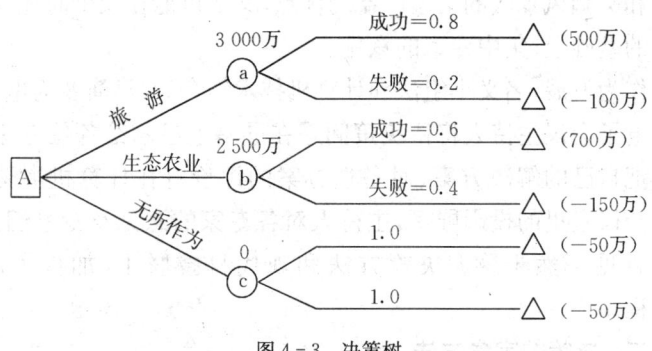

图 4-3 决策树

决策树由五个要素构成。□点叫作"决策点",表示决策问题的起点;决策点引出的分支如旅游、生态农业、无所作为叫作"方案分枝",表示解决问题的方案。决策中,为解决一个问题往往有多个备选方案可供选择。有几个备选方案,就有几个方案分支,决策的任务就是从中选择优化方案;○点叫作"自然状态点",表示一个备选方案实施时面临的自然状态,如启动某项工作,要有一定的人、财、物的投入;自然状态点引出的分支叫作"概率分支",表示在自然状态下风险和收益发生的概率值;△点叫作"结果点",表示执行某一方案在某一自然状态下的报酬(盈利和亏损)值。

计算各方案的期望值:

a 方案的期望值:

$$[500×0.8+(-100)×0.2]×10-3\,000=800(万元)$$

b 方案的期望值:

$$[700×0.6+(-150)×0.4]×10-2\,500=1\,100(万元)$$

c 方案的期望值:

$$(-50)×10=-500(万元)$$

由于 b 方案的投入少,期望值高,合理的决策是选择 b 方案。

决策树是决策分析的有效工具,具有方便简洁,图形直观明了,逻辑思路清楚的特长,在问题复杂的多阶段的决策中,决策的定量分析中,应用相当广泛。但在运用时应注意它作用范围的有限性。如它无法用于一些不能用数量表示的决策领域;当决策者无法准确预测未来自然状态时,对各方案出现概率的确定,会发生主观片面性。

2. 收益矩阵决策

收益矩阵决策亦称风险型决策或统计型决策。采用收益矩阵决策,需要具备的条件有:

(1) 目标明确,如为了获得最大利润;

(2) 有两个以上备选方案可供选择,以利降低风险,提高效益;

(3) 存在各种自然状态,它们不以决策者的意志为转移;

(4) 决策者能估计出各备选方案在各种自然状态下的盈亏值;

(5) 决策者能计算出各种自然状态发生的概率。

有了上述五个条件,决策者就能以收益矩阵方法,计算出各备选方案在不同自然状态下的收益。又可以依据各备选方案客观收益的概率大小,计算出它们的期望收益值,进而在期望收益值的比较中选择一个最优化方案。

【例】 某企业为拓展市场,开发生产了一种短线的季节性产品。该产品每箱成本 30 元,售价 80 元,创利 50 元。如果当天剩余一箱,就要损失 30 元。企业有该产品去年同期(季度)的日销售量资料(见表 4-1),今年市场情况不清楚,要求拟定今年的生产计划,使其获得最大利润。

现在,根据今年每天可能销售的数量,编制计算不同生产方案的决策收益表 4-2。

表4-1

去年同期销售资料

日销售量(箱)	完成日销售量的天数	概　率　值
100	18	18/90＝0.2
110	36	36/90＝0.4
120	27	27/90＝0.3
130	9	9/90＝0.1
	90	1.0

表4-2

今年同期预测收益

自然状态 概率(P_i) 计划方案(j)	市　场　销　售　状　态				期望 利润值
	S_1＝100(箱)	S_2＝110(箱)	S_3＝120(箱)	S_4＝130(箱)	
	0.2	0.4	0.3	0.1	
(a) 100(箱)	O_{11}＝5 000	O_{12}＝5 000	O_{13}＝5 000	O_{14}＝5 000	5 000
(b) 110(箱)	O_{21}＝4 700	O_{22}＝5 500	O_{23}＝5 500	O_{24}＝5 500	5 340
(c) 120(箱)	O_{31}＝4 400	O_{32}＝5 200	O_{33}＝6 000	O_{34}＝6 000	5 360
(d) 130(箱)	O_{41}＝4 100	O_{42}＝4 900	O_{43}＝5 700	O_{44}＝6 500	5 140

矩阵中,O_{ij}表示方案j在自然状态i时的收益值;P_i表示自然状态i的概率。表中四个方案的期望利润值计算如下:

(a) 100箱计划方案:

$$5\,000 \times 0.2 + 5\,000 \times 0.4 + 5\,000 \times 0.3 + 5\,000 \times 0.1 = 5\,000(元)$$

以此类推,(b) 110箱计划方案的期望利润值为5 340元,(c) 120箱计划方案的期望利润值为5 360元,(d) 130箱计划方案的期望利润值为5 140元。由各方案比较可知,期望利润值最大的为c方案,应列为最优方案加以考虑。

案例　长江三峡工程的决策

三峡工程是从我国自然的社会的客观实际出发,由党和国家领导人提出来的。

自然条件 长江是我国最大的河流,全长6300公里,从西向东横贯我国全境。长江流域水资源十分丰富,总量占全国的1/3,每年平均径流量约1万亿立方米,水力资源可开发量占全国的53%。其中重庆至宜昌区段的长江三峡,两岸高山峡谷,总长660公里,水位落差120米,地质条件好,是建设水利枢纽工程的理想地段。

社会客观条件 长江流域面积180万平方公里,养育了全国近1/3的人口,内河航运里程占全国的70%,流域气候适宜,物产丰富,工农业总产值占全国的40%,在我国经济社会建设中有着十分重要的地位。但是,长江流域中下游平原地区洪涝灾害严重。据1860～1954年的历史记载,共发生5次大洪水,每次都给流域内人民的生命财产带来巨大损失,对国家经济造成很大影响。解决中下游的防洪问题,兴建三峡工程是个关键工程。此外,长江中下游是我国经济重心,但能源、电力供应长期短缺,靠北煤南运,运输压力很大,三峡水电站,年发电量840亿度,相当于1991年全国总发电量的1/8,对缓解长江流域能源供应紧张状况和减轻煤炭供应和运输压力也具有重要意义。三峡工程还可提高川江航道通过能力,使下水单向年通过能力由目前的1000万吨提高到5000万吨,航运成本可降低35%～37%。另外三峡工程还可增加中下游枯水期流量,有利于南水北调,以及灌溉、水产、旅游、库区养殖等收益。1953年2月毛泽东即提出"要先修三峡水库"。1958年初,周恩来亲自负责这项工作,召开有关会议,提出报告,由于客观社会状况的干扰制约,延缓了议程的落实。新时期开始,三峡工程再次提上政府议程,国务院指定专门机构负责组织各方面的专家,分专题进行论证,提出各种政策方案或报告,专家们和各界人士从不同的实践经验,不同理论水平,不同视角出发,在诸如建与不建、如何兴建、兴建时机、国力负担经济上是否合理、技术上是否可行、如何解决战时防护、对生态环境的影响、能否找到另一种替代解决方案等一系列重大问题上有许多不同的意见。最具代表性的是坝址和正常蓄水位的方案选择。

坝址的选择 专家们经过勘查和研究,曾提出南津关和美人沱两个坝区。在两个坝区中共提出15个坝段方案(南津关5个,美人沱10个),第一次对两个坝区所有15个坝段的地貌、地质、水文、施工场地等数据和事实进行初步计算,科学分析各自的优劣,从两个坝区中各优选出一个坝段。第二次只分析比较第一次优选出来的两个坝段,对这两个坝段进行更全面、系统、深入、仔细、科学的勘查、计算分析和比较。分析比较的情况概括起来是:① 南津关坝段喀斯特岩溶分布广泛,地质条件较复杂;三斗坪却是花岗岩地段,岩石比较完整、坚硬,兴建高坝具有明显的优越性。② 南津关坝段河谷窄,需要采取隧洞导流,河床布置溢流坝,电站厂房就只能采用地下厂房,通航建筑物也需要开山劈岭才能布置,枢纽布置比较困难,因而工程施工困难,造价昂贵;三斗坪坝段河谷宽阔,可采用明渠导流,溢流坝和大部分电站厂房均可布置在河床中,通航建筑物也较易布置。从对地质条件、施工条件、工程量、工程造价等综合因素的分析、比较中,认为三斗坪坝段较优,最后决策就采用三斗坪坝段方案。

正常蓄水位的选择 三峡水位的选择论证,经历了30年时间。最初提出260、235、220、210、200、190米等6个正常蓄水位方案进行比较。结果表明:正常蓄水位愈高,技术经济指标愈优越,防洪、发电、航运的效益也愈大。但正常蓄水位高于200米后,重庆市区和郊区农村都将造成很大的损失。因此,1958年成都会议曾决定坝前水位不超过200米。后来就以不超过200米为上限提出各种方案,但论证讨论时,分歧很大。1984年,国务院原则批准150米方案,重庆市和交通等有关部门,从综合效益、防洪、航运等考虑,要求提高到180米。于是从1986年起,又重新对150、160、

170、180米等方案进行全面仔细地计算、分析、论证。这些分析论证包括技术的经济的社会的因素,如生态与环境、地质与地震、防洪、库区淹没与移民、泥沙、航运、电力系统规划、综合评价等。国务院在听取各种方案汇报后,在审查委员会审查意见的基础上,最后作出了采用正常蓄水位175米,大坝坝顶高程185米的决策。

国务院于1992年1月把兴建三峡工程的议案提请全国人民代表大会审议。全国人大七届五次会议于1992年4月3日通过了《关于兴建长江三峡工程的决议》。

思考讨论题

1. 长江三峡工程的决策用了哪些决策方法?
2. 长江三峡工程决策程序有哪些环节?这样的决策程序意义何在?

第五章 计 划

在组织中,要使每个员工有效地完成任务,管理者最主要的任务之一,就是努力使每个人理解组织的总目标和一定时期的目标,以及达到目标的方法。要使组织富有成效,员工必须要明白期望他们完成的是什么,这就是计划工作的职能。计划职能是管理的基本职能之一。

第一节 计划的基本概念

一、计划的含义

计划是组织根据环境的需要和自身的特点,在科学预测的基础上,确定组织在一定时期内的目标,并通过计划的编制、执行和监督来协调、组织各类资源以顺利达到预期目标的活动。计划工作的内容包括:

(1) 确定组织目标;
(2) 制定保证目标实现的全局战略;
(3) 构建计划体系。

目标、战略、计划体系是计划工作的对象。其中,目标是根据组织宗旨而提出的组织在一定时期内要达到的预期效果,是一个组织各项活动所指向的终点,也是计划的最高层次的内容。组织目标主要是组织作为一个利益共同体和一个系统对自身发展、成长的要求。当然,组织目标也包含了社会以及个人对组织的目标要求。战略是对组织资源的使用方向作出的规划,以最大限度地实现目标。战略是计划中间层次的内容,是连接目标和具体计划之间的中介。计划最基层的内容是具体的计划体系,即目标、战略的逐层展开,是计划工作中最具操作性的内容。

计划方案是对未来行动的一种说明。它告诉管理者和执行者,未来的目标是什么,要采取哪些步骤来达成目标,要在什么时间范围内、按照什么进度来达到目标,以及由谁来进行。西方管理学把这些概括为"5W1H",即 Why(为什么做)、What(做什么)、Who(谁来做)、When(在什么时间做)、Where(在哪儿做)、How(怎么做)。

二、计划的作用

现代组织的活动都是规模的、连续的、复杂的,需要部门、岗位之间的密切配合。只有通过系统周密的计划,把各项工作有机地结合起来,才能保证组织正常、有序地运作。计划的作用可以从以下四个方面来理解。

1. 指引方向,协调工作

计划能使置身于复杂多变和充满不确定性环境中的组织始终把其主要的注意力集中在既定目标上,使组织所有的行动保持同一方向;计划是一种协调过程,可以根据计划来组织人员,分配任务,减少内耗,降低成本,提高效率。

2. 降低风险,掌握主动

组织时时面临不确定性和风险。计划促使组织展望未来,预见环境的变化,考虑环境对组织的冲击,这样可以早作准备,掌握主动,从而把风险降低到最低限度。

3. 优化资源配置,减少浪费,提高效益

一方面,计划将组织活动在时空上进行分解,不仅规定不同部门在不同时间应从事什么活动,而且规定何时需要多少数量何种品质的资源,从而保障资源的及时供给;另一方面,良好的计划能从多种实现目标的途径中,通过技术论证和可行性分析,选择最适当、最有效的方案,从而减少浪费,更有效地配置组织资源,提高经济效益。

4. 提供检查与控制标准

组织各部分在决策实施中的活动不可避免地会出现与目标不完全符合的情况,导致偏差。如果不及时发现偏差并针对原因采取措施加以解决,势必影响工作绩效,危及组织生存。要及时发现偏差,就必须对组织活动进行检查、控制。计划工作建立的目标和指标是检查、控制的依据和尺度。

三、计划的特征

1. 计划的普遍性

计划的普遍性体现在两个方面。首先,任何管理活动都需要计划。无论是什么组织,无论是组织的哪个层次、部门,要想实施有效管理,都必须做好计划工作。其次,计划是所有管理者应有的职能。管理者的层次、职权不同,计划的特点和范围也不一样,但有一点是相同的,即他们都必须进行计划工作。

2. 计划的前瞻性

计划不是对过去行动结果的总结,也不是对现状的描述。它是为未来活动而谋划,必须考虑未来的机遇和可能遇到的问题,指导组织未来的活动,为实现未来目标创造条件。

3. 计划的有效性

计划的有效性是一项计划对目标的贡献,也就是将有形无形的产出和收益扣除成本耗费所得的剩余。判断计划是否有效,一个标准是看计划是否符合组织目标,另一个标准是看计划方案实施以后的实际效益,也即计划的经济性问题。

4. 计划的稳定性和弹性

计划必须具有一定的稳定性。同样,计划也应该具有一定弹性,即计划适应环境变化而修正行动方案的能力。计划的弹性越大,则意味着未来意外因素而引起的损失越小。计划的弹性要求,管理者在拟订计划之初就应该为未来可能的意外留有余地,以便在计划执行中,追踪计划执行情况,并根据情况及时修正。

四、计划类型及权变因素

1. 计划类型

(1) 按计划期的长短,可将计划分为长期计划、中期计划和短期计划。一般地说,1年或1年以下的计划称为短期计划;1年以上、5年以下的计划称为中期计划;5年或5年以上的计划称为长期计划。

(2) 按计划范围的广度,可将计划分为战略性计划和作业性计划。战略性计划是由高层管理者制定的应用于整个组织、为组织设立总体目标以寻求组织在环境中的地位的计划。规定总体目标如何实现的细节计划称为作业计划。战略性计划与作业性计划的区别可用表5-1来说明。

表5-1

战略性计划与作业性计划的区别

	战略性计划	作业性计划
制定者	高层管理者	基层管理者
应用广度	应用于整体组织,为设立总体目标和寻求组织在环境中的地位	规定总体目标如何实施的细节
时间广度	包含持久的时间间隔,通常为5年甚至更长	覆盖较短的时间间隔,如月计划、周计划、日计划等
任务	设立目标	假定目标已存在,提供实现目标的方法

(3) 按计划的明确程度,可将计划分为指导性计划和具体性计划。具体性计划具有明确规定的目标、行动步骤以及操作指南。指导性计划只是规定一些重大方针,指出重点但不局限于具体目标和行动方案。

(4) 按计划的职能,可将计划分为生产计划、销售计划、人力资源开发计划、财务计划等。每个组织的活动都是由各职能部门的不同业务构成的统一体,因而每种特定的职能都需要形成特定的计划。

(5)按制订计划的组织在管理系统中所处的层级,可将计划分为高层计划、中层计划和低层计划。高层计划一般关系到组织全局的总体计划,计划的期限相对较长,是为了实现组织长期目标的总体设计和谋划。低层计划往往是由具体部门制定的作业计划,是关于具体的业务活动的执行计划。中层计划介于高层计划和低层计划之间,着眼于组织内部的各个组成部分的定位及相互关系的确定,兼有高层计划和低层计划两者的特征。

2. 计划的权变因素

计划要根据组织自身以及环境特点来制定。组织的层次、生命周期以及环境的不确定性是影响计划有效性的权变因素。

(1)组织的层次。图5-1表征组织的管理层次与计划类型之间的一般关系。在大多数情况下,基层管理者的计划活动主要是制定作业计划,重点在可操作性上。大型组织的高层管理者主要制定具有方向性的计划,其重点在战略内容上。

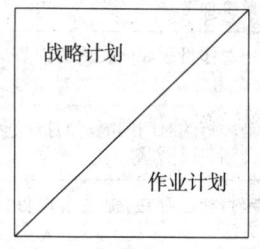
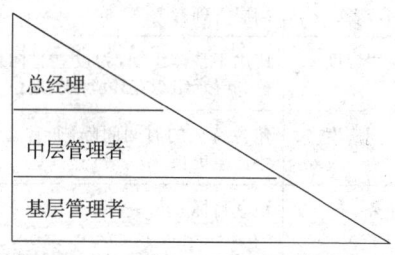

图5-1 组织等级结构中的计划

(2)组织的生命周期。组织一般也要经历形成、成长、成熟和衰退的生命周期。在组织生命周期的不同阶段,各类计划的重要性和有效性也不尽相同,因而对其时效性和明确性要求也不同。如图5-2所示。

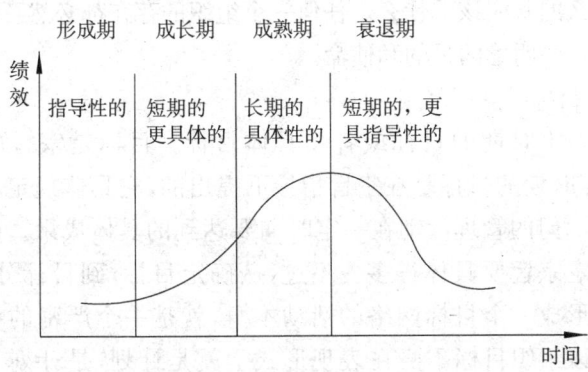

图 5-2 计划和组织的生命周期

在组织的形成期，目标是尝试性的，组织面临很多不确定性，所以，计划的重点应放在其方向性和指导性上。指导性计划可以随时按需要调整，具有较高的灵活性。随着组织进入成长期，目标更为明确，资源获取也比较稳定，因此计划也应该更为明确。当组织进入成熟期，内外环境可预见性大，计划的重点可放在长期的战略计划和具体的操作性计划上。当组织进入衰退期时，组织面临的变化和不确定性又增多，计划的重点又重新放在短期的、指导性的内容上。

(3) 环境的不确定性。环境的不确定性可以从变化频度和变化幅度两个角度分析。如果环境变化的频度高，即变化频繁，则计划的重点应放在短期目标上，更倾向于制定短期计划；如果环境变化的幅度大，即变动剧烈，计划的重点则应该放在指导性内容上，更多地制定指导性计划。

五、计划的表现形式

计划的表现形式有宗旨、目标、战略、政策、程序、规则、规划和预算等八种，依次建构起的计划层次体系。

1. 宗旨

宗旨是指社会赋予组织的基本职能和基本使命。即一个组织是干什么的和应该干什么。任何一个组织的存在都必然意味着有一个或一些明确的目的和使命。

2. 目标

即一定时期的目标或各项具体目标。目标是宗旨的具体化，一定时期的目标是在宗旨指导下提出的，它具体规定了组织及其各部门的管理活动在一定时期要达到的具体成果。确定目标比确定宗旨要具体得多。不过，从确定目标，到目标分解，再到最后形成一个目标网络的活动本身，就是一个严密的计划过程。所以组织目标本身在表现形式上就是计划，是计划工作的结果。

3. 战略

战略是为实现组织长远目标所选择的发展方向、所确定的行动方针以及各类资源分配方案的总纲。它表现为工作重点和顺序的安排、人财物等各种资源分配原则的科学设计等。在明确了组织宗旨和确定了组织目标之后，战略就是计划制定者所要考虑的重点问题。战略作为计划的一种形式，它所着重考虑的是更有效地实现组织目标，它通过指明方向、确定重点和安排资源，取得更高的效益。所以，战略往往是宗旨、目标、重大政策和各种规划的综合体。

4. 政策

政策是在管理中处理各种具体问题的一般规定，是用文字来说明的、用来指导和沟通思想与行动的、协调一致的意见。政策作为计划，有助于将一些问题的解决事先确定下来，避免重复分析，并给其他派生的计划以一个全局性概貌，从而使主管人员能够控制全局。

5. 程序

固定的工作程序一般是一种经过优化的计划，它是对大量日常工作过程及工作方法的提炼和规范。它规定了处理例行问题的解决方法和步骤。程序在实质上是要详细规定即将进行的活动的准确方式和时间顺序,因此,程序也是一种工作步骤。按程序办事,是提高管理规范化水平的重要途径。

6. 规则

规则是一种较为简单的计划,它确定了在各种情况下什么是必须做的,什么是不必做的,规定了行动的是非标准。程序与规则的区别在于:程序是有时间顺序规定的规则或一系列规则的总和;而规则一般并不规定时间顺序,也不一定是程序的组成部分,可能与程序毫不相干。如,"禁止吸烟"就是一个与时间顺序无关的规则。当然,许多规则和有时间的程序有关。比如,程序规定收到上级文件必须办理登记、备案、签字等手续,而规则规定收到文件应在规定时间内送达领导手中,不得拖延。这种情况下,程序与规则都不能违反。

7. 规划

规划是综合性的、纲要性的计划,包括目标、政策、程序、规则、任务分配、要采取的步骤、要使用的资源,以及为完成既定行动方针所需的其他因素。通常情况下,规划需要预算支持。规划主要是根据组织总目标和各项分目标去制定组织的分阶段目标以及各部门的分阶段目标,其重点在于划分总目标实现的进度。所以,规划包括了组织的长期和短期计划、职能部门专业计划等各种计划,构成了一个计划网络。

8. 预算

预算是以数字来表示预期结果的报表,可以称为"数字化的"计划。预算运用数字来表示计划的投入与产出的数量、时间、方向等,从中可以了解到整个文字计划的内容。预算是文字计划实现的支持和保证,没有必要的资金和预算支持,计划是无法实现的。预算还是一种主要的控制手段,是计划和控制工作的联结点,因为计划的数字化产生预算,而预算又将作为控制的衡量标准。

可见,计划的形式是多种多样的,管理者应该根据具体情况,科学而灵活地运用各种计划形式,更好地发挥计划职能。

第二节 计划工作的程序和方法

一、计划工作的程序

一项计划的制订一般包括三个方面的工作:分析环境与预测;制订实现目标的行动方案并择优;计划方案的细化和预算化。具体而言,可以分为下列八个步骤。

1. 估量机会

认识机会是计划工作的起点,包括对计划的外部环境和内部条件进行分析,发现可能出现的机会,并评估组织对于机会把握的能力。估量机会一般的依据有:市场因素、竞争环境、顾客需要、组织优势劣势等。

2. 确定目标

确定目标是计划的核心内容。目标确定阶段主要解决三个问题:确定目标的内容和顺序;确定适当的目标时间;确定明确的科学指标和数据。确定组织目标的原则包括:

(1) 应体现组织的整体发展战略;

(2) 必须具有具体性和可检验性;

(3) 必须具有可行性和挑战性。目标对员工是否具有激励作用,关键在于其期望值和效价,即目标实现的可能性程度和重要性程度;

(4) 应主次分明;

(5) 应相互协调。

3. 确定计划前提

所谓计划前提,是计划的假设条件,也就是计划的预期环境。确定计划前提,就是要对组织未来的内外环境和所具备的条件进行分析和预测,弄清计划执行过程中可能存在的有利和不利条件。

组织在确定计划前提时,主要需进行以下几种预测:

(1) 经济形势预测。包括宏观经济环境以及与计划内容密切相关的那部分环境因素。

(2) 社会环境预测。指对社会、政治、法律、文化、时尚等的发展趋势及其对组织的影响的预测。其中,最重要的是对政府政策的预测,如税收政策、价格政策、信贷政策、产业政策、金融政策、能源政策、技术政策、进出口政策等。

(3) 市场预测。包括市场环境的变化,供货商、批发商、零售商、消费者的变化,以及竞争对手的变化等。

(4) 技术发展预测。当今时代,新技术、新工艺、新产品层出不穷,技术水平在决定组织竞争力方面正显示出越来越大的作用。企业应当重视与本行业有关的技术发展趋势,经常进行技术预测,并及时采取必要措施。

(5) 资源预测。包括人员、资金、原材料、设备、能源等。

上述计划前提,有内部前提和外部前提,也有可控的前提和不可控的前提。一般来说,外部前提、不可控的前提越多,预测的难度也就越大。

4. 确定备择方案

实现一个目标,往往有很多计划方案。这一步骤就是要通过发扬民主、群策群力、大胆创新发掘出多种备择方案,为最后"多中选优"创造条件。

5. 评估备择方案

确定备择方案后,就要对每一个方案的优劣进行分析和比较。比较时要注意:

(1) 要特别注意发现每一个备择方案的制约因素或隐患;

（2）在对一个方案的预测结果和既定目标进行比较时,既要考虑量化指标,也要考虑不能量化的因素;

（3）要从整体效益角度来评价方案。

6. 选定方案

选定方案即多中选优,从多个备择方案中选择一个或几个较优方案。这是计划的关键步骤。在作出抉择时,应当考虑在可行性、满意度和可能效益三个方面结合得最好的方案。有时,较优方案可能不止一个,那么管理人员可以选定几个方案;在决定首先采取一个方案的同时,也将另一个方案细化和完善,并作为后备方案。

7. 拟订派生计划

派生计划即细节计划、引申计划,是总计划下的分计划。其作用是支持基本计划的贯彻落实,如生产计划、销售计划、财务计划等就是企业计划的派生计划。派生计划一般由各个职能部门和下属单位制订。

8. 编制预算

计划工作的最后一步是把计划转化为预算,使之数字化。预算工作完成后,可以成为汇总和综合平衡各类计划的一种工具,也可以成为衡量计划完成情况的标准。

二、计划工作的现代方法

计划编制的方法有很多,现代常用的方法主要有三种:滚动计划法、网络计划法和标杆瞄准法。其中,网络计划法也是一种重要的控制方法,将在"控制"一章中详细介绍。

1. 滚动计划法

滚动计划法是根据计划执行情况适时修正和调整计划的方法。其基本做法是:制定好组织在一个时期的行动计划后,在执行过程中根据组织内外条件的变化定期加以修改,并使计划期不断延伸,滚动向前。滚动计划法的原则是"远粗近细",边执行、边修订。即把近期的详细计划和远期的粗略计划结合起来,使长期计划由静态变为动态。滚动计划法如图5-3所示。

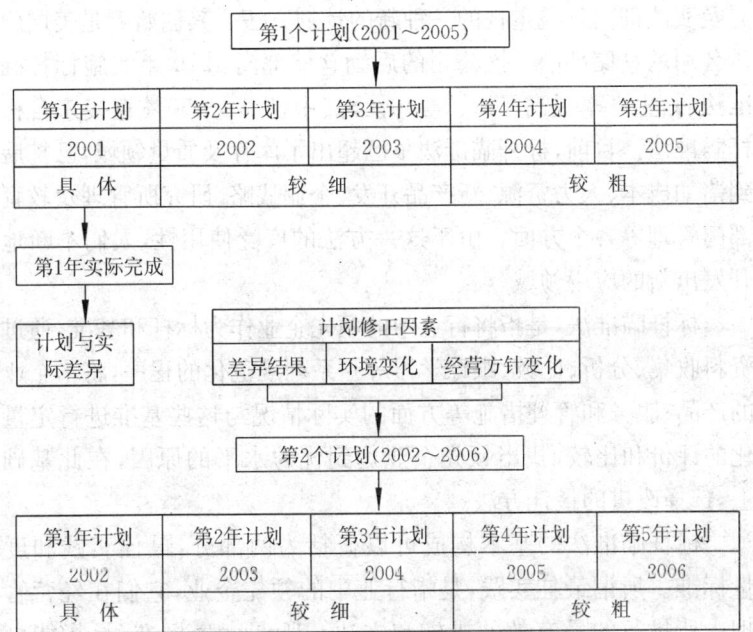

图5-3 滚动计划法示意图

由图5-3可以看出,近期详细计划执行完毕后,根据执行情况(计划与实际差异)和内外部因素的变动情况,调整一次长期计划,并将计划进行细化、向前推进一年。此后便根据同样的原则逐期滚动,每次修正都向前滚动一个时段,这就是滚动计划法。

滚动计划法虽然加大了计划的工作量,但具有明显的优点。首先,使长、中、短期计划能够相互衔接,使计划始终是一个动态的过程,既保证了长期计划的指导作用,也使得各期计划能够保持基本一致;其次,保证了计划应具有的弹性,避免了计划的僵化,提高了计划的适应性,从而加强了对实际工作的指导意义。

2. 标杆瞄准法①

标杆瞄准法是自 20 世纪 80 年代以来，被西方发达国家理论界及实践部门日益重视的一种新的计划方法。其创始者是美国施乐公司的仓储部门。该公司的后勤仓储部门 1979 年实施标杆瞄准法后，生产率提高了 8%～10%，其中，30%～50%直接来自标杆瞄准法。目前，标杆瞄准法早已超出了库存及质量领域，已扩展到诸如成本、人力资源、新产品开发、企业战略、研究所管理及教育部门管理等各个方面。由于这一方法的广泛使用性，人们不断地开发出新的应用领域。

标杆瞄准法，是指将行业中的领先企业作为标杆和基准，通过资料收集、分析、比较、跟踪学习等一系列规范化的程序，将本企业的产品、服务和管理措施等方面的实际情况与这些基准进行定量化的评价和比较，找出领先企业达到优秀水平的原因，在此基础上，选择改进的最佳方法。

标杆瞄准法的基本构成可以概括为两部分：最佳实践和度量标准。所谓最佳实践，是指行业中的领先企业，它们在经营管理中所推行的最有效的措施和方法。所谓度量标准，是指能真实、客观地反映管理绩效的一套指标体系以及与之相应的作为标杆用的一套基准数据，如顾客满意度、单位成本、周转时间及资产计量指标等等。标杆瞄准法的意义在于为企业提供了一种可信的、可行的奋斗目标，以及追求不断改进的思路。由于标杆瞄准法中确立的改进目标和战略方向是以领先企业为基准的，可以说它们是存在于企业外部的客观事实，因而必然具有合理性和可操作性。

标杆瞄准法的应用范围极其广泛。一般来说，凡是带有竞争

---

① 吴照云：《管理学原理》（第三版），经济管理出版社 2001 年版，第 157～159 页。

性的活动都可以应用标杆瞄准法。目前,标杆瞄准法主要有三种类型:

(1) 战略与战术的标杆瞄准法。战略标杆瞄准,是指企业长远整体的一些发展问题,如,发展方向、目标和竞争策略的标杆瞄准活动,它主要为企业的总体战略决策提供依据,包括总体战略瞄准、市场营销战略瞄准、研究与开发战略瞄准、生产战略瞄准、人力资源战略瞄准以及财务战略瞄准等。战术标杆瞄准是在战略瞄准的指导下,以企业短期的、局部的、某些具体任务为目标的一种标杆瞄准法。包括企业日常的运行过程、技术、生产工艺及产品等多种内容。

(2) 管理职能的标杆瞄准法。职能瞄准就是学习、赶超先进的相似职能部门达到的运行过程。

(3) 跨职能标杆瞄准法。大部分管理活动的成功都必须有多个职能部门的协同参与,所以,大多数标杆瞄准也都是跨职能的。如顾客瞄准、成本瞄准、研究与开发瞄准等。这些内容的瞄准的共同特点是需要多个部门,甚至企业所有部门都积极参与才能成功。

开展标杆瞄准活动包括三个基本程序:

(1) 分析掌握本企业经营管理中需要解决和改进的问题,制定工作措施和步骤,建立绩效度量指标;

(2) 调查行业中的领先企业或竞争企业的绩效水平,掌握它们的优势所在;

(3) 调查这些领先企业的最佳实践,即了解掌握领先企业获得优秀绩效的原因,进而确立目标,综合最好的,努力仿效最佳的,并超过它们。

需要指出的是,能否成功地开展标杆瞄准活动,关键是要在组织内形成一种要求改变现状的共识和目标一致的行动。这就需要组织成员之间有充分的沟通以及其他管理措施的支持。

第三节 目标和目标管理

确立组织目标是计划工作的首要内容。现代组织管理实践与理论流行目标管理(MBO),作为一种管理制度,目标管理与以往的任务管理有很大不同,既适应了现代大型组织对管理的要求,也提高了计划工作的科学性、有效性,保证了计划职能的发挥。

一、目标的性质

目标是指期望的成果。这种成果不仅是个人而且是小组甚至整个组织努力的结果。目标是组织行动的出发点和归宿。目标为管理决策指明了方向,并同时作为标准用来衡量实际的绩效。

组织目标的特点是层次性、系统性、多样性。

1. 层次性

层次性指组织目标从上到下可分为多个等级层次,从而形成一个有层次的体系。目标的层次性与组织的层次性密切相关。组织一般可分为四个层次:高层管理、中层管理、基层管理及基层工作层。相应地,从广泛的组织目标到个人目标,也分为多种层次。图5-4表征组织层次与目标层次之间的关系。一般而言,下层目标是由上层目标派生出来的,是实现上层目标的前提和保证。上层目标一般较为模糊,而下层目标相当具体。

2. 系统性

系统性指组织的各种目标之间很少表现为简单的线性关系,即并不是当一个目标实现后接着就去实现另一个目标,而是构成一种比较复杂的网络系统,不同目标之间都有直接或间接的联系,相辅相成。这就要求在制定目标时,必须使构成网络的各个具体目标之间保持协调。图5-5描述了一个企业开发新产品的目标网络示意图。在新产品开发的规划图中,目标和计划之间构成了一个网络,融汇一体。

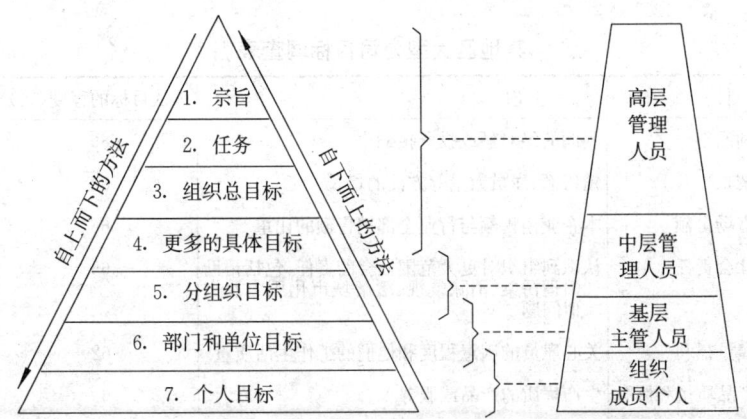

图 5-4　目标层次与组织层次的关系

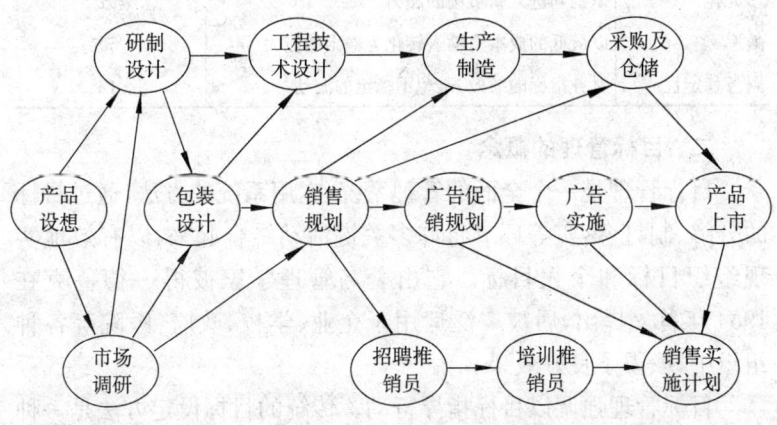

图 5-5　开发新产品目标网络

3. 多样性

一个组织的目标是多元化的。组织目标的多样性既表现在目标的数量上,也表现在目标分属于不同的领域和不同的利益主体,各个部门、单位都有目标。一项针对美国最大的80家公司的调查表明,每家公司设立的目标数量从1～18个,平均是5～6个。表5-2列出了10种受到最高评价的目标。

表 5-2

某地区大型公司目标调查表

目标	内容	承认目标的程度(%)
利润率	利润的绝对额或投资报酬率	89
增长	销售额、雇员数量等方面的增长	82
市场份额	本企业销售额与行业全部销售额的比重	66
社会责任	认识到组织对更大范围社会的责任,包括帮助治理污染、消除歧视、缓解城市化压力及类似问题	65
雇员福利	关心雇员的满意程度和他们的工作生活质量	62
产品质量和服务	生产优质的产品或服务	60
研究与开发	成功地创造出新产品和新过程	54
多元化	识别和进入新市场的能力	51
效率	以最低的成本将输入转化为输出的能力	50
财务稳定性	财务指标的绩效,避免不稳定的波动	49

二、目标管理的概念

目标管理是一个全面的管理系统,它用系统的方法,通过目标的分解、制订、落实等环节将许多关键活动结合起来,以有效地实现组织目标和个人目标。它由著名管理学家彼得·德鲁克在1954年首先提出,后被广泛运用于企业、学校、政府、医院等各种组织中,取得了良好效果。

目标管理强调以目标指导行动。传统的目标设定方法是一种自上而下的目标制定法,也是一种典型的任务控制法,把中下层管理人员、普通员工排除在目标制定之外。目标管理强调目标建立的参与、自我控制和自我评价的重要性。不仅改变过去那种管理、目标制定只是上级的事的观念,而且吸收全体员工一起参与目标制定,把任务体系转化为目标体系,组织通过目标体系成为一个有机整体。其目标转化过程既是自上而下的,也是自下而上的。

目标管理是以目标为中心的全面的管理系统和方法。目标管理法形成的早期，其中心思想是让具体化展开的组织目标成为组织每个成员、每个部门行为的方向，成为有效的激励机制和绩效评价标准；最近已发展为把组织的战略设计等均纳入目标管理之中，如组织设计、流程改造、文件管理、创新开发、预算等。

三、目标管理的过程

1. 组织总目标的设定

这是实施目标管理的第一阶段。总目标可以是自下而上的，也可以是自上而下的。无论采取哪种方式，在组织总目标设定过程中都要注意：第一，组织高层管理者必须根据企业的长远规划和面临的客观环境清醒地判断目标能否完成，并在确定总目标的过程中发挥主导作用，而不能简单地对下级目标进行汇总来作为组织的总目标。第二，必须透彻地分析判断组织所拥有的资源实力、可调动资源的多寡、组织存在的问题和相对优势所在，判断自己是否有"核心专长"。组织的核心专长是组织存在与发展最关键的因素，它支撑着组织目标的最终实现。组织总目标的设定要考虑目标是否有助于组织核心专长的发展，而不是削弱。第三，必须由高层管理者会同各级管理人员和员工共同商议决定，尤其是要听取员工的意见。第四，组织总目标是可以度量的，可以用一系列相应指标来反映来计量。

2. 组织总目标的展开

将已设定的总目标按照组织结构进行纵向与横向的分解是目标管理过程中最为关键的一个环节。具体包括三个方面：首先，将组织总目标按组织体系层次和部门逐步下达、展开，直至每一个组织成员。这是一个自上而下层层展开的过程。但这一过程只是上级给下级的一个初步的推荐目标，而不是最后的决定了的目标。在此过程中需注意，目标必须有重点、有顺序，不能太多；必须具体化，尽可能定量化，以便于评估；目标必须对责任人既有挑战性也有重要性，否则就没有激励作用，失去了目标管理的意义。其次，组织体系中的每个层次、每个部门、每个成员均可以根据自身分工和职责的要求,结合初步下达的目标进行思考分析,进行修订。修订目标提出后必须按层级上报。这就是自下而上的过程。最后,组织将自下而上的目标与下达的初步目标比较,分析差异,征询下级意见,再进行修订,然后再下达,反复进行,直至上下意见达成一致。这样,经过上下的多次反复,最终将组织总目标分解成一个目标体系。组织总目标的展开如图 5-6 所示。

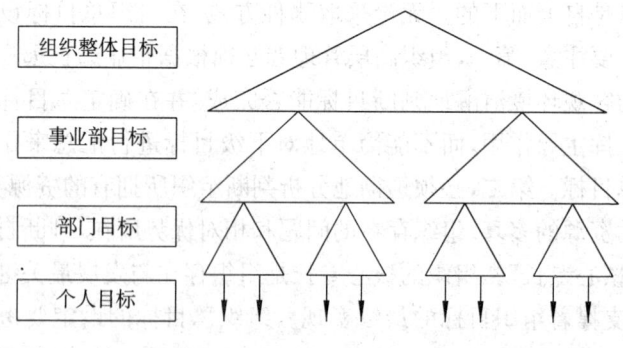

图 5-6 总目标的展开

3. 目标的实施与检查

实施目标,一方面依靠全体员工的自主管理、自我控制,即由执行人主动地、创造性地工作,并以目标为依据,不断检查对比,分析问题,采取措施,纠正偏差;另一方面,还需要管理者在目标实施过程中进行检查和监督。检查的方法可采用自检、互检和责成专门部门进行检查。检查的类型有抽查、定期检查、不定期检查、经常性检查等。检查中,在必要时也可以通过一定手续修改原定目标。

4. 目标成果评价

成果评价是一个目标管理周期的结束,也是下一个周期的开始。成果评价的作用在于对下属的实际成果予以正确的评价和公平的考核。因此,这一阶段主要应做好两方面的工作:一是对目标执行者的工作成果进行考核,并决定奖惩;二是总结经验教训,把成功的经验、好的做法固定下来,并加以完善,使之科学化、系统化、标准化、制度化,对不足之处要分析原因,采取措施加以改进,从而为下一个循环打好基础。

四、目标管理的优点与缺点

目标管理作为一种管理方式和其他管理方式一样,既有优点也有不足。[①] 组织管理者应当根据组织行为特点和外部环境适时运用。

1. 目标管理的优点

(1) 形成激励。洛克的目标理论说明,目标具有激励作用。在组织管理中,当目标成为组织的每个层次、每个部门和每个成员的预期结果,且实现的可能性相当大时,目标就成为组织成员的内在激励。尤其是目标管理强调上下级共同拟定目标,乃至普通员工也参与目标制定过程,也就是说,目标是每个成员自己制定的,那么目标的激励作用更为显著。

(2) 有效管理。目标管理的特点是注重成果。这种管理迫使组织的每一个层次、每个部门及每个成员首先考虑目标的实现,尽力完成目标。而因为这些目标是组织总目标的分解,所以当组织各层次、部门、成员的目标完成时,也就是组织总目标的实现。在目标管理中,只确定分解目标,但不确定完成目标的方式、手段,等于给予成员一个创新的空间,从而可以提高组织效率。

(3) 明确任务。目标管理使管理人员及成员都明确组织的总目标、组织的结构体系、组织的分工与合作以及各自的任务。一方面,促使管理者采取分权的管理方式;另一方面,促使管理

---

① [美]哈罗德·孔茨、海因茨·韦里克:《管理学》(第十版),经济科学出版社1998年版,第101~104页;芮明杰:《管理学》,高等教育出版社、上海社会科学院出版社2000年版,第276~278页。

者和员工发现组织体系存在的缺陷,从而对组织结构进行变革和优化。

(4)自我管理。目标管理是以人为主体,以目标实现为宗旨,把个人需求、个人目标和组织目标结合起来,是一种参与的、民主的、自我管理的管理制度。

(5)控制有效。目标管理认为,不是因为有了工作,才有目标,而是因为有了目标,才能确定每个人的工作。目标管理实际上就是以自我控制为主的运作方式取代上级统一支配的运作方式。因为,一方面,在目标分解之后,高层管理者在目标实施中经常检查、对比目标,进行评比,及时纠正偏差;另一方面,各层次、部门、成员都有明确的可考核的目标,依据目标完成情况给予相应的奖励或惩罚。

2. 目标管理的不足

(1)强调短期目标,易于诱发短期行为。在实施目标管理的组织中,大多数管理者很少会设立超过一年的目标,这些目标往往是一个季度或更短的目标。这种对组织长期目标漠不关心的现象,极可能导致各层次、部门、成员普遍的急功近利行为,长此以往,对组织长远发展十分不利。

(2)目标设置困难。真正可考核的目标很难设定,尤其是组织实际上是一个产出联合体,它的产出是一种联合的不易分解出谁的贡献大小的产出。即目标的实现是各层次、部门和全体成员共同合作的成果,这种合作中,很难确定每个人的工作量与贡献率。

(3)缺乏灵活性。管理者往往对改动目标犹豫不决。因为,如果目标经常改动,说明目标本身缺乏深思熟虑和周密计划,那么这样的目标是没有意义的。但在组织总目标已修改,计划工作的前提条件已经发生变化或政策已经改变的情况下,不改变又是愚蠢的。

(4) 忽视对目标实施手段的控制。目标管理不注重过程,如果过分关注经济效果,会引起不道德行为,损害组织形象。

第四节 战略管理

战略是为实现组织长远目标所选择的发展方向、所确定的行动方针以及各类资源分配方案的总纲,是为了实现组织长远目标,在预测和把握环境变化的基础上作出的有关组织发展方向的系统谋划。它表现为在工作的重点和顺序、人财物各种资源的分配原则等方面作出科学的设计和安排。在明确了组织宗旨和确定了组织目标之后,战略规划是计划制定者所要考虑的重点问题。

一、战略管理的含义

战略管理,即战略规划,指组织管理者在特定内外环境中有效地制定、执行和控制战略,使组织能充分利用自身的优势,抓住机会、避开风险,实现组织目标的动态过程。

战略管理的内容包括:
(1) 确定组织的使命、经营范围以及宗旨;
(2) 弄清本组织的优劣势,发挥组织的长处;
(3) 弄清外部环境;
(4) 把外部环境和内部实力结合起来进行综合分析,提出可行方案;
(5) 从战略高度选择一组长期的经营目标和战略规划;
(6) 根据长期目标和经营战略提出近期的经营目标和策略;
(7) 确定资源分配的优先顺序,作出资源分配的预算;
(8) 使资源部署和优势条件达到最佳的协调,取得最佳的协同作用。

战略管理的特征表现在:

(1) 它是一个动态的过程,遵循一定的程序;
(2) 它是由高层管理者作出的决策;
(3) 它涉及资源的调配和使用;
(4) 它影响到组织内部的各项职能和各项事业。

二、战略管理的层次与过程

1. 战略管理层次

虽然战略管理整体上是综合的、概括性的,但由于组织有效运行中必然会形成授权和分权,战略管理通常也分为三个层次:总体战略、事业层战略、职能层战略。

(1) 总体战略是一个组织的整体的全局性战略,它主要说明组织经营的主要方向。总体战略在公司组织中就是公司层战略。总体战略的主要内容有:本组织的工作业务范围、资源部署以及有关全局性的方针和原则。总体战略一般要求具有远见和创造性。比如,组织业务如何组合,各种业务的地位,竞争优势的选择,资金的筹集和调配等。

(2) 事业层战略主要考虑的是如何在某个业务范围内支持总体战略的实现。它更多地考虑如何树立该事业的竞争优势。在总体战略对该事业的地位认定以后,更进一步细化,使之成为更为明确的本经营事业的目标和策略。比如,产品、服务对象的定位,自己具有的竞争优势。对企业来说,包括产品结构、销售区域、销售渠道、成本和盈利水平等方面的决策。

(3) 职能战略包括各职能领域的策略,如企业的生产、营销、财务、人力资源、研究与开发等。制定职能层战略的目的是明确职能部门怎样支撑事业层战略。它必须以总体战略和事业层战略为依据,在各自的职能领域形成特定的竞争优势,以实施整个组织的战略规划。比如,人事战略、公共关系战略、营销战略等。

这三个战略层次之间的关系可以用图 5-7 来说明。

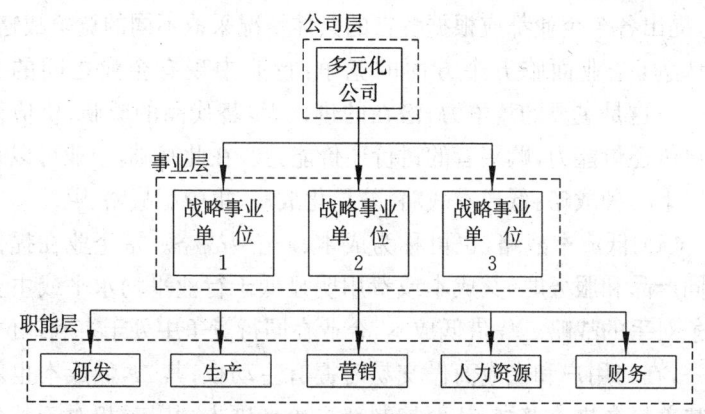

图5-7 战略管理层次

2. 战略管理过程

总体上看,战略管理包括战略制定、战略实施、战略控制和评价、战略调整等四个阶段,具体而言则有9个步骤。如图5-8所示。

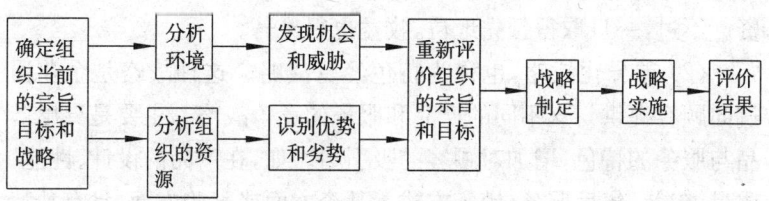

图5-8 战略管理过程

三、战略类型与选择

战略类型指实现战略目标的各种战略行为方案的类型。因为组织性质、内外环境以及管理者管理风格等的不同,导致战略类型和战略选择的多样性。管理界中最有影响力的是迈克尔·波特提出的竞争战略类型和彼得·德鲁克提出的态势战略类型。

1. 竞争战略

美国哈佛大学教授迈克尔·波特1980年在《竞争战略》一书

中,提出各个企业都应根据各自的具体情况采取不同的竞争战略。他认为,企业面临五个方面的竞争:行业中现有企业之间的竞争——这是主要的竞争力,潜在的进入者,替代品的威胁,供应商的讨价还价能力,购买者的讨价还价能力。在此基础,企业可以采取以下三种战略:低成本战略、差异化战略、集中型战略。[①]

(1) 低成本战略,也可称为成本领先型战略。指企业在提供相同产品和服务时,其成本或费用明显低于行业平均水平或主要竞争对手的战略。凭借低成本,企业在同行竞争中处于有利地位,其一,在与用户和供应商做交易时握有主动权;其二,低成本也就意味着提高进入壁垒,从而抑制新进入者进入;其三,相对于替代品而言,增强了竞争优势。采取低成本战略要求企业建立起大规模的生产设施,全力以赴地降低成本,加强生产成本与管理费的控制,最大限度地减少费用开支。先以低于同行竞争者的价格优势,夺得尽可能多的市场份额,然后凭借生产与销售规模的扩大达到增加企业利润的目的。实行这种战略往往一开始需要较大的投资。不过,一旦取得领先地位,收益也很显著。

(2) 差异化战略,也称为特色经营战略。这种战略是企业通过向顾客提供与众不同的产品和服务的竞争战略。主要是突出产品与服务的特色,增加对顾客的吸引力。如,在产品的设计、性能、质量、包装、售后服务、销售方式等某个方面或某些方面,具有独特的优势。具有经营特色可以使企业在竞争中处于有利地位。而由于博得了一部分用户的信任,同行竞争者、新进入者和替代品都很难在这个特定领域与之相抗衡。由于缺少选择空间,相应地削弱了其竞争压力。特色产品往往又具有较高的利润率,这也使企业在与供应商的交易中掌握主动。采用特色经营往往要以提高成本为代价,它很难拥有大的销售量。在选择这种战略时,要对企业与

---

① [美] 迈克尔·波特:《竞争战略》,华夏出版社 2005 年版。

市场状况加以全面地衡量。

（3）集中型战略，也称重点市场战略。指把产品与服务重点放在某一个地区或某一些特殊的顾客方面，把力量集中于为某些特定的用户服务或重点经营产品品种中的特定部分或市场中的特定层面。这一战略的特点是通过业务的专一化，以更高的效率、更好的效果为某一特定的对象服务，从而超过具有较广经营范围的竞争者。这种战略的结果是：企业通过满足特殊对象的需要实现了差异化，形成特色；或者在为某一对象服务时实现了低成本；甚至两者兼得。这就是为什么大型超市和它隔壁的24小时营业的便民商店同样都能赚钱的原因。超市商品品牌多、种类多、价格低；而便民商店虽然商品少、种类少、且价格高，但能在任何时候都为消费者服务。

2. 态势战略

彼得·德鲁克对358位企业经理45年中的战略选择进行深入研究后，提出了三种态势战略类型：稳定型战略、扩张型战略和收缩型战略。

（1）稳定型战略。稳定型战略是指企业不改变现有经营范围的战略。企业既不准备进入新的经营领域，也不准备扩大经营规模。其核心是在维持现状的基础上，提高企业现有生产条件下的经济效益。该战略风险小，但缺点是获利较少，容易受到主要竞争者的挑战和冲击，故而这种战略维持时间不长。当企业实现它的扩张目标之后，需要一段时间进行调整和巩固，以便培育资源优势，创造发展条件，为今后再度扩张积蓄力量。因此实施稳定型战略是十分必要而重要的。

（2）扩张型战略。扩张型战略是指企业扩大原有的经营规模，或向新的经营领域扩张的战略，通过企业的发展壮大，获得规模经济效益或新产品的利益。其又可分为规模增长战略，一体化战略，多角化战略和跨国经营战略。

规模增长战略。也可称为专业化的集中经营战略。指企业把其资源集中运用于某种技术生产某种产品并推向某个细分市场,达到扩大生产规模和市场份额的战略。具体形式有市场渗透、产品发展和市场开发等。其优点是便于集中整个企业的力量和资源,有条件钻研甚至精通有关的技术、市场、用户、同行竞争等各方面的情况,以提高企业实力,取得某种竞争优势。其缺点和风险是,由于全部力量和资源都投进某个领域,当这个领域的市场发生变化时,企业会受到严重的冲击。

一体化战略。一体化战略是指把若干个分散的企业联合起来,组成一个统一的经济组织,形成企业集团或联合公司。它是在同一行业内扩大经营范围,利用企业在产品、技术、市场上的优势,根据物资流动的方向,使企业不断地向深度和广度发展的一种战略。或者把生产—营销链上处于同一阶段的单位联合形成一个集团,或者采取与产品的用户或原料的供应单位相联合,或者自行向这些经营领域扩展。其主要目的是提高企业的市场地位和保障企业的竞争优势。

多角化战略。多角化战略是指企业以某种相关性为基础,通过开发新产品、占领新市场相配合而扩大经营范围的战略。多角化战略的结果是企业同时生产或经营几个行业的产品或劳务。其优点是能够分散风险和有效利用经营资源。多角化战略已成为世界上许多大型企业,尤其是跨国公司普遍采用的战略。

跨国经营战略。跨国经营战略是指企业向国外投资组建跨国公司,进行跨国生产、销售和服务的经营战略。其优点是可以利用当地的资源优势,绕过贸易壁垒,降低生产成本和销售成本,增强竞争能力。跨国经营已成为世界企业经营战略的一个大趋势。

(3)收缩型战略。收缩型战略是指减少企业投入,缩小经营规模的战略。主要目标是通过紧缩策略,尽快摆脱竞争和财务危机。其方式有减少生产量、出售部分固定资产、退出某一个或几个事业领域。

四、战略组合

各战略类型之间并不是互不相关或相互对立的,而是组合成一个相互关联的统一体。管理实践发明了三个典型的战略矩阵,即道斯矩阵、市场增长—市场份额矩阵、行业引力—企业实力矩阵,用来帮助战略设计者全盘考虑问题,选择合适的战略。矩阵反映重要变量之间的关系,战略矩阵就是指导企业权衡关系、实行战略组合的方法。

1. 道斯矩阵[①]

道斯矩阵是一种把组织外部危机和良机以及组织内部的优缺点结合起来用于分析战略组合的工具。也就是说,要求企业进行系统分析,充分考虑外部环境和内部特点,然后选择不同的战略。如图5-9所示,S代表优点,W代表弱点,O代表良机,T代表危险。

内部因素 外部因素	内部优点(S):如在管理、经营、财政营销、研究与开发和设计等方面的优势	内部弱点(W):如列在"内部优点"一栏内各个方面的弱点
外部良机(O):如目前和将来的经济条件,政治和社会变化,新产品,服务和技术等	SO战略:极大—极大可能是最成功的战略,发挥组织的优势,利用机会	WO战略:极小—极大如为充分利用机会而采取克服弱点的发展战略
外部的威胁因素(T):如缺少能源,竞争激烈以及类似于上述"良机"范围内因素的影响	ST战略:极大—极小如利用公司的优势解决或避免威胁因素	WT战略:极小—极小如紧缩开支,清理或建立合资企业等

图5-9 道斯矩阵的战略方程式

道斯矩阵提供可选择的战略有四种:

---

① [美]哈罗德·孔茨、海因茨·韦里克:《管理学》(第十版),经济科学出版社1998年版,第112~113页。

(1) WT 战略：通过紧缩开支甚至清理等把弱点和危险减至最小。

(2) WO 战略：力图使缺点减到最少，使良机增加到最大。这种战略可以使存在弱点的企业利用外界环境的良机而发展。

(3) ST 战略：根据组织的优点去对付环境中的危险，目的是将组织优点扩大到最大限度，把危险减到最低限度。

(4) SO 战略：运用优点去利用良机。这是最理想的局面。企业的目的就是从矩阵的其他位置转移到这样的环境。

2. 市场增长—市场份额矩阵

市场增长—市场份额矩阵，也称为资产组合矩阵。图 5-10 是矩阵的简化方式。这一矩阵以产品业务的市场销售增长率为纵轴，以企业产品的相对市场占有为横轴，表明企业的增长率和公司以市场份额而计的相对竞争地位之间的联系。纵横轴中间形成四个象限，每个象限代表不同的产品业务的相对是市场地位。

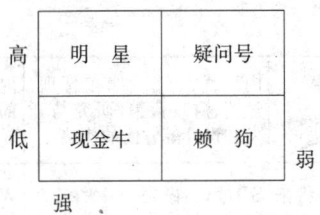

图 5-10 市场增长—市场份额矩阵

"明星"企业，具有高度吸引力的业务(市场增长率高)，而企业又具有强大的实力地位(相对市场占有率高)。由于它们所处的优势地位，能回收大量资金；但企业要在迅速增长的市场中保持其优势，也需大量资金。两者相抵，资金的净投入或净回收结果都将是差不多的。

处在"疑问号"象限里的企业，具有微弱市场份额和高增长率，具有增长和盈利的机会，通常需要现金投资，以便成为具有高增长率和强有力的竞争地位的企业。

"现金牛"具有很强的竞争地位,但增长率很低,通常市场地位牢固。这样的企业能够为发展其他业务提供所需资金。

"赖狗"指那些低增长率和微弱市场份额地位的企业,如果没有转机的迹象,应把他们尽量处理掉。

3. 行业引力—企业实力矩阵[①]

如图5-11所示。图中行业引力取决于外部环境因素,即与各业务有关的不可控的外部因素,诸如市场容量、市场增长率、行业竞争结构、行业盈利能力等因素。企业的实力取决于内部的可控因素,诸如市场占有率、制造和营销力量、研究开发力量、财力、质量、管理素质,等等。两者都需要识别哪些是关键的因素,对之进行分析和评价。图5-11把引力和实力分为高、中、低三个等级,形成九个区域,将企业经营的各种业务定位在各个区域内,并相应制定处于区域内的业务的战略方针。

		行业引力		
		高	中	低
企业实力	高	一 优先投资,寻求支配地位	二 择优投资、发展,保持领先地位	三 尽量多地回收资金,适度投资保持实力地位
	中	二 择优投资增强实力,争取领先	三 识别有增长前途的领域,有选择性地投资	四 削减品种,减少投资,逐步退出
	低	三 努力寻求增强实力的途径(专业化或联合)或退出	四 寻求增强实力的专业化途径或逐步退出	四 抽回资金并及时退出

图5-11 引力—实力矩阵及各业务的投资优先顺序和相应的战略方针

引力—实力矩阵主要用于企业对所经营的各种业务制定恰当

---

① 许庆瑞:《管理学》,高等教育出版社1997年版,第208~209页。

的投资决策,形成相应的战略组合。引力—实力矩阵与增长—份额矩阵相比,其主要优点是包括了与战略规划有关的诸种因素,避免了后者只包括增长率和占有率两个因素所可能带来的片面性。不过,引力—实力矩阵在衡量上较为复杂。

案例 吉利集团成长中的战略选择[①]

吉利集团(包括集团母公司吉利控股有限公司及其香港上市子公司吉利汽车控股有限公司)前身是1984年李书福创立的冰箱厂,1997年进入汽车产业,2001年成为我国首家获得轿车生产资格的民营企业,汽车销售量从1998年的200辆升至2009年的326 710辆,年均增长率达96%,连续多年跻身中国汽车行业十强企业。

作为汽车企业,吉利的发展可分为三个阶段,即:起步阶段(1997~2001)、扩张阶段(2001~2007)、转型阶段(2007~2010)。吉利集团在不同阶段采取了不同的竞争战略。

起步阶段:吉利最初试图造豪华车,失败后决定从经济型轿车切入,因而吉利将使命定为"造中国最便宜的轿车"。一方面,在投资建厂中,吉利的做法是不搞"一口吃成大胖子",仅用5亿元建厂,生产能力是2.5万辆/年。而1996年国家投资十几亿上马桑塔纳;另一方面,吉利最先投入市场的两个车型豪情和美日定价均在5万元以下,几乎独占了当时的最低价市场。

扩张阶段:吉利一方面扩大生产基地,一方面频繁推出新产品。如2003年建成了规划年产30万台轿车的台州吉利轿车工业

[①] 参阅江诗松等:《转型经济背景下后发企业的能力追赶:一个共演模型——以吉利集团为例》,《管理世界》2011年第4期;郑作时:《汽车疯子李书福》,中信出版社2007年版。

城总装厂，2006年拿下湖南湘潭、甘肃兰州两个城市的土地，开辟新的生产基地；2002~2006年间，先后有优利欧、美人豹、自由舰、金刚、远景等新产品上市。吉利产品继续低价策略，如优利欧的价格是7.69万，比竞争车型夏利2000等低1.6万元~2万元；跑车美人豹定价10万元左右，自由舰定价6.98万元（后降至5万元左右），研发成本高达数亿元的远景定价仅为9万元。2002年，吉利总部（管理总部、营销总部与研发总部）搬到杭州，开始重视服务。2004年，吉利开始建立具有品保体系的4S店。

转型阶段：2007年5月18日，吉利正式对外宣布战略转型。其使命变为"造最安全、最节能、最环保的好车"。吉利把所有生产线、厂房全部重建，豪情、美日、优利欧等全部停产。全体员工在停产期间参加培训，到2008年下半年开始生产熊猫车，并于年内上市。2009年，帝豪、英伦上市。吉利拉开了分品牌营销策略的序幕，除吉利母品牌外，所有产品都将分帝豪、全球鹰、上海英伦3个品牌来销售。其中，帝豪标志着吉利首次进入B级车市场。吉利汽车的平均售价从2007年的4万元升到2009年的6万多元。生产基地除已有六大基地（台州、路桥、宁波、上海、湘潭、兰州），又建设了慈溪、成都、济南、桂林四大基地，从而完成全国十大生产基地的布局。2010年收购沃尔沃轿车公司。

思考讨论题

1. 吉利集团在不同阶段采取了哪些战略？
2. 吉利集团的战略变迁有何启示？

第六章 组　　织

在分工的基础上实现合作是组织产生和存在的根本原因。作为管理的载体，组织是按照一定原则和程序组成的一种有机结构，通过特定的结构，可以更有效地实现组织目标；作为管理的基本职能，组织是一个过程，就是为达到组织目标而必须从事的各项工作或活动，如工作设计、部门化、层级化、责权分配、协调与综合等。当然，在管理实践中，作为载体的组织和作为职能的组织是密不可分的。

第一节　组织体系

人们有时把学校、企业、公司等实体称为组织，有时把"协调众人努力达到既定目标"的活动称为组织。现代管理学著作通常运用后一种观点形成自身的逻辑。

一、组织的含义

组织体系可以从不同角度来解释和理解。著名学者斯科特认为，既有组织理论有三种视角：理性、自然、开放系统。理性视角除强调结构正式化等特点外，认为组织旨在寻求特定目标，自然视角强调对组织的维护本身会成为目标，开放系统视角则强调组织对环境、资源的依赖、适应等。①本书从静态、动态角度认识组织。

---

① [美]W·理查德·斯科特等著：《组织理论——理性、自然与开放系统的视角》，中国人民大学出版社2011年版。

1. 从静态看组织是一种实体

从这个角度解释,组织是为了达到某些特定目标,经由分工与合作及不同层次的权力和责任制度而构成的人的集合。这个定义有三层含义:

(1) 组织必须有目标。任何组织都是为一定目标而有意识地建立的。无论目标是明确的还是隐含的,目标是组织存在的前提。

(2) 组织必须有分工与合作。只有把分工与合作结合起来,实现组织整合,形成组织合力,才能提高效率。有目标,但没有分工与合作,便不是组织。例如,飞机上的乘客具有相同目的,但彼此没有分工、合作,所以不构成组织。飞机上的工作人员,包括机长、机组人员、"空姐"等,则形成了一个实体组织。

(3) 组织具有不同层次的权力和责任制度。分工意味着赋予部门或个人相应的权力,以利于实现目标。但在赋予权力的同时必须明确责任。只有权力没有责任,可能导致滥用权力;只有责任没有权力,则无法履行责任。权力与责任是达成组织目标的必要条件。

共同的目标、分工与合作、权力与责任是实体组织具备的三个基本要素。

2. 从动态看组织是组织工作

从这个角度理解,组织是一个精心设计的结构和协调的活动性系统。

作为管理职能意义上的组织,其含义就是组织工作、组织活动。是在特定环境中为了有效地实现共同目标和任务,确定组织成员、任务及各项活动之间的关系,对资源进行合理配置的过程。组织工作的目的是通过建立一个适于组织成员相互合作、发挥各自才能的良好环境,消除组织内部由于工作、职责而导致的冲突,使组织各部门及其成员都能为组织目标的实现作出应有的贡献,促进组织成长。

宏观地看,组织工作包括组织设计、组织整合、组织变革三个方面的基本内容。组织设计是以组织结构为核心的组织体系的整体设计工作;组织整合是将组织各个部门、各个成员的活动综合并协调一致的过程;组织变革是组织随着环境变化而采取自我完善、自我更新的活动的过程。

组织工作的三项内容——组织设计、组织整合、组织变革,在一定意义上也就是组织体系的职能。因此,静态的组织观与动态的组织观是辩证统一的。

二、组织体系要素

任何一种组织活动,从生产制造一支铅笔这样简单的工作到建设一个空间站那样复杂的工程,都离不开组织体系中两个相互联系又相互对立的要素:分工与合作。在现代大生产所造就的组织里,没有精确的分工与密切的合作,组织要进行生产、完成各项业务活动是不可想象的。

为实现目标而进行的分工与合作,包括这些环节:工作设计、部门化、层级化、分配责权、协调、综合。这些构成组织体系的六要

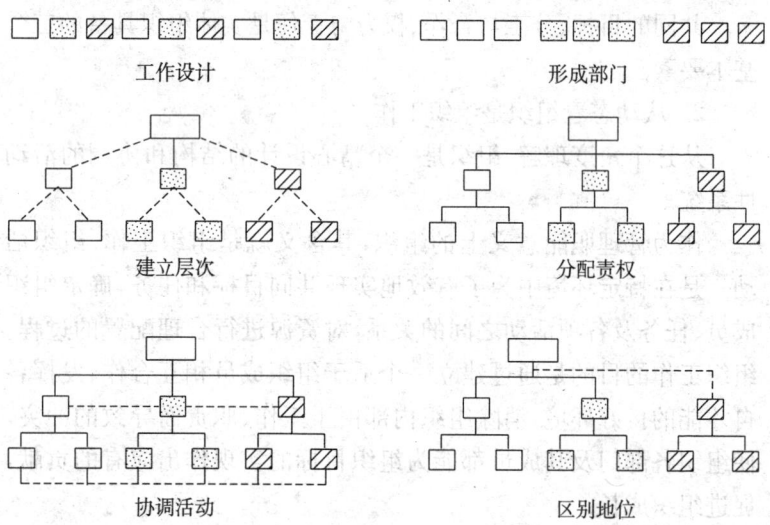

图 6-1　组织体系六要素关系图

素。图6-1勾画出组织体系要素间的关系。①

1. 工作设计

即为各个工作岗位设计工作的内容。工作设计的基础是劳动分工、工作专业化。工作设计以后,个人只是从事某一部分工作而不是全部工作。工作设计最大的优点是提高劳动生产率。

2. 部门化与层级化

在分工的基础上,一方面把不同的工作单位组成部门,一方面建立上下之间关系的模式,形成纵横交错的组织结构。前者称为部门化,后者称为层级化。

部门化有五种常见的形式。如图6-2所示。包括:

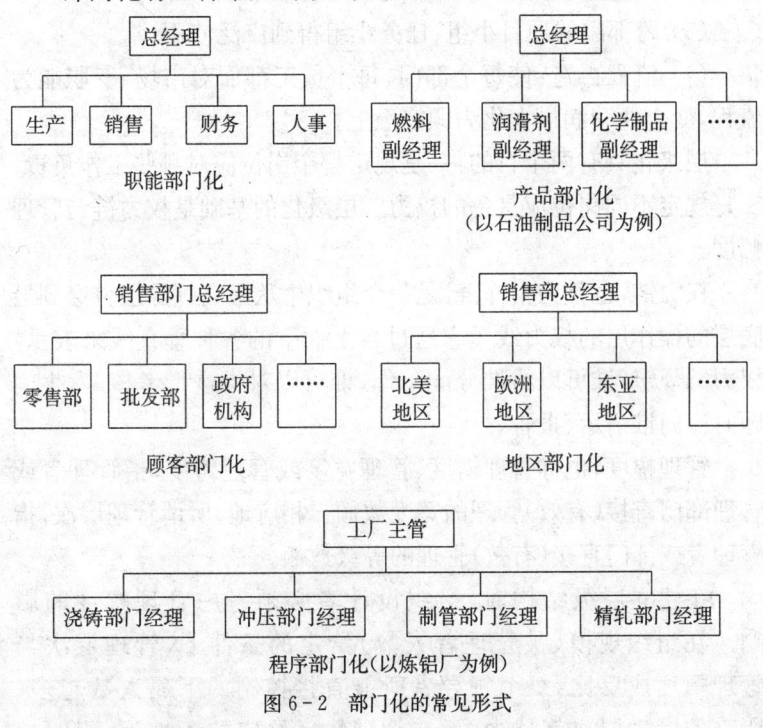

图6-2 部门化的常见形式

----

① 许庆瑞:《管理学》,高等教育出版社1997年版,第75页。

(1) 按履行的职能组合工作活动的职能部门化；
(2) 按产品或产品系列组合的产品部门化；
(3) 按特定顾客或一类顾客组合的顾客部门化；
(4) 按地理区域组合的地区部门化；
(5) 按工作程序为基础组合的程序部门化。

各种部门化形式各有利弊。当代管理实践在部门化方面呈现四种趋势：
(1) 顾客部门化越来越受到重视；
(2) 多种部门化形式并用。实际上，许多公司都是在单一的整体组织下按不同部门化形式设置下属部门的；
(3) 跨部门的项目小组、任务小组得到广泛使用；
(4) 流程再造：使每个部门、每个员工都面对市场，变职能为流程，变企业利润最大化为顾客至上。

层级化具有两个目的：一是规定哪个岗位应对哪些工作负责；二是规定不同岗位应具备的权力。层级化的基础是权力链与管理幅度。

权力链，也称为指挥链，是一个组织中从最高领导层贯穿到最底层的操作层的权力线。它通过自上而下的各种垂直线来表示。权力链规定：谁可以给谁分配工作，谁可以对谁进行考核，发生问题时应向谁请示、报告。

管理幅度，也称管理辖度、管理宽度或管理跨度，指管理者或管理部门直接（有效）管理的宽度数额。相应地，所谓管理层次，指管理者或部门直接（有效）管理的等级数额。

在建立层级结构时，组织设计者必须考虑管理幅度的影响。在组织规模（被管理者人数）给定的条件下，管理层次与管理幅度成反比，每个领导者所能直接控制的下属人数越多，所需的管理层次就越少；而在管理幅度给定的条件下，组织规模大小与管理层次成正比，组织规模越大，包括成员越多，管理层次就越多。管理幅度大而管理层次少的组织形式是扁平型组织,管理幅度小而管理层次多的组织形式是瘦长型或高耸型组织,如图6-3所示。

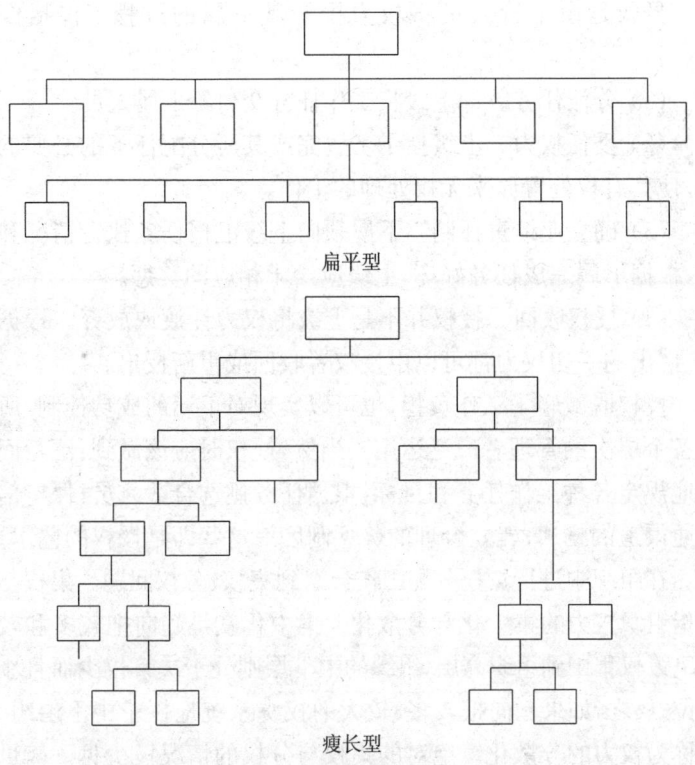

图6-3 两种层次组织形式

在管理实践中,无论对单个管理者还是对一个管理机构而言,由于人员素质、工作复杂程度、信息沟通便利程度等因素的影响,管理幅度、管理层次都有一定的限度。

3. 责权分配

工作设计、部门化、层级化的结果是形成组织结构,包括各个层次、各个部门和各个岗位。组织管理随后就要解决责任与权力的分配问题。责权分配的关键,是如何把权力分配给各级管理者并确定岗位的上下级关系,即如何授权。此外,还要妥善处理集权与分权的关系。

授权是由主管人员将权力授予其下属的过程。包括四项内容:

(1) 分派任务。即上级将工作任务交付给下属人员。

(2) 委任权力。上级授予下属完成其所分配任务的必要的权力,使其有权处置原来无权处理的工作。

(3) 确立业绩责任制。下属须向上级汇报任务执行情况和成果,根据下属完成任务好坏,上级应给予相应的奖惩。

(4) 授权收回。授权并不是上级将权力让渡或放弃。根据需要,授出的一切权力都可以由授权者收回或重新授出。

授权既减轻了工作负担,也可以实现对下属的成功控制,所以被各个层次的管理者广泛运用。当然,授权时应该做到:清楚而明确地规定各种工作任务和目标;根据任务挑选合适人员;保持信息沟通渠道的畅通;建立合理的奖惩制度。这些即是授权的艺术。

在组织中进行责权分配工作会遇到集权、分权问题。集权与分权指组织权力的集中化与分散化。集中化就是趋向把较多和较大的决策权集中到组织高层,组织的中下层则处于决策权少而且小的地位;反之,如果趋向把较多、较大的权责系统地授予中下层组织,就称为权力的分散化。绝对的集权与分权的情况极少见。衡量一个组织集权、分权的程度,主要标准是观察中下层决策的数量、范围、重要性程度、上级对中下层决策的审查情况等。比如,组织中中下层作出决策的数目或频度越大、范围越广、决策涉及的费用越多并且上级很少对中下层决策进行审核,这个组织的分权程度就越高。

影响一个组织集权、分权程度的因素包括:组织规模、决策重要性、人员素质、生产技术特点、管理者的个性与管理哲学、外部环境等。如生产技术特点要求各环节之间密切配合的企业、外部环境较为稳定的企业，一般呈现出权力集中化特征。

4. 协调与整体化

以授权、集权与分权关系为内容的责权分配主要涉及组织结构从上到下的纵向关系。那么，各部门、各工作小组、各员工之间横向关系如何调整呢？这就是协调与整体化关注的问题。协调与整体化活动，就是在各部门间、各工作单位和各工作岗位间建立横向协调关系，在实现部门专业化和部门绩效的同时，促进各单位的整体化与同步化，保证系统优化和整个组织绩效的实现。

管理实践证明，只有在组织管理上实行"高度分工又高度整体化"的企业，才能达到最佳业绩。

协调、整体化有相应的机制、途径与方法。

管理学家亨利·明兹伯格、詹姆斯·奎恩在其1996年出版的《战略过程——概念与环境》中提出了较为典型的四种协调机制：

（1）相互调整。主要通过不同工作者相互间的非正式沟通来实现。如水面上的两个划桨者，在前方没有方向标时，会互为参照调整划水方向使小船驶向前方。

（2）一线监督或直接监督。由一个第一线的管理者对一同工作的若干人直接发出命令实现协调。如龙舟比赛时，擂鼓者通过擂鼓发号施令，保持全体参与者行动一致。

（3）会议协商。一般由上级或综合部门召集有关部门或有关工作者讨论协商、解决问题、统一步调。"开协调会"是我国管理实践常见的办法。

（4）标准化。通过给工作过程、结果、技能等制定标准来实现协调。

三、正式组织与非正式组织

正式组织是经规划设计产生的，有明确目标、任务、结构、职能以及由此决定的成员间的责权关系。非正式组织是自发形成的，由于正式组织的成员相互联系而自发形成的个人和社会关系的网络。

对非正式组织的研究始于著名的霍桑实验,后来由巴纳德加以系统化、理论化。非正式组织的存在是任何管理者都不能忽视的问题。

正式组织的成员形成非正式组织的原因主要是:共同的利益、共同的价值观和兴趣爱好、类似的经历或背景。非正式组织并没有稳定的结构和成员,但通常有很强的凝聚力,存在颇具权威的"意见领袖"。据我们观察,由于中国传统文化重感情、尚人伦,与西方"个人本位"倾向不同,倾向于"团体"本位、"关系"本位,往往在正式组织之外因亲缘关系、地缘关系、业缘关系形成"圈子"、关系网络等。

非正式组织与正式组织的成员是交叉混合的,因此,非正式组织的存在必然要对正式组织产生影响。非正式组织的利弊,可以用图6-4来做一个对比。

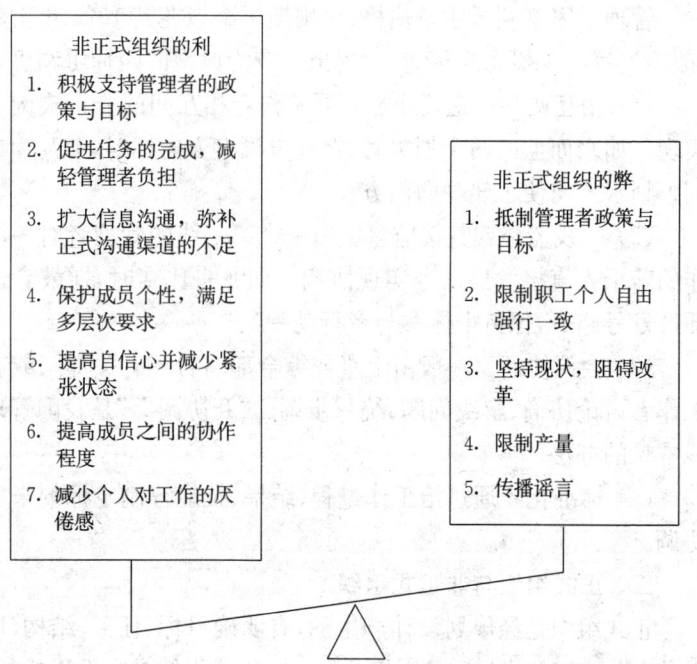

图6-4 非正式组织的利与弊

为了正式组织目标的实现,正式组织的管理者一方面要正确引导、善于利用非正式组织的积极作用;另一方面要对其进行有效的控制、利用,克服、消除其不利影响。

四、组织环境

组织环境是指独立于组织以外,但能够对组织绩效产生影响的各种力量,如行业特点、原材料供应、市场特点、政府政策、政治经济形势、社会文化等。从系统论的角度看,组织体系是一个与环境存在着物资、能量和信息交换的开放系统。环境特征及其变化对组织有重要影响,不仅是组织结构设计的权变因素,而且是组织变革的诱导因素。这里主要介绍组织环境的总体特征。

当代管理学提出了"环境三维"说,认为环境特征可由三个维度来描述:动态型、异质性/复杂性、容量。①

环境的动态性程度是指外部环境的变化速度和变动幅度。如果变动速度和幅度较低,属于相对静态的环境;反之则属于动态的环境。

环境的异质性/复杂性程度是指竞争者数量和新的竞争者出现的频率。如果竞争者众多且新的竞争者不断出现,属于高度异质性、复杂性的环境;反之则为简单环境。

环境的容量是指环境能够为组织发展提供的资源支持和成长空间。容量较大的环境不仅有利于企业的健康发展,而且也会给企业战略上的失误提供改正的机会;但在容量较少的环境中,组织一次重大的失误就可能是致命的。

在动态、异质、低容量的环境中,组织面临高度的不确定性,一般建立有机型的组织结构,如较高程度的分权、非程序化等;反之,则建立机械型的组织结构,集权程度较高,要求正规化、程序化、标准化等。

---

① 刘学、靳云汇:《动态、异质性环境中的组织设计与管理》,《南开管理评论》2000年第3期。

第二节 组织设计

建立组织和管理组织,是管理工作的重要内容。一个组织为了有效地实现其目标,必须探索如何设计其结构。

一、组织设计的定义与程序

组织设计是以组织结构安排为核心的组织体系的整体设计工作。因此也称为组织结构设计。组织结构指组织的框架体系,是表现组织各部分排列顺序、空间位置、聚集状态、联系方式以及各要素之间相互关系的一种模式。简单地说,组织设计,就是确定组织的"骨架"。

组织设计的任务是提供组织结构系统图和编制职务说明书。组织结构系统图又称组织图、组织树,它用图形的方式表示组织内的职权关系和重要职能。一般而言,图中的方框表示各种管理职务或相应的部门,其垂直排列位置表示组织的等级结构;直线表示权力的流向;直线与方框的连接,则表明了各管理职务或部门在组织结构中的地位以及它们之间的相互关系。本节"组织结构的基本类型"部分用图形勾画出不同类型的组织树。职务说明书的内容包括:各项管理职务的工作内容,职务与权力,与组织中其他部门、职务的关系,担任该职务者须具备的条件等。职务说明书在许多大公司往往以正式文件或汇编手册的方式存在。

组织设计的工作在新组织组建、原有组织结构出现问题时是管理者的当务之急。为实现组织设计目标,应根据组织设计的内在规律有步骤地进行。以新建组织为例,组织设计一般应按以下程序进行:

(1)确定组织设计的基本方针和原则。要根据组织的目标及组织的外部环境和内部条件,确定组织设计的基本思路,规定一些设计的主要原则和参数。

(2)进行职能分析和设计。包括确定为了完成组织目标而需要设置的各项管理职能,明确其中的关键职能,不仅要确定组织总的管理职能及其结构,而且要分解为各项具体的管理业务和工作;在确定具体的管理业务时,还要进行初步的管理流程总体设计,以优化流程,提高管理工作效率。

(3)设计组织结构的框架。即设计承担管理职能和业务的各个管理层次、部门、岗位及其权责。框架设计有两种方法:一是自下而上的方法,即先具体确定组织运行所需的各个岗位和职务,然后根据一定的要求,将某些岗位和职务组合成多个相应独立的管理部门,再根据部门的多少和设计幅度要求,划分出各个管理层次;二是自上而下的设计方法,它的程序和上一种方法相反,首先根据组织的各项基本职能及集权程度的设计原则,确定组织的管理层次,再进一步确定各管理层次应设置的部门,最后将每一个部门应承担的工作分解成各个管理职务和岗位。当然,职务、部门、层次这三者是相互联系、相互制约的,所以在管理实践中这两种方法一般综合运用,相互修正,经过多次反复才能最后将框架设计确定下来。

(4)沟通或联系方式的设计。这一步是设计上下管理层次之间、左右管理部门之间的协调方式和控制手段。如果说框架设计的重点在于把整个组织的管理活动分解成各个组成部分,那么,这一步就是要把各个组成部分联结成一个整体,使整个组织能步调一致地运作,实现组织整合,发挥整体功能。

(5)组织制度的设计。这一步骤是在确定了组织结构及联系方式的基础上,确定各项管理业务的管理工作程序、管理工作应达到的要求和管理人员应采取的管理方法等。这些工作通过规范化的制度形式表现出来,成为各机构、部门和岗位的工作行为规范。组织制度对组织结构起到巩固和稳定的作用。

(6)人员配备。组织结构最终要通过人来运行,所以结构设计完成后一个重要工作就是配备相应的人员。

（7）各类管理机制的设计。组织结构的运行还需要有一套良好的运行机制来保证，包括管理部门、管理人员以及员工的绩效评价、考核制度、奖惩制度等。

（8）反馈和修正。组织设计是个动态的过程。在组织运行过程中，必然会发现结构或制度中有不完善的地方，组织面临的环境也会不断变化，这就要求组织适应变化，对原有设计作出修改，进行组织变革。

二、组织设计的权变方法与原则

就管理实践而言，并不存在组织结构完全相同的两个组织。在对组织结构进行设计时，受到许多因素的影响，如组织战略、规模、技术、人员素质、环境等。美国管理学家斯蒂芬·罗宾斯把这些因素称为"组织设计的权变方法"。组织设计也有一些共性的东西，即组织设计的原则。传统组织设计原则包括任务目标原则、统一指挥等，当代管理实践则形成了一些新的原则。

1. 组织设计的权变方法

（1）战略。组织结构是帮助管理者实现其目标的手段。目标产生于组织的总战略，顺理成章地，结构应服从战略。如果组织战略作出重大调整，那么就需要对组织结构重新进行设计，加以修改，以适应和支持组织的战略调整。

（2）规模。组织的规模对结构有明显的影响作用。如大型组织一般比小型组织具有更高水平的专业化以及横向、纵向的分化，规则条例也更多。不过，随着组织的扩大，规模对结构的影响力相对下降。如，甲、乙两个企业，分别有 300 名、3 000 名员工，再分别增加 500 名，规模扩大对甲企业结构的影响远远大于乙企业。

（3）技术。任何组织只有依靠技术才能将投入转换为产出。为实现组织产出目标，组织必须使用设备、材料、知识和富有经验的员工，并将这些组合到一定类型和形式的活动之中。技术对结构的影响可以从两个角度来分析:微观地看,技术包括常规技术、工程技术、手艺技术、非常规技术四种类型。常规技术意味着例外的情况很少,并且例外易于分析;工程技术的特征是例外多,易于分析;手艺技术意味着例外少但难以分析;非常规技术的特征是例外很多且难以分析。一般而言,技术越趋于常规,结构就越标准化;反之,结构就是有机式的。宏观地看,组织技术系统特征包括复杂性程度、协调程度、自动化程度等。协调度越高、复杂性程度越高,则要求结构更标准;自动化程度高,管理控制的对象由人变成了机器,则会减弱对规范化、标准化的依赖。

(4) 人员素质。组织人员素质,包括领导者、管理者、员工等的价值观念、思想水平、工作作风、业务知识、管理技能、工作经验以及年龄结构等,对组织设计中集权与分权程度、管理幅度大小、部门设置形式等都有影响。

(5) 环境。组织设计的重要任务之一,就是要使组织结构适应外部环境。第一节已提出外部环境包括行业特点、原材料供应、市场特点、人力资源、资金供应、政治经济形势、政府法令政策、社会文化等,可以从动态性、复杂性、容量三个维度来考察环境的特点以及对组织结构的影响。

2. 组织设计的原则

传统的组织设计原则包括:

(1) 任务目标原则。这是一条总的原则。这一原则说明:一方面,组织设计是实现组织目标的手段;另一方面,任务、目标完成情况是衡量组织设计是否正确有效的最终标准。

(2) 统一指挥原则。即任何一个下级只能接受一个上级的指挥,或者说一个人只能接受同一命令,避免多头指挥,保证生产经营指挥的统一。

(3) 有效幅度原则。即确定一个合适的管理幅度,不能过大。

(4) 权责相称原则。应保证每一层次、部门、岗位的责任与权力相对应,防止有职无权、有权无责、权大责小、权小责大的情况。

(5) 分工协作原则。组织部门、岗位的设置既要实行专业分工,以利于提高质量和效率,又要重视部门之间的协调和配合,加强横向联系,以发挥整体效率。

(6) 精简与效率原则。即经济原则。机构要精、层次要减、用人要少。

(7) 执行与监督分离原则。要保证执行有力、监督有效,必须把监督部门与执行部门分开。

现代的组织设计原则包括:

(1) 权力和知识匹配原则。[①] 传统管理理论强调职位与权力相匹配,但由于知识、技术的突飞猛进,以职位为基础的权力越来越难以在组织中形成对下属的持久影响力,而以"专家"构成的参谋部门越来越重要,应赋予专家、参谋部门以相应的职权,以使他们有效地发挥作用,为组织服务。而且,知识的分散化使知识由以前集中于管理人员而回归于员工,对管理提出了分权要求。组织设计应考虑知识与权力匹配的问题。

(2) 集权与分权相结合原则。组织应根据实际需要来决定集权与分权的程度。

(3) 弹性结构原则。为适应环境变化,提高组织的竞争能力,一个组织的结构应具有弹性。所谓弹性,指一个组织的结构是可变的,可以根据组织内外部条件的变化作出必要的调整。

现代组织内外部环境千变万化,在设计组织结构时,对上述十项原则应综合运用。

三、组织结构的基本类型

组织结构是随着生产力水平提高和社会的发展而不断发展

[①] 程德俊、陶向南:《知识的分布与组织结构的变革》,《南开管理评论》2001年第3期。

的。在现代社会,常见的组织结构类型有六种:直线结构、职能结构、直线—职能结构、事业部结构、矩阵结构、网络结构。

1. 直线结构

直线结构是最早、最简单的一种组织结构形式。其特点是:组织中各种职务按垂直系统直线排列,全部管理职能由各级管理者负责,不设职能或参谋机构;命令从最高层管理者经过各级管理人员,直至组织末端,是直线式地流动;组织中每个成员只接受最近的一个上级指挥,仅对该上级负责,并汇报工作;一个人一个上级,彻底贯彻统一指挥原则。其结构如图6-5所示。

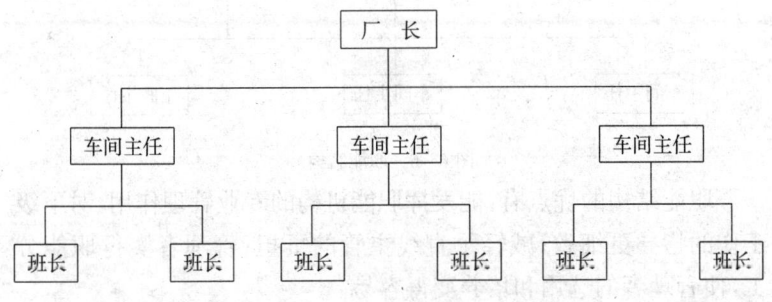

图6-5 直线结构

直线结构的优点在于其简单性:指挥命令系统单纯,决策迅速,命令统一,容易贯彻到底;每个组织成员的责任和权限的归属非常明确,不易产生目标不清的情况,每个人对实现组织目标的贡献也较易评价;容易维持组织纪律,确保组织秩序;管理费用低。

直线结构的缺点是:每个人只注意听上级指挥,每个部门只关心本部门工作,横向协调不够;最高决策权完全集中于一人,容易发生失误,下属对领导者依赖性大。

这种结构适用于一些小型组织,处于初创阶段、所处环境较简单且易变、突然面临困难的组织,如产品单一、工艺技术简单、业务规模小的企业,以及军队、特务组织。

2. 职能结构

职能结构的特点是,组织内部除直线主管外,还设立一些职能部门,各职能部门有权在自己的业务范围内向下级下达命令和指示。下级直线管理除了接受上级直线主管的领导外,还必须接受上级职能部门的指挥。如图6-6所示。

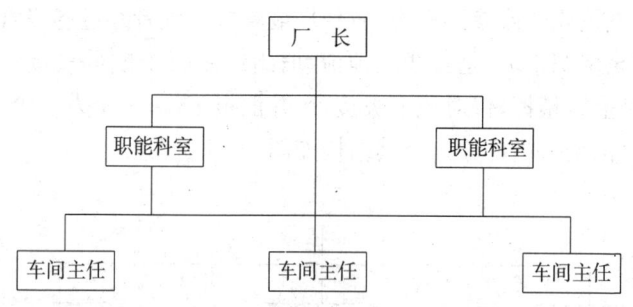

图6-6 职能结构

职能结构的优点有:能发挥职能机构的专业管理作用,对下级工作的指导更细致;减轻了直线主管的负担;管理者实行职能分工,使管理者的选用和培养变得容易。

当然,其缺点也比较明显:妨碍了组织必要的集中领导和统一指挥,形成多头领导。容易出现命令的重复或矛盾,从而造成管理的混乱;不利于明确划分直线人员与职能部门的职责权限,容易造成争夺权力、推卸责任。

这种组织结构一般适用于医院、高校、图书馆、会计事务所、科研机构等组织。

3. 直线—职能结构

直线职能结构以直线为基础,在各级直线主管之下设置相应的职能部门,即在保持直线组织的统一指挥的原则下,增加了参谋机构。如图6-7所示。

在直线职能结构中,直线部门是骨干,担负着实现组织目标所需要完成的基本任务;而职能部门只是直线主管的参谋和助手,可以对下级职能机构进行业务指导,但无权对下级直线主管发号施令。

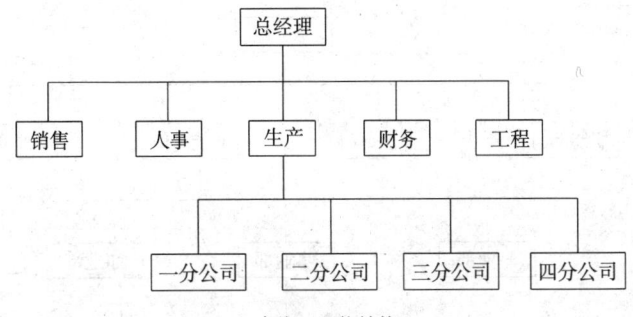

图6-7 直线—职能结构

直线职能结构的优点是:把直线结构和职能结构的优点结合了起来,既能保证统一指挥,又能发挥参谋人员的作用;分工细密,职责清楚,各部门仅对自己应做的工作负责,效率较高;组织稳定性程度较高,在外部环境变化不大的情况下,易于发挥组织的集团效率。

这种结构的缺点是:部门间缺乏信息交流,不利于集思广益地作出决策;直线部门与职能部门(参谋机构)之间目标不易于统一,矛盾较多,上层主管的协调工作量大;难以从组织内部培养熟悉全面情况的管理人才;适应性差,结构惯性大,容易因循守旧,对新情况不易及时作出反应。

这种结构适用于制造业等用标准化技术进行常规性大批量生产的企业。许多传统工业企业就是采取直线职能结构。

4. 事业部结构

事业部结构是一种分权型的组织形式。又称"斯隆结构",因为最初是由美国通用汽车公司前副总经理斯隆创立的。它是一个企业内对于具有独立的产品和市场、独立的责任和利益的部门实行分权管理的一种组织形态。它必须具备三个要素:第一,每个事业部是一个独立的经营中心,具备独立的产品和市场,是产品责任或市场责任单位。第二,具有独立的利益,实行独立核算,是一个利润中心、利益责任中心。第三,是一个分权单位,具有足够的权力,能自主经营。该结构如图6-8所示。

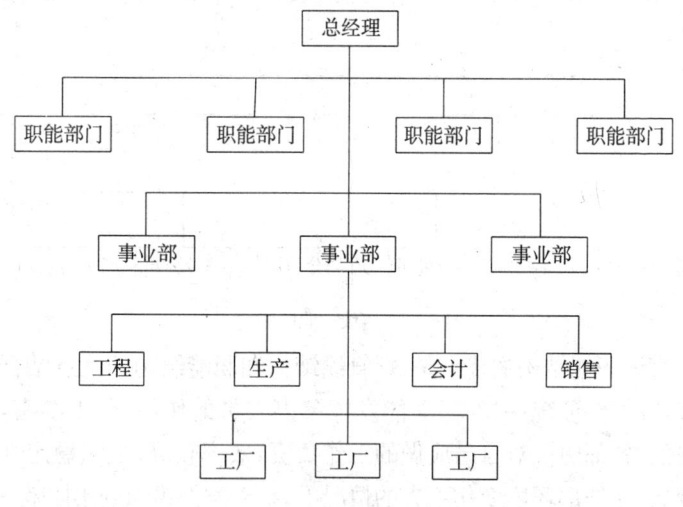

图6-8 事业部结构

事业部结构的特点是最高管理当局只保留资金分配、重要人事任免和战略方针等重大问题的决策权力,其他权力尽量下放,事业部成为日常经营活动的决策中心,是完全自主的经营单位。

事业部结构的优点:使最高管理部门摆脱了日常行政事务,成为坚强有力的决策机构,并使各个事业部充分发挥经营管理的主动性、灵活性,所以,这种结构既有较高的稳定性,又有较强的适应性;对事业部经理锻炼大,是培养全面管理人才的最好组织形式之一;扩大了有效控制的幅度,使上级领导直接控制下层单位的人数增加;可以在各事业部之间展开比较和竞争,有助于克服组织的僵化和官僚化。

事业部结构的缺点是:需要的管理人员多,管理成本高,管理经济性差;对总公司和事业部的管理人员水平要求高;集权和分权关系比较敏感,一旦处理不当,可能削弱整个组织的协调一致;容易产生本位主义,控制难度加大;对公司的全部资源利用不是很有效。事业部结构适用于一些规模比较大,而且下层单位能够成为一个独立的经营中心的企业。

5. 矩阵结构

矩阵结构主要是在直线—职能结构垂直形态组织系统的基础上,再增加一种横向的领导系统,即工作小组。工作小组一般是由一群不同技能、不同岗位、分别选自不同部门或层级的人员组成,专门从事某项工作。参加工作小组的成员,一般都要接受两个方面的领导,即在工作业务方面接受原单位或部门的垂直领导,而在执行具体任务方面,接受工作小组或项目负责人的领导。该结构如图6-9所示。

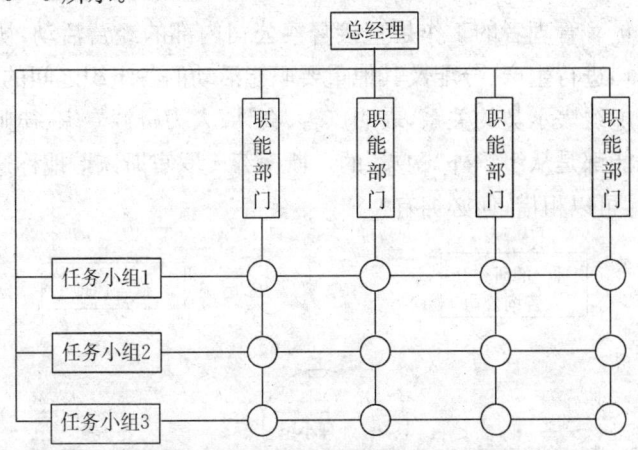

注:〇代表各职能部门派出参加任务小组的人员

图6-9 矩阵结构

矩阵结构的优点是:加强了不同部门之间的配合和信息交流,能集中各部门专业人员的智慧,加强组织的协调性和整体性;灵活机动,适应能力强;使工作效率提高;避免各部门的重复劳动,一个人可同时参加几个工作小组,提高了人员的利用率,减少了成本;管理方法和管理技术可以更加专业化。

矩阵结构的不足是:造成双重领导;组织关系复杂,对小组负责人要求较高;具有一定的临时性,容易导致管理混乱。

矩阵结构适用于大型协作项目以及以开发与实验项目为主的单位,如大型运动会、电影制片厂、应用研究单位等。

6. 网络结构

网络结构也叫虚拟结构。这是一种规模较小,依靠其他组织以合同为基础进行制造、分销、营销或其他关键业务经营活动的结构。网络结构的特点是:决策集中化程度很高,但部门化程度很低,或根本不存在。

图6-10是网络结构的一个例子。从图中可以看到,管理人员把公司基本职能都移交给了外部力量,组织的核心是一小群管理人员。管理者的工作是直接督察公司内部的经营活动,协调为本公司进行生产、分配及其他重要职能活动的各组织之间的关系。图中虚线表示契约关系,表明广告、会计、人力资源专家、律师等这些职能都是从组织外"购买"的。斯蒂芬·罗宾斯诙谐地称这种情形为:可以租借,何必拥有?

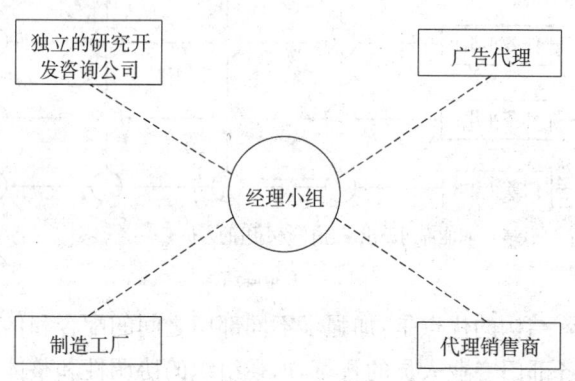

图6-10 网络结构

网络结构的优点:一是使得管理群体可以把精力放在自己最擅长的业务上;二是有高度的灵活性,管理人员如果认为别的公司在生产、配送、营销、服务方面比自己更好,或成本更低,就可以把有关业务出租给他们。

其缺点是公司主管人员的主要职能活动缺乏有效控制,对信息沟通技术手段依赖性强。网络结构代表了当代组织结构发展的潮流,IT业、通信业、服装玩具业等许多跨国公司就具有这种结构特征。

四、机械型组织与有机型组织

从前文的介绍、分析可以看出,某种组织结构类型其实就是组织结构一些特征的综合体。所谓特征,包括部门化程度、层级化程度、标准化程度、集权或分权等。因此,组织结构在理论上就可能存在两种极端的模式:一种是严格部门化、层级化、高度标准化、集权化的组织,一种是松散、灵活、低标准化、分权化的组织。前者被称为机械型组织或官僚行政组织,后者被称为有机型组织或适应性组织。机械型组织和有机型组织代表着一个连续统一体的两个极端,二者之间实际存在无数的中间过渡状态,表现为多种不同的具体形式。前面介绍的组织结构的类型就是几种较为典型的具体形式。

机械型组织一般具有如下特点:集权化,高度专业化,严格的层次关系;严格的程序和规定,明确的权力链,窄的管理幅度,固定的职责,正式的沟通渠道,以客观业绩为基础的评估和奖励等。"组织树"外形高耸,属"瘦长"型。

有机型组织的特点是:较高程度的分权,宽的管理幅度,职责经常调整,规则与程序相对模糊,工作运用多功能跨等级跨部门的团队来进行,信息交流渠道畅通(不仅有横向,而且有纵向的双向沟通)等。组织树结构扁平。

管理实践中,典型的机械型或有机型都非常少见。

组织设计时,倾向于哪一种模式,依赖于战略、规模、技术、人员素质、环境等因素。目前,许多新兴行业,如IT、广告业等产业中的企业,广泛采用了有机型的结构;一些传统部门,如制造业、政府部门,则带有浓厚的机械型组织特点。

第三节 组织整合

组织的基础是分工与协作。分工带来部门化、层级化,部门化、层级化必然要求沟通、协作与整体化,即组织整合。其目的在于形成 $1+1>2$ 的合力,提高整体效率,实现组织目标。组织整合工作是组织日常管理活动的经常性事务,贯穿于组织始终。组织整合主要依赖组织权力运行、人员配备、组织制度与文化等途径。

一、组织整合分析

组织整合是将组织中各个部门、各个层级、各个成员的活动综合并合并协调一致的过程。组织对整合的需要程度是两个因素决定的:工作的相互依赖关系;组织的分化程度。

在大部分组织中,工作之间的相互依赖关系有三种模式:

(1) 联营方式,又称并列式相互依赖。组织内部门或个人的工作活动是相对独立的。如在美国,百事可乐公司下属的肯德基炸鸡与弗利多劳商店是独立经营的,相互联系少、影响小。当然,并列式的组成单位也应有全局观念。

(2) 单向依存,又称顺序式相互依赖。如装配流水线,工作流向是从一个岗位、小组流向另一个岗位、小组,是一种链条般的衔接关系,其中任何一个环节出错都会导致整个作业失败。这种依存关系中,协调工作比较重要。

(3) 相互依存,又称交互式相互依存。这是一种工作、资源、信息双向流动、往返双向式的关系。这种方式中,依赖程度很高,协调工作不仅多而且十分重要。如家用电器公司制造部门与营销部门之间的关系。一个电视机制造商的营销部门要依靠制造部门提供足够数量的优质电视机去满足用户数量和质量上的需求,而制造部门也需要营销部门提供市场需求、用户对产品质量的反馈等信息。

组织内部分化的程度也会使协调、整体化的需要增强、难度加大。组织分化体现为：横向分化，即部门专业化、职能化；纵向分化，即层级化；空间分化，即组织单位分布在不同的地理区域上。组织分化不仅扩大了组织的协调面，而且往往引起了更多的矛盾：如在组织目标和实现目标手段认识上的矛盾、时间导向上矛盾、正规化程度上的差异、文化背景带来价值观、行为方式的隔阂等。矛盾越多、差异越显著，也就需要组织采取各种强有力的手段予以协调和整合。

二、组织权力运行

如果把组织喻为人体的话，组织内的权力网络就像神经网络。也就是说，权力及其正常运行是组织整合得以实现的重要条件。

1. 权力与职权

在组织中，权力主要指影响决策的能力。所谓职权，指的是经由一定的正式程序赋予某个职位的、这个职位所固有的发布命令并希望命令得到执行的权力。职权与职位相联系，职权来源于职位。在组织中，只有担任一定职位的人才具有一定职权。权力则并非如此。

一个人如何获得权力？约翰·弗伦奇和伯特伦·雷文认为权力有五种来源：强制的、奖赏的、合法的、专家的和感召的。[1] 相应地，权力的类型也有五种，即惩罚权、奖赏权、合法权、模范权和专长权。

关于职权与权力的关系，传统理论认为，职权是组织权力的唯一形式，只有在具备一定职位的前提下才具有相应权力。现代组织理论则认为，职权、合法权力，只是权力的一部分。一个人是否

---

[1] ［美］斯蒂芬·P·罗宾斯：《管理学》，中国人民大学出版社、PRENTICEHALL出版公司1997年版，第234～236页。

拥有权力,不仅取决于他的职位,也取决于他与权力核心之间距离的远近。

职权与权力的关系可以用图 6-11 所示锥体来说明。锥体的顶点表示最高权力,由顶点到底面的垂直线(高),即锥体的中心线,就是组织内部权力体系的中心线。一方面,一个人在组织中职位越高,他与权力核心的距离就越近,权力越大;另一方面,未必需要有职权才能产生权力,如果一个人可以向权力的内圈水平移动,也可能有较大权力。

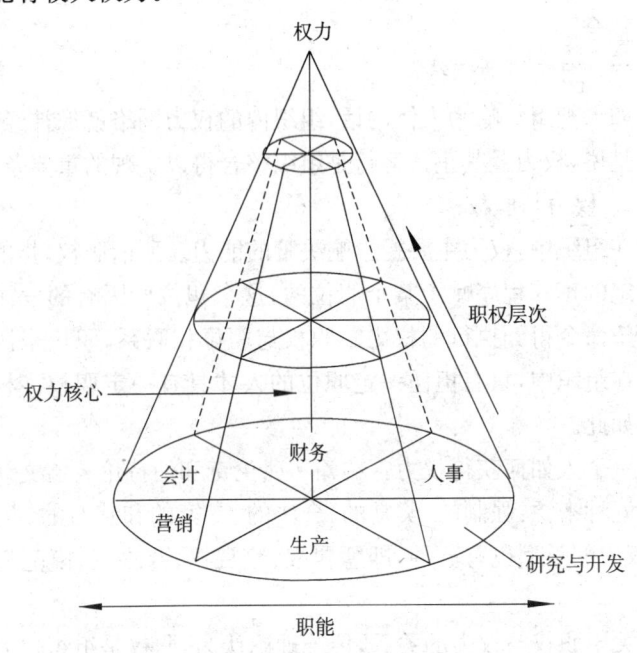

图 6-11 职权与权力对照

2. 直线与参谋

在组织中,直线和参谋是两类不同的职权关系。

直线职权指授予直线人员的是作出决策、发布命令和将决策付诸行动的权力。直线职权反映的是一种指挥和命令的关系,主要表现就是直接指挥其下属工作。这种上—下级职权关系从组织最高层贯穿到最底层,就形成了前面介绍的权力链。直线职权具有排他性,在决策、执行或指挥下属时,他人不得干预。

参谋职权指授予参谋人员的是思考、筹划和建议的权力。参谋职权反映的是一种服务和协助的关系。正确处理直线和参谋的关系,充分发挥参谋人员的合理作用,是发挥组织中各方面的协同作用、实现组织整合的一项重要内容。

仅从理论上看,直线与职能关系比较简单——设置作为直线主管的助手的参谋职务,不仅可以保证直线的统一指导,而且能够适应复杂的管理活动需要多种专业知识的要求。不过在实践中,由于直线主管人员与参谋人员在责任、知识与经验以及处事态度等方面的不同而造成两种典型的情况:要么保持了命令的统一性,但参谋作用不能充分发挥;要么参谋作用发挥失当,破坏了统一指挥的原则。最后导致双方心存芥蒂,降低了组织效率。如:直线人员认为:自己经验丰富,成功的行动主要依靠"直觉",参谋人员脱离现实;而参谋人员认为,自己精通专业,理论先进,知识丰富,直线人员"老土"等。双方互不"买账"。

解决直线与参谋的矛盾,搞好两个方面的配合,实现直线职权与参谋职权的整合,关键是要正确发挥参谋的作用。美国学者路易斯·艾伦提出六个有效发挥参谋作用的准则:

(1) 直线人员有最后之决定权;

(2) 参谋人员提供建议与服务;

(3) 参谋人员应主动从旁协助;

(4) 直线人员应考虑参谋人员的建议,当最后决定时,应当与参谋人员磋商,参谋人员应配合直线人员朝目标前进;

(5) 直线人员对参谋人员的建议,如有适当理由,可予拒绝,此时上级主管不能干预;

(6) 直线与参谋人员在彼此不能自主解决问题时,均有向上申诉的权力。

3. 反馈与监督

权力的运行不是单向的。企业中设置职位职权、集权或分权、直线关系与参谋关系的形成等,最终目的是提高组织效率、实现更优产出。效率的高低、产出的多少是检验权力运行的最终指标。换句话说,效率、产出是权力运行的反馈机制。权力运行必须根据效率、产出的变化及时进行调整,以保证组织正常运转。

根据控制论原理,现代组织中把决策者或决策部门、执行者或执行部门看作是"受控者",把咨询专家或咨询部门、监督者或监督部门看作是"反馈系统"。

组织中的咨询系统主要就是前面介绍的参谋部门。组织中的监督系统由一定的职位、部门、机制构成的。在大型组织中,监督部门往往相对独立、自成体系,以保证决策科学化、执行专门化。

通过权力运行而实现组织整合,还包括正确处理集权与分权的关系等,第一节已作介绍,这里不再赘述。

三、人员配备

人员配备是组织设计的逻辑延展。组织设计为组织的运行提供了可供依托的框架,框架要发挥作用,实现组织整体效益,还需要由人来操作,这就需要进行人员配备。

人员配备是对组织各类人员进行恰当而有效的选择、使用、考评和培养,以适合的人员去充实组织结构中规定的各项职务,从而保证组织正常运转并实现预定目标的职能活动。在现代组织管理中,人员配备包括拟订人事计划、选拔、储备、任用、调动、考核评价、培养训练等相互关联的一系列环节和工作,因而可以视为一个职能系统。下面主要介绍人员配备的任务、程序和原则。[1]

---

[1] 张德、曲庆:《管理》,清华大学出版社1999年版,第64~65页;王利平:《管理学原理》,中国人民大学出版社2000年版,第211~212页。

第六章 组　　织

1. 人员配备的任务

人员配备是为组织结构中的每个岗位配备合适的人员。这包括两方面的任务:满足组织的需要、为每个人安排适当的工作,因而必须关注选配对象个人的特点、爱好和需求。基于此,人员配备的任务可以从组织和个人这两个不同的角度来考察。

从组织需要的角度来考察,人员配备必须使组织结构中每个工作岗位都有合适的人去占据,从而使组织系统能够顺利运转;要考虑到组织未来的发展变化,注意后备干部队伍的建设;要维持成员对组织的忠诚,尽可能预防优秀人才外流。

从选配对象即个人的角度考察,人员配备要使每个人的知识和能力得到公正的评价、承认和运用;同时也要使每个人的知识和能力能够不断发展,素质不断提高。

2. 人员配备的工作内容和程序

(1) 确定人员需要量。这包括确定所需人员数量和质量两个方面,即不仅要确定需要多少人,而且要确定需要什么样的人,这两个方面是联系在一起的。人员配备可能是为新组建的组织选配人员,也可能是为现有的组织补充人员。对前一种情况,确定人员需要量的依据是组织设计的结果;对后一种情况,则不仅要考虑组织结构的要求,还要分析组织现有人力资源的情况。

(2) 选配人员。选配人员的依据是组织设计中提出的对各种人员的需求标准。为了能给组织结构中的每个岗位配备合适的人员,一方面,要从组织内部和外部物色、吸引足够的候选人;另一方面,必须研究和使用一系列科学、有效的测试、评估和选聘方法。

(3) 人员的考评。人员的考评与人员配备密切相关。首先,考评工作是弄清从组织内部提拔的人员情况的基本工作。第二,对于来自组织外部的人员,通过考评,上级可以了解其实际工作能力及执行任务情况的好坏,他们也因此知道上级对他们工作的认可或满意程度。第三,对人员的考评可以说既是培训工作的基础,又是培训工作的终结,如结果没有考评,培训就将流于形式。

(4) 制定和实施人员培训计划。人员培训包括两方面:一是对新选拔出来的人员的上岗培训,这种培训的目的是使新成员能够胜任所从事的工作,达到组织对他们的要求;二是对在职人员的培训,这种培训的目的是为了不断提高组织成员的素质,以把现在的工作做得更好,并为将来从事其他更重要的工作做好准备。

3. 人员配备的原则

(1) 适才适能原则。一方面,要根据组织中各个职务岗位的性质配备有关人员,即人员的数量和结构要与职位的多寡和类型相适应,人员的素质和能力要与其所担负职责的需要相吻合;另一方面,要按照人员的能力水平及特长分配适当的工作,使每个人既能胜任现有职务,又能充分发挥内在潜力。

(2) 选贤任能原则。在根据组织结构所确立的职务岗位安排相应人员时,应坚持选贤任能、任人唯贤的原则。特别是担负管理职能的各级管理人员的选拔,应当务求唯贤不唯亲,用客观的、科学的标准和方法准确地考察与选择。

(3) 扬长避短原则。组织中每个员工的素质各有长短。有的人擅长理论分析,但实际操作能力较差;有的人独立工作能力很强,但不善于与他人和睦相处。这就要求在选拔和使用人员时,坚持扬长避短的原则,着眼于人的长处,用其所长。

(4) 群体相容原则。大型组织内部分工细密,协作关系复杂。为使各个环节和岗位做到合理分工、密切协作,要求各工作群体保持较高的相容度。为此,在人员配备中,不仅要强调人员与工作的相互匹配,而且要注重群体成员之间的结构合理和心理相容。群体的相容度对群体的士气、人际关系、群体行为的一致性和工作效率都有直接影响,彼此间高度相容,会使成员对群体明白一致认同,相互感情融洽,行为协调有序,有助于充分发挥全体成员的积极性,收到群体绩效大于个体绩效之和的效果。为提高群体的相容度,在组合群体成员时,首先要求各个成员在观念上保持较高的一致性;其次要注意成员之间性格的协调与相容;第三要合理配置群体成员的年龄结构、性别结构、知识结构和能力结构。在合理组合的基础上,可以形成群体成员之间心理素质的互补关系,促进群体优势的发挥。

(5)协调发展原则。现代社会经济条件下,一方面,随着收入水平和受教育程度的提高,越来越多的员工不再把职业仅仅视为谋生手段,而是力求通过所从事的工作来实现自身价值,求得智能与人格的不断完善;另一方面,组织也越来越多地担负着为员工全面发展提供机会、创造条件的社会责任。基于这一认识,组织在配置人员时,必须坚持以协调发展为指导思想和基本原则,首先立足于个人在智力、体力、能力、生理、心理、人格等诸方面的全面发展,力求通过合理使用和培养,使员工成为具有现代意识和技能、身心健康的优秀人才;其次应求得员工个人发展与组织发展的协调统一,即通过人员合理配置将员工的个人发展目标纳入组织的发展目标之中,在促进个人发展的同时推动组织目标实现。

四、组织制度与组织文化

组织制度与组织文化是在规范和观念两个层面实现和维系组织整合的有效手段。

1. 组织制度与组织整合

组织设计的工作,如工作设计、部门化、层级化、责权分配、协调与综合,这些工作所遵循的原则、宗旨、程序等,以及这些工作中涉及的关系的处理,如管理幅度与管理层次、集权与分权、直线与参谋等,最终以一种"文本"的方式规定下来,形成规范性文件。而规范性文件一旦形成,也就成为组织全体成员必须遵守的行为准则。这些规范性文件就是组织制度的主要形式。所以,所谓组织制度,就是指组织中全体成员必须遵守的行为准则,既包括组织的各种章程、条例、守则、规程、程序、标准等,按照新制度经济学的观点,也包括保证行为准则得到实施的专门机构、部门及人员。组织制度的鲜明特点是制度执行一般以强制力为基础。

组织制度一般由组织基本制度与专业管理制度构成。

组织基本制度是规定组织形成和组织方式、决定组织性质的制度。主要包括:规定组织法律地位和财产所有形式的契约、组织章程等方面的制度,组织的领导制度,组织的管理制度。这些之所以是组织的基本制度,是因为它们确立了组织的财产所有形式,从而确定了组织的所有制性质以及利益分配方式;规定了组织所有者、经营者和职工的权利、义务及相互关系;规定了决定管理方式的其他制度的内容及相互衔接的关系。

组织专业管理制度一般包括岗位责任制度、技术规范、业务规范、个人行为规范等。岗位责任制度一般规定组织各部门、各类专业人员应承担的工作任务、应负的责任以及相应的职权;技术规范是针对业务活动而制订的技术标准、操作规章、工艺流程等;业务规范一般是对工作程序、作业处理等的规定;个人行为规范是对个人在执行组织任务时应有的品德规范、劳动纪律、语言规范等。

组织基本制度与专业管理制度的关系是:前者是后者的依据和基础,后者是前者得以执行的具体保证。

良好而健全的组织制度具有两种基本功能:激励与约束。对于组织所有者而言,关于组织的财产所有形式以及利益分配形式的规定,首先是决定了他必须对自己投资行为的后果承担责任,其次决定了他在组织中的地位、可获利润的比例等;对于经营者而言,基于经营管理的实际成效,组织制度规定了是继续聘用他或解聘他,是否给予奖励或惩罚;对于员工而言,基于个人业绩,组织制度同样地在工资、福利、培训、晋升等方面相应地予以处置,奖优罚劣、奖勤罚懒等。因此,制度之存在,对于个人而言,就构成了某种预期,成为个人行为的指针。工作尽职或有成效,必然有奖励;工作不尽职或效率低，必然受到惩罚。富有激励与约束的组织制度可以自动地保证员工恪尽职守，不仅组织行为是可以预期的，而且表现出有序以及行为的一致性，大大增加组织的合力。

组织制度建设，应注意制度的科学性、系统性、稳定性、权威性以及合法性。科学性要求制度符合客观规律，合情合理；系统性要求制度之间相互衔接、相互补充，形成严密的规范体系；稳定性要求制度的制定立足长远，不能朝令夕改；权威性一方面来源于科学性、广泛性，另一方面来源于制订机构的权威性；合法性指组织制度以不违背国家的法律、地方性法规为前提。当然，组织制度不是一成不变的，为了保证科学性、系统性以及激励、约束功能的发挥，要对组织制度进行优化。

企业组织制度的发展代表了人类社会制度建设的积极成果，也为其他组织的制度建设提供了良好的启示。19世纪以来，企业制度依次发展了三种典型形式：业主制、合伙制、公司制。业主制的主要特征是企业归一人所有，并且所有权、经营管理权不分，统一归所有者掌握。合伙制企业中，所有权归几个合伙人所有，一般情形是其中一个或几个人代理行使经营管理权，所有权、经营管理权在一定程度上相分离。公司制，即现代企业制度，肇始于20世纪30年代，典型形式是股份制。股份制公司一般由所有者、董事会和高级执行人员三者组成一个相互制衡的组织结构，称为"公司治理结构"。通过这一结构，所有者将自己的资产交由公司董事会托管；公司董事会是公司的最高决策机构，由股东大会选举产生，董事会成员即董事，可以是股东、管理专家、社会人士，董事会拥有对高级经理人员的聘用、奖惩以及解雇权；高级执行人员受雇于董事会，组成董事会领导下的执行机构，在董事会的授权范围内自主经营企业，执行机构的负责人即首席执行官（简称CEO），有时单独存在，即总经理，有时由董事长兼任。

由所有者、董事会、高级执行人员组成的公司治理结构中存在双重"委托—代理"关系。"委托—代理"关系中,自然地存在着委托方、代理方之间的信息不对称问题,代理方往往具有机会主义行为倾向,从而导致委托方利益受损。西方管理实践相应地进行了一系列的制度创新,如利用公司财务公开制度、股票自由买卖制度、年薪制、股权制等来激励和约束经理人员。这些有利于组织整合与企业成长的制度安排已经为我国企业所借鉴。其他类型的组织也在积极探索以制度创新促进组织发展的新思路。

2. 组织文化与组织整合

组织文化与组织制度的区别在于,组织制度是刚性的,以一定强制力为基础,而组织文化是柔性的,不以强制力为后盾。

组织文化是处于一定经济社会文化背景下的组织在创立、发展过程中,逐步生成和发展起来稳定的独特的价值观,以及以此为核心而形成的行为规范、道德准则、群体意识、共同信念等。企业的组织文化一般简称为企业文化。

从组织文化的定义可以看出,组织文化是组织的共同观念体系;组织文化以一定社会文化为背景,具有民族性;组织文化一旦形成则很难改变,具有稳定性。

一种目前较为流行的划分是把组织文化区分为强文化、弱文化。在强文化中,组织的核心价值观得到了强烈的认可和广泛的认同,也就是说组织文化对员工产生了重要影响,甚至和组织制度一样,能给组织带来可预测性、秩序和行为的一致性。

强文化是组织整合的基石,具有导向作用、凝聚作用、激励作用、规范作用。其一,可引导全体员工把个人目标、理想拴系在同一目标和信念上,为实现组织目标而努力;其二,可发挥"黏合剂"的作用,减少内部摩擦和消耗,形成良好人际关系,增强内聚力;其三,可增强员工的荣誉感和责任感,自觉地维护组织的声誉、形象,激励他们更加努力地工作;其四,可约束员工的行为,保证组织健康稳定地发展。有管理学家发现,由于强文化导致了内聚力、忠诚感和组织承诺,所以加强了组织的团结,减少了员工的流动性。①

弱文化表明组织处于一种松散的状态,凝聚力不强,缺乏整体合力。

怎样判断一个组织是否具有良好的组织文化呢？管理学家罗宾斯提出了十个描述与测量的指标。② 这十个指标也为我国管理学家所广泛认同。它们分别是：

(1) 成员的同一性。雇员与作为一个整体的组织保持一致的程度,而不是只体现出他们的工作类型或专业的特征。

(2) 团体的重要性。工作活动围绕团队组织而不是个人组织的程度。

(3) 对人的关注。管理决策要考虑结果对组织中的人的影响程度。

(4) 单位的一体化。鼓励组织中各单位以协作或相互依存的方式运作的程度。

(5) 控制。用于监督和控制雇员行为的规章、制度及直接监督的程度。

(6) 风险承受度。鼓励雇员进取,革新及冒险的程度。

(7) 报酬标准。同资历、偏爱或其他非绩效因素相比,依雇员绩效决定工资增长和晋升等报酬的程度。

(8) 冲突的宽容度。鼓励雇员自由争辩及公开批评的程度。

(9) 手段—结果的倾向性。管理更注意结果或成果,而不是取得这些成果的技术和过程的程度。

(10) 系统的开放性。组织掌握外界环境变化并及时对这些变化作出反应的程度。

---

① [美] 斯蒂芬·P·罗宾斯：《组织行为学》，中国人民大学出版社、PRENTICE HALL 出版公司 1997 年版，第 525 页。

② [美] 斯蒂芬·P·罗宾斯：《管理学》，中国人民大学出版社、PRENTICE HALL 出版公司 1997 年版，第 59 页。

第四节 组织变革

组织变革是组织管理人员为适应内外环境及条件的变化,对组织目标、结构、制度、文化等进行调整和修正的活动,又称组织改革。组织变革是为组织发展提供达到目的的手段。本节首先介绍组织生命周期理论,其次分析组织变革的动力与阻力,然后介绍组织变革的推动者、方向、程序,最后讨论组织的新范式——学习型组织。

一、组织的生命周期

所谓生命周期,就是一种能够预测的变化模式。组织具有生命周期,就是说在它具有随着时间推移而发展变化的规律。这种发展变化是有规律地从一个阶段向下一个阶段的运动。简单地说,就是组织作为一种有机体,也经历着产生、成长、成熟、衰退过程。

比较盛行的一种组织生命周期理论是格林纳提出的。该理论认为,一个组织的成长大致可分为创业、聚合、规范化、成熟、再发展或衰退五个阶段;每个阶段的组织结构、领导方式、管理体制和职工心态都各有特点;每一个阶段最后都面临某种危机和管理问题,都要采用一定的管理策略解决这些危机以达到成长的目的。如图6-12所示。

第一阶段:创业阶段。这是组织的幼年期,规模小,人心齐,关系简单,创造力强,一切由创业者决策指挥。组织的生存与成长完全取决于创业者的素质与创造力。因此也称为企业家阶段。但这些创业者一般属技术业务型,不重视管理。随着组织的发展,管理问题日趋复杂,使创业者感到无法以个人的非正式沟通来解决问题,因此到了创业阶段的后期,组织内管理问题层出不穷,从而产生"领导危机"。

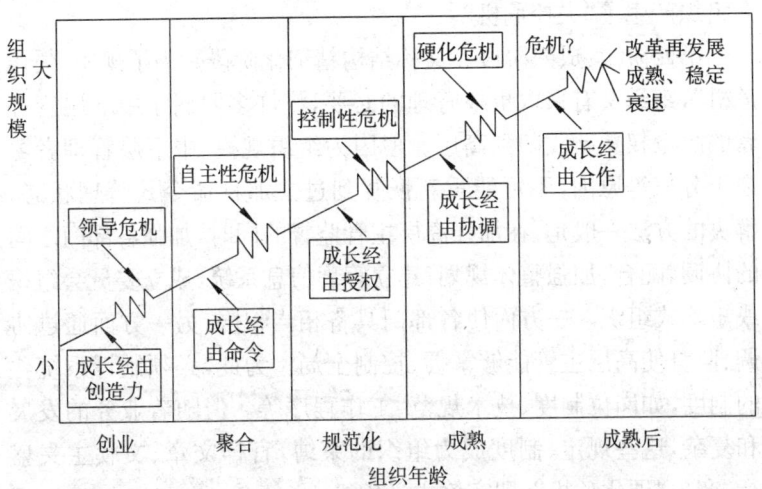

图 6-12 组织成长的五个阶段

第二阶段：聚合(或集成)阶段。这是组织的青年期，企业在市场上取得成功，人员迅速增多，组织不断扩大，职工情绪饱满，对组织有较强的归属感。创业者经过锻炼，自己成为管理者，或者引进了有经验的专门管理人才。通过组织设计、制度化建设，重新确立组织目标，以铁腕作风与集权的管理方式来指挥各级管理者，使组织获得稳步发展，这就是"成长经由命令"。在这种管理方式下，一方面，高层主管渐渐习惯于集权管理，变得专制、自以为是；另一方面，中下层管理者由于事事都必须请示、听命于上级，逐渐感到不满，要求获得较大自主权。这就是"自主性危机"。

第三阶段：规范化阶段。这是组织的中年时期。这时企业已有相当规模，增加了许多生产经营单位，甚至形成了跨地区经营和多元化发展的格局。如果组织要继续成长，就要采取授权的管理方式，采用分权式组织结构，容许中下级管理者有较大的决策权，即"成长经由授权"。但是时间长了又使高层主管感到由于权力过于分散，各层级、各部门各自为政，本位主义、部门主义盛行，使整个组织产生了"失控危机"。

第四阶段：成熟阶段。又称结构精细化阶段。为了规避"失控危机"，组织又有采取集权管理的必要，将许多原属于中下层管理者的决策权重新收归到高层。但因为组织规模、中下层管理者习惯于分权等原因，不可能重新恢复到过去那种命令式管理状态。解决的方法一般是：在加强高层主管监督的同时，加强各部门之间的协调、配合，加强整体规划，建立管理信息系统，成立委员会组织或矩阵式组织。一方面使各部门具备相当权限；另一方面通过协调、监督使高层主管能够掌握、控制全局。为此，必须制订系统化的制度，如岗位制度、技术规范、工作程序等。但随着业务的发展和复杂，这些规定、制度成为组织的束缚，官样文章、文牍主义盛行，产生"硬化危机"，即官僚主义危机。

第五阶段：成熟后的再发展或衰退阶段。在这个阶段，组织既可能通过组织变革与创新重新获得再发展，更加趋于成熟、稳定、壮大，也可能由于没及时适应环境变化而步入老年期，走向衰退，甚至消亡。为了避免过分依赖僵化的组织制度和刻板的文牍主义，必须培养管理者和各部门之间的合作精神，通过团队合作与自我控制以达到协调、配合、发展的目的。即"成长经由合作"。

一个组织并非一定都按上述阶段顺序发展，但组织生命周期理论体现了典型的动态发展观，说明组织是运动变化的，组织要生存和发展就必须进行变革；组织在不同时期会面临不同问题，需要采用不同的管理方式。

二、组织变革的动力与阻力

适应内外环境与条件的变化谋求组织发展是组织变革的根本原因。对于管理者而言，了解组织变革中的动力因素、阻力因素，采取适当策略排除障碍，是变革能否成功的必备条件。

1. 组织变革的动力因素

影响组织变革的动力因素可归纳为外部动力、内部动力两个方面。

外部动力指市场、资源、技术和环境的变化。一般来说,这些因素是管理者控制不了的,必须顺应变化进行变革。不变革,则组织消亡。

(1) 市场变化。或者消费者收入、价值观念、偏好等发生变化;或者竞争者推出了新产品、产品增添了新功能,加强了广告宣传,降低了价格,改进了服务等。市场是企业变革的先导。

(2) 资源变化。包括人力资源、能源、资金、原材料供应质量、数量以及价格的变化。如20世纪70年代初,石油价格一夜之间翻了两番,经济冲击迫使组织进行变革。

(3) 技术变化。包括新技术、新材料、新工艺、新设备以及先进管理方法的出现等。技术变化导致出现新的岗位和部门,会带来分工、协作关系的变化。

(4) 环境变化。包括政治环境、经济环境、制度、体制、投资、贸易、税收、产业政策与企业政策的变化。如从计划经济体制到市场经济体制的转变要求建立现代企业制度,企业主要机构、部门的设置、相互关系,与原有机构及相互关系就必然不同。

内部动力主要是组织内部领导者的变化和组织成长中遇到的问题、矛盾。

(1) 领导者的变化。如新的领导者上任或原来的领导者接受了新的管理思想、采用新的管理方法,都可能引起组织的变革。

(2) 组织运行、成长中遇到的矛盾和问题。对此,前文组织生命周期理论已作了介绍。组织在成长的每个阶段都会遇到危机,这就促使管理者采取相应变革,以保证组织的生存与发展。

2. 组织变革的阻力因素

变革总会遇到各种各样的阻力。有的是公开的,有的是潜在的;有的是主观的,有的是客观的;有的是直接的,有的是间接的。根据阻力的来源,下面从个体、群体、组织三个方面进行分析。

（1）来自个体对组织变革的阻力。经济利益。变革、改革必然是利益调整的过程。如果调整能给个体带来实际或预期收益的增加，就会得到理解、支持；反之，如果变革没能给个体带来实际、预期收益，降低了经济收入，就会遇到阻挠、抵制。

保守心理。安于现状是人性的特点。具有保守心理的人，往往求稳怕变，对新事物、新经验反应冷淡，甚至盲目地加以抵制、反对。

心理定势。"习惯成自然"，人们往往不自觉地按自己的固有态度、习惯对外部环境作出反应。而这种习惯可能会成为组织变革的阻力。并且，习惯形成时间越长，阻力越大。

对未知的恐惧。变革是一种创新，带有探索性，包含着不确定性、不可预知的东西。人们在变革面前常常会感到心中无数，对变革的前途担忧。

（2）来自群体对组织变革的阻力。组织中的非正式群体有时也会成为组织变革的阻力。因为变革，非正式群体特殊的规范，如在工作方面、劳动定额等方面约定俗成的"规矩"，可能和变革后的规范不相容；因为变革，非正式群体内的人际关系可能遭到破坏；等等。这些情况都可能使群体对变革持消极的抵制态度。

（3）来自组织对组织变革的阻力。结构与制度惯性。组织有其固有的机制保持其稳定性。例如：甄选过程系统地选择一定的员工流入，一定的员工流出；培训则强化了具体角色的要求和技能；工作说明书、规章制度等实现了组织的规范化等。这种维持稳定的结构惯性、制度，在组织变革时就会在一定程度上演变成阻碍变革的反作用力。

变革范围的有限性。组织由一系列相互依赖的子系统组成。组织变革不可能只对一个子系统实施变革而不影响其他子系统。例如：如果只改变技术工艺而不同时改变组织结构与之配套，技术变革就很难贯彻下去。所以，子系统中的有限变革很可能因为更大系统的问题而变得无效。

对已有权力关系的威胁。机构精简、权力重新配置必然会对已有权力关系进行调整。原来的管理人员会认为是一种威胁。

对已有的资源分配的威胁。原有的组织体系形成了稳定的预算分配和资源分配关系，变革会使一些从现有资源分配关系中获利的机构、部门担心减少其利益。

沉积成本。投入后曾发挥过功能但不能适应环境变化而不能继续再加以利用。包括物资设备、知识、技术等。守护那些"沉积成本"的机构、人员可能反对变革。

组织文化。当组织变革要求员工具备新的价值观、行为准则时，根深蒂固的传统组织文化会加以抵制。

组织变革能否推进、以什么方式推进以及能否达到预期目标，最终取决于动力因素与阻力因素两种力量的对比。当动力因素足够强大时，组织变革可能以一种突变的方式迅速展开，短时间就可达到预期效果；动力不够强大时，组织变革一般呈渐进式展开，目标会打折扣；当阻力因素整体上大于动力因素时，组织变革无法推进，甚至流产。这三种情况在管理实践中都不乏其例。

三、组织变革的实施

1. 变革推动者

变革推动者即变革的提倡者、承担变革过程管理责任的人。变革推动者可能是管理者也可能是普通员工，甚至可能是来自组织以外的咨询专家、顾问。不过，组织的高层管理者是主要的变革推动者，没有他们的认可、支持、倡导，任何变革都很难进行。

管理者作为变革推动者时，要能审时度势，充分利用有利于变革的动力因素，同时采取策略减轻阻力因素的压力。克服阻力的一般策略有：与员工保持沟通，并进行广泛的宣传与教育；让员工、变革反对者参与变革决策；借助谈判作出让步，部分地满足反对者的要求；采取强制措施等。美国管理学家威尔顿提出变革推动者减少变革阻力的十二种具体做法,有一定借鉴意义。①

2. 变革的方向

组织变革一般从结构、技术和人事三个方面着手。

(1) 从组织结构入手进行改革。从组织结构入手进行改革就是从一个组织内部的部分或整个组织结构来进行改革。如,组织内部的工作设计、分权程度、管理幅度、协作方式,整个组织的机械式与有机式、矩阵式,其他如绩效评价、报酬制度等,进行的更新与变革。

(2) 从技术入手进行改革。技术方面的变革包括设备的更新、工艺程序的改变、操作顺序的改变、情报系统的改革、自动化等几个方面,通过改变生产过程达到影响人的行为、提高绩效的目的。20世纪中后期以来,技术变革有两个主题:自动化、信息化。自动化、信息化使生产作业和办公活动的面貌大为改观。

(3) 从人事入手进行改革。从人事方面入手进行改革,就是改变组织成员的态度评价准则、作风、行为以及人际关系。管理人员首先致力于改变员工的态度、价值观、需要结构以及行为方式,然后提供员工认同、学习的新模式,采取适当的训练措施让新模式内在化为员工的行为准则,最后对改变后的行为给予相应的支持、奖励,对新模式予以"冻结"。

对变革介入点的选择,应根据组织现存问题有针对性地进行。三种方法虽然各有侧重,但也不是互不相干、彼此对立的。组织变革应采取综合的方法,针对问题,抓住重点,相辅相成、配套进行。

3. 变革的程序

组织变革包括九个步骤:① 确定问题;② 诊断;③ 列出可

---

① 芮明杰:《管理学——现代的观点》,上海人民出版社1999年版,第195页;芮明杰:《管理学》,高等教育出版社、上海社会科学院出版社2000年版,第155页。

行性方案;④ 确定决策规则;⑤ 选择解决办法;⑥ 计划变革;⑦ 执行;⑧ 评估效果;⑨ 反馈。

四、学习型组织

据1983年壳牌石油公司的一项调查发现,1970年名列《财富》杂志"500强大企业"排行榜的公司,到1980年初已有三分之一销声匿迹。壳牌公司估算,大企业的平均寿命不到40年。而那些延长寿命、保持长久生命力的企业一个共同特点就是:能够根据变化了的环境和条件不断地进行学习和创新。因此,有人预言,21世纪最成功的企业将是"学习型组织"。

1. 组织范式的演化

范式是美国学者库恩在其名著《科学革命的结构》(1970)一书中提出的概念。基本含义是指特定的科学共同体从事某一类科学活动所必须遵循的公认的"模型",它包括共有的价值观、基本理论、范例、方法、手段、标准等与科学研究有关的所有东西。1978年,布朗将范式引入组织理论,提出了组织范式的概念。他认为组织范式是一个组织所具有的某种特定的行为方式和世界观体系。

德鲁克虽然没有使用"范式"这一概念,但他认为自现代工商企业兴起以来,组织在观念和结构上发生了三次变化。第一个变化是1895～1905年这十年间发生的,即管理权与所有权分开,管理从此成为独立的工作和任务;第二个变化是在20年之后,即现代公司制的诞生,也就是"命令—支配型"组织,它强调分权、中央参谋队伍、人事管理、全面预算和控制系统,并严格区分战略层次和运作层次;现在面临着第三个变化:从部门分工的"命令—支配型"组织走向专家小组的信息型组织。戴维·加文后来把"专家小组的信息型组织"概括为学习型组织。

管理学家们普遍认为,随着知识社会的来临,知识日益上升为人类社会最重要的资源,以知识的选择、获取、应用和创新为首要活动的知识型企业、研究开发部门和文化教育机构蓬勃发展,组织范式正在从工业社会的金字塔式集权组织向知识社会的平面网络式知识型学习型组织转化。①

2. 学习型组织的特点

概括地看,学习型组织的特征是:

(1) 有一种鼓励每个人学习并发展自身潜力的氛围;

(2) 有一个人人赞同的共同构想;

(3) 在组织中迅速有效地传播知识;

(4) 组织成员之间的交流既是垂直指令式的,又是横向协调式的,上级也对下级发布指令,但在出现问题时,组织成员能相互讨论,交换意见;

(5) 组织的战略是先导型的,思考、解决问题的方式是系统的,而非线性的;

(6) 领导方式一般是民主参与式的,领导者在作出决策时,尽量使下级参与;

(7) 组织的分工强调扩大每个成员的工作并使其灵活丰富,组织利用经济、非经济因素两种激励实现组织目标,保证成员目标的一致性;

(8) 组织结构有机式、扁平化,组织工作更多地依赖自我管理式的工作团队;

(9) 人力资源发展战略成为组织政策的核心,因为人的学习是组织学习的前提;

(10) 不断地进行组织变革。②

---

① 段伟文:《论知识型组织的结构再造和文化重建》,《系统辩证学学报》2000年第3期。

② 陈国权、马萌:《组织学习——现状与展望》,《中国管理科学》2000年第1期;许庆瑞:《管理学》,高等教育出版社1997年版,第108页;彼得·德鲁克等著:《知识管理》,中国人民大学出版社、哈佛大学出版社1999年版,第46页。

3. 组织学习——创建学习型组织的必由之路

学习可分为个人学习与组织学习两类。组织学习有不同于个人学习的特点、方式。

个人学习是指以个人为主的对组织内外情况特别是学习者所处部门的结构、目标、现存问题和未来的发展所进行的思考、分析。个人学习一般从自身的角度出发,目的是在大量个人学习的基础上,围绕某些特定的专题在组织层面展开,是一种有计划的、全组织规模的学习,是组织不断努力改变或重新设计自身以适应变化的环境的过程。组织学习更为困难。彼得·圣吉在研究中发现,在许多组织中,每个成员的智商都在120以上,而团体的整体智商却只有62。可见,通过组织学习来开发组织智能可谓任重道远。

以组织学习的深度为标准,组织学习有单环学习、双环学习、三环学习三种方式。

单环学习是将组织运作的结果与组织的策略和行为联系起来。当出现错误时,只对策略和行为进行修正,而组织规范、组织目标则保持不变。这是大多数组织所进行的学习。双环学习是重新评价组织目标、价值、政策和常规程序。双环学习向组织中根深蒂固的观念和规范提供挑战,即可能导致组织战略、结构和行为重大变动,实现变革的巨大飞跃。三环学习也称为再学习。除单环、双环学习的内容外,组织还应该对学习过程本身、学习的方式提供质疑,并加以改进。也就是组织应该学习如何学习。这是最深程度的学习。[1]

以组织如何创造不同类型的知识、并在不同群体之间进行转化为标准,组织学习有四种模式。如图6-13所示。

日本学者野中郁次郎认为,组织学习也是组织内获取、创造和

---

[1] 陈国权、马萌:《组织学习——现状与展望》,《中国管理科学》2000年第1期。

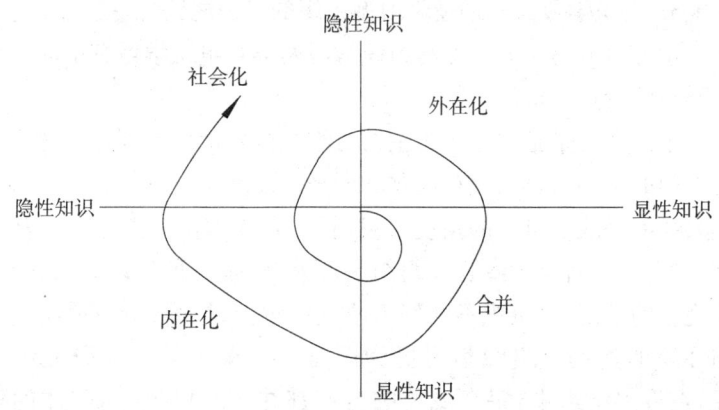

图 6-13 知识转换的四种模式

传播知识的过程。知识可分为隐性知识和显性知识两种。隐性知识包括个体的思维模式、信仰和观点,是存在于个体的、私人的、有特殊背景的知识。显性知识具有规范化、系统化的特点,包括产品说明、科学公式、计算机程序等。隐性知识与显性知识的区别表明,组织中知识创新有四种基本模式。

(1) 从隐性到显性。组织学习从个人间共享隐性知识开始,在团队内共享后经整理转化为显性知识(外在化)。

(2) 从显性到显性。团队成员共同将隐性知识系统地整理为新的知识或概念(称为合并)。

(3) 从显性到隐性。组织内的各成员通过学习组织的新知识和新概念,并将其转化为自身的隐性知识,完成知识在组织内的扩散(内在化)。

(4) 从隐性到隐性。拥有不同隐性知识的组织成员互相影响,完成了社会化的过程(社会化)。

在组织学习过程中,上述四种模式都存在,而且发生着动态的相互作用,就像知识螺旋一样。如图 6-13 所示。而每一次知识的转化都将发挥创造力。

野中郁次郎举例说明组织学习四种模式的意义。1985年,松下电器公司在开发新型家用烤面包机时遇到一个难题:绞尽脑汁却无法让面包机揉好面。后来由软件专家田中郁子解释了这个难题。她最初对揉面技术一窍不通,于是拜一位首席面包师学揉面技术。通过观察、模仿和练习,她掌握了面包师的揉面技能,完成了第一个步骤由隐性知识到隐性知识的转变(社会化);后来,田中郁子清楚地将揉面技术表达出来,并使它能够被研发技术人员共同分享,这就完成了第二个步骤由隐性知识到显性知识(外在化);再后来,开发小组将这种知识标准化,汇总到操作手册中,并在产品设计中体现出来,这相当于完成第三个步骤,从显性知识到显性知识(合并);最后,通过这个产品创新的经历,田中郁子及其小组成员丰富了自己的隐性知识,体会到"实践出真知",并会运用于以后的工作。这就完成了第四个步骤,由显性知识到隐性知识,即内在化。

案例　鸿远公司的组织结构[①]

从开了一整天的公司高层例会上回来,鸿远实业有限公司的总经理赵弘就一直陷入一种难以名状的焦虑中。他试图整理一下思绪,独自坐到沙发上静思起来……

鸿远公司6年来从艰难创业到成功的经历可以说历历在目。公司由初创时的几个人,发展到今天的1 300余人,资产也由当初的1 500万元发展到今天的5.8亿元,经营业务从单一的房地产开发拓展到以房地产为主,集娱乐、餐饮、咨询、汽车维修、百货零售等业务于一体的知名度较高的企业。公司是由中美合资建立的

---

① 黄雁芳、宋克勤主编:《管理学教程案例集》,上海财经大学出版社2001年第1版,第99~101页。

企业,主营高档房地产,在本地市场先入为主,很快打开局面。随后,其他业务就像变魔术似的,迅速拓展起来。近年来公司上下士气高涨,从高层到中层都在筹划着业务的进一步发展问题。房产建设部要求开展铝业装修,娱乐部想要租车间搞服装设计,物业管理部门甚至提出经营园林花卉的设想。有人提出公司应介入制造业,成立自己的机电制造中心。作为公司创业以来一直担任总经理的赵弘,在成功的喜悦和对未来的憧憬中,更多着一层隐忧。在今天的高层例会上,他在首先发言中也是这么讲的:"鸿远公司成立已6年了,在过去的几年里,公司可以说经过了努力奋斗和拼搏,取得了很大的发展。公司现在面临许多新问题,其中最重要的是企业规模过大,组织管理中遇到许多问题,管理信息沟通不及时,各部门的协调不力,我们应该怎样进行组织设计来改变这种情况。"在会上,各位高层领导都谈了自己的想法。

　　主管公司经营与发展的刘副经理,前年加盟公司,管理科班出身,对管理业务颇有见地,在会上,他谈到:"公司过去的成绩只能说明过去,面对新的局面必须有新的思路。公司成长到今天,人员在不断膨胀,组织层级过多,部门数量增加,这就在组织管理上出现了阻隔。例如,总公司下设5个分公司:综合娱乐中心,下有嬉水、餐饮、健身、保龄球、滑冰等项目;房屋开发公司;装修公司;汽车维修公司;物业公司。各部门自成体系。公司管理层级过多,总公司有三级,各分公司又各有三级以上管理层,最为突出的是娱乐中心的高、中、低管理层竟多达7级。且专业管理部门存在着重复设置。总公司有人力资源开发部,而下属公司也相应设置人力资源开发部,职能重叠,管理混乱。管理效率和人员效率低下,这从根本上导致了管理成本的加大,组织效率下降,这是任何一个大公司发展的大忌。从组织管理理论角度看,一个企业发展到1 000人左右,就应以管理机制取代人治,企业由自然生成转向由制度生成,我公司可以说正是处于这一管理制度变革的关口。过去创业的几个人、十几人,到上百人,靠的是个人的号召力;但发展到今天,更为重要的是依靠健全的组织结构和科学的管理制度。因此,未来公司发展的关键在于进行组织改革。我认为今天鸿远公司的管理已具有复杂性和业务多角化的特点,现有的直线职能制组织形式也已不适应我公司的发展了。事业部制应是鸿远公司未来组织设计的必然选择。事业部组织形式适合于我们鸿远公司这种业务种类多、市场分布广、跨行业的经营管理特点。整个公司按事业部制运营,有利于把专业化和集约化结合起来。当然,搞事业部制不能只注意分权而削弱公司的高层管理。另外,搞组织形式变革可以是突变式,一步到位;也可以是分阶段的发展式,以免给成员造成过大的心理震荡。"

公司创立三元老之一,始终主管财务的大管家陈副总经理,考虑良久,非常有把握地说道:"公司之所以有今天,靠的就是最早创业的几个人,不怕苦、不怕累、不怕丢了饭碗,有的是一股闯劲、拼劲。一句话,公司的这种敬业、拼搏精神是公司的立足之本。目前我们公司的发展出现了一点问题,遇到了一些困难,这应该是正常的,也是难免的。如何走出困境,关键是加强内部管理,特别是财务管理。现在公司的财务管理比较混乱,各分部独立核算后,都有自己的账户,总公司可控制的资金越来越少。资金分散管理,容易出问题,若真出了大问题怕谁也负不了责。现在我们上新项目,或维持正常经营的经费都很紧张,如若想再进一步发展,首先应做到的就是在财务管理上集权,该收的权力总公司一定要收上来,这样才有利于公司通盘考虑,共图发展。"

高层会议的消息在公司的管理人员中间引起了震荡,有些人甚至在考虑自己的去留问题。

思考讨论题

1. 根据文中的描述,请画出公司现在的组织结构图。

2. 你认为事业部组织形式适合于鸿远公司吗?
3. 根据组织设计的基本原理,你认为鸿远公司的组织机构是否应该改革?怎样改革?

第七章 领　　导

　　领导活动的主要内容是集中众智创建组织愿景并引领被领导者行动起来以实现组织目标。组织目标的实现是领导者利用权力性影响力和非权力性影响力施加作用的结果。提高管理效率、促成组织目标达成的过程，与领导者用好权力，正确处理自己与被领导者的关系，提高自身素质和能力，根据员工、任务的具体情况选择恰当的激励方法和领导方式，都有内在联系。

第一节　领导的含义

一、领导的含义

　　人们谈论领导的角度很不同，比较有代表性的观点有：领导就是指挥，领导是对组织绩效负责的人，领导即是有效的影响，领导是促使下属以其热忱和信心来完成任务的一种艺术，领导是一种说服他人热心追求目标的能力。按照奥德韦·蒂德《领导艺术》一书的解释，领导可界定为"影响人们携手共进去追求某种他们所向往的目标的活动。"[1]在同样的视角下，斯蒂芬·P·罗宾斯的《管理学》也将领导者定义为"那些能够影响他人并拥有管理权力的人。"[2]据此可以认为，领导是指在一定环境下，领导者运用影响力

---

　　[1] W·J·邓肯：《伟大的管理思想》，贵州人民出版社1999年版，第193页。
　　[2] ［美］斯蒂芬·P·罗宾斯：《管理学》，中国人民大学出版社、PRENTICEHALL出版公司1997年版，第412页。

获得被领导者自觉追随,以实现组织目标的活动过程。这个活动过程包含如下五个基本要素。

1. 领导者

指在组织中担任一定的领导职务,因而拥有一定权力和肩负影响被领导者即率领、引导、组织被领导者以实现组织目标的人。领导者没有权力,就无以负责;领导者不能施展影响,就难以号召被领导者追随。所以,领导者的权威和他权力性影响力、非权力性影响力的大小有内在关联。

2. 被领导者

指在领导者率领、指挥和管辖下,开展活动的个体或群体。被领导者是组织任务得以完成的人力资源。领导者的影响力经由被领导者的顺从—认同—内化的渐次深化逐步显现。被领导者越是认同领导者的影响力,并内化为自己的自觉行为,组织目标越是易于达成。

3. 组织环境

指影响领导者从事领导活动的内外条件总和。任何领导活动都在一定环境条件下展开,任何领导者的影响力只在一定环境条件下奏效。领导者要根据具体环境,选择或改变领导方式,以增强自己的影响力,带领、引导、鼓励追随者实现组织目标。

4. 领导方式

指领导者为影响被领导者而选择运用的方式方法。它包括制定法规政策,构建领导体制和决策机制,设定任务完成的方法,运用领导艺术等。领导方式的有效性,因时因人因环境而变化;各种领导方式,又在一定条件下相互联系、作用并互相转化。所以,选择运用领导方式要充分考虑各种变量。

5. 领导目标

它是领导活动的起点和终点,是联结领导者主体和被领导者客体的纽带,是影响被领导者活动的指南和导向,也构成领导者影响力大小的标识。一个科学可行的组织目标,具有调动被领导者创造力、竞争力和敬业精神的巨大能量。

在上述五个要素中,起基础作用的是权力性影响力和非权力性影响力,它们是领导者产生影响的重要依据和前提条件。

二、领导和管理

领导和管理、领导者和管理者这两组概念,常常易被混淆,事实上也存在不同认识。有人认为,领导和决策、计划、组织、协调、控制等一样,是管理中的一种职能或功能;也有人认为,领导和管理各有自己的行为体系,分属于领导学、管理学的不同范畴;还有人认为,管理是领导中的固有内容,领导是高于、大于管理的活动,管理则是领导的一个分支。从历史进程看,领导和管理均是人们从事共同社会活动的产物。随着生产的发展,分工的细化,组织有了专业性很强的与管理有关的业务工作,随后有了生产、营销、人事、会计等工作部门,我们把在这些工作部门从事专业工作的人员统称为管理者。管理者可以分成两类:如果是仅仅承担具体管理事项的工作人员,如按照规定负责设备采购的人员,他只是管理者;如果在组织的不同层级上负有决策、指挥、激励等责任,他既是管理者,同时也是领导者。依据上述分析,领导和管理、领导者和管理者的概念可以是不重叠的,也可以在一定条件下组成一个统一体。

当两组概念不重叠时,它们的区别在于:

(1) 身份不同。如果是管理者的单一身份,他只是组织某职能部门的工作人员,他的工作职责以微观性、操作性为主。如果是广义的领导者,他可能只是非正式团体的领袖人员,尽管他在群体中有追随者,因而有一定的影响力,但没有在正式组织中行使法定权力的职权。只有同时兼具管理者和领导者的身份,他才既拥有组织赋予的法定权力,可以对组织发展施加重大影响,还亟须培育、增强自己的影响力,引导员工努力实现组织的发展目标。

(2) 行为基点不同。领导的行为基点,在做正确的事。领导者的任务是正确地把握组织的方向、前景、目标等。管理的行为基点,在正确地做事。管理者的任务是根据组织的决策和计划,按照已有的法规制度,选择合适的方式,提高管理效能。

(3)手段和目的不同。管理者通常对事实及答案感兴趣,领导者更感兴趣的是价值和问题;管理者偏重于用执行计划、监督进程的手段,应对组织的复杂性,确保组织正常运转。领导者主要运用沟通、鼓励、激励的手段,指导下属理解目标、克服困难、形成合力,和合作方结成战略合作伙伴,为实现组织目标铺平道路;领导者还必须敏锐洞察组织内外环境的变化,选择有效的领导方式,对组织实施必要的变革。

这样来看,领导者更注重宏观管理、超前管理、软管理,管理者更注重现实性、规范性、可操作性,偏重硬管理。但在区分两者的不同时,或许仍应强调,应适度把握两者间的平衡。因为,领导强管理弱会带来"人治"色彩太浓之弊,管理强领导弱则会有创新活力不足之虞。在把握两者间平衡时,要突出领导的重点工作,那就是制定战略规划、塑造组织文化、进行管理创新、率领员工达成组织目标。

1. 制定战略规划

它要解决的不是生存,而是可持续发展。构成组织可持续发展的战略规划,应是目的、手段、条件三个要素的统一。因此,领导在制定战略规划时,要仔细分析组织的内外环境和所能利用的人、财、物等资源条件,在价值前提和事实前提相结合的基础上,确立组织的目的,如宗旨和使命,发展方向,竞争重点,长远规划。明确组织将在哪些方面有所为(为社会提供何种服务,满足社会何种需要,占有多少市场份额),哪些方面受组织的条件限制有所不为,哪些方面将实施补偿战略,极力抓住机遇,避开风险,改革创新,开拓新境。同时,选择达成目的的适当手段,使组织目的扎实地转化为现实的阶段性成果。

2. 塑造组织文化

领导是管理中与文化关系最密切的职能,因它的主客体都关涉人。领导工作的一个重要任务是,培育形成组织成员共同认可并遵循的组织文化,包括组织的最高目标、价值标准、作风和行为规范。

组织的最高目标是它存在价值和社会地位的体现。世界上优秀的组织,大都把顾客、员工、投资者、社会的满意作为最高目标。由于组织性质不同,定位不同,最高目标的表达可以不一。如学校的目标有争创世界一流与助你成功的差异,企业的目标有追求卓越与追求和谐的分野。尽管如此,下述一点是为共同的:领导设定的组织崇高而明确的目标,如为组织成员理解和接受,可以提升他们的思想和行为,使他们自觉自愿地把组织的目标作为自己追求的目标。

组织的价值标准是人们评价事物的价值取向,又构成组织文化的核心和基石。它一旦为组织成员接受,会形成绿色革命效应,即在不经意中渗透到他们的思想意识和日常行为中。优秀领导用以影响组织成员价值取向的价值标准通常有:向顾客提供一流产品和服务,尊重员工的首创精神,诚实、守信,高质量的产品是高质量的人干出来的,等等。

组织作风是组织文化的显性表现。所谓"上行下效之谓风,众心安定之谓俗"。[①] 组织作风源自领导和英雄人物的表率,然后弥散开去,成为组织成员带普遍性的相对稳定的行为和心理状态,例如,团结协作的作风,艰苦朴素的作风,开拓进取的作风,等等。

组织的行为规范有两种表现形态。一是组织作风,它是约定俗成的软性行为规范;一是规章制度,它是组织文化中硬性的行为规范,是更有约束力的部分。

---

① 明万历《龙游县志》卷5,《风俗》。

有远见卓识的领导明白,组织竞争其实也就是组织文化竞争。文化制约着人类,当然也制约着组织。塑造组织文化,是领导引导、激励、凝聚组织成员时不容回避的重要任务。

3. 进行管理创新

管理创新不是一种技术用语,而是一种经济和社会用语。其判断标准不是运用新科学新技术的多寡,而是经济或社会的一种变革取向。在经济全球化、竞争激烈化态势下,前方总有变数。领导者顺时而为、应对变数的最佳选择是管理创新。就组织内部而言,管理创新是要创造一种新的更有效的资源整合范式。其路径可以是制度的创新,如设定科学议事规则,制定有利于资源优化配置的管理制度等;可以是组织机构的创新,如创造高效的工作、信息流程,设计柔性化组织等;可以是管理方式的创新,如适应人性发展需求创新领导方式,适应经济、社会发展需求构造新的经营、服务方法等;可以是经营思路创新,如推行新的经营理念、策略、方法等。

管理创新过程是领导影响他人活动方式更迭的过程,也是领导重新认识社会走向,未来价值的思维模式的改变过程。一个步上管理创新轨道、正在良性成长的组织,领导者应该有主导管理创新运作的能力,被管理者应该有参与管理创新过程的自觉意识。

4. 率领员工达成组织目标

组织目标的达成不能只有领导一个积极性,还必须有组织成员积极的呼应,创造性的投入。甚至可以说,组织的决定性成就是员工完成的,成熟领导者的作用是促进了这一进程。在组织的技术复杂程度越来越高,知识含量越来越丰富的态势下,领导率领员工达成组织目标,指导、沟通、激励等管理手段都有一定效用,但具有普遍、持久、现代特征的手段,仍应重视创建学习型组织。通过组织成员的互动式学习,实现知识共享与利用,发展他们整体搭配能力,使学习效果与工作效果在实现组织目标的方向上达到统一,是领导活动取得成功的保障。

三、领导和权力

领导是被授予权力同时要求承担责任的活动。责任是领导者履行职责的义务,指在一定领导职位上的个人被要求从事与其工作相关的相称的活动;权力是履行职责的基础。对领导者来说,拥有职权意味着拥有了表现自己才华和推动组织发展的一个机会。对被领导者而言,职权是要求他们采取行动的刚性力量。领导者行使权力,主观意图是促使事情发生——导致某种结果的动因转换,至于是否能如愿以偿,还取决于他下达的指令是否为被领导者(接受者)心悦诚服,愿意追随。对一个领导者而言,要保持权力和责任的对称,要正确使用权力或使权力真正生效,就要了解权力的构成以及它们的相互关系。

领导学认为,权力由以下几个方面构成。

(1) 惩罚权。即用来惩罚下属的权力。它来自下属的恐惧感,感到领导者有能力惩罚他,使他痛苦,不能满足某些需求。

(2) 奖赏权。即用以提升、表扬、奖励下属的权力。它来自下属追求满足的欲望,感到领导者有能力奖赏他,使他因满足了某些需求而觉得愉快。

(3) 合法权。即通过选举、任命等形式合理合法授予的权力。它来自下属公认的社会规范,认为领导者有合法的权力影响他,他必须接受领导者的影响。

(4) 模范权。或称吸引力、魅力,指领导者内聚的某种特殊素质对下属有较强的感染力。它来自下属对领导者的信任,相信领导者具有他所需要的智慧和品质,能反映和代表他们共同的愿望和利益,从而对他表示敬佩,愿意模仿他跟从他。

(5) 专长权。指领导者的某种专长和技能,在组织活动中所起的作用。它来自下级的尊敬,感到领导者具有的专门知识和能力,能帮助他指明方向,排除障碍,达成组织目标和个人目标。

以上五种权力,事实上分属两种形态。惩罚权、奖赏权、合法权属于职位权力,模范权和专长权属于个人权力。权力形态的不同导致对权力来源的认识和理解的不同,并形成了两种有代表性的权威观。

1. 正式权限论

它认为职权是领导产生影响力的根本因素,有了法定的权力,领导方能履践职责,决定事项,影响社会、组织及其成员。领导权力的大小随职位的迁移而变化。职位越高权力越大,奖赏或惩罚他人的力量也越大,在组织内发挥决策、指挥、控制、协调等活动也有力有效。如果没有合法的制度给予的权力作保证,领导难以承担职责,不会产生号召力。正式权限论是古典科学管理流行时期占主导地位的理论。法约尔曾说过:领导"职能规定的权力","就是指挥和要求别人服从的权利"。个人权力只是法定权力的必要补充。[①]

2. 权威接受论

这是以巴纳德为代表的社会系统学派的观点。他们认为,一个人权威的有无、大小,取决于两种授权机制——官方或正式(上级)的和非官方非正式(下级)的。领导人是否胜任,能否取得成功,关键要看他受被领导者拥护的程度。这是因为,权威是组织内部的"秩序"和信息交流的对话系统正常与否的表征。领导发出信息(决定、指示、命令)是否有权威,检验的标准不是信息本身,而是信息被对话系统的另一方(下属)接受和执行否。他们从反面论证,以下 4 种情况表明权威已大打折扣,甚至丧失:

(1) 无法被人理解的指示不可能具有权威性;

(2) 如果执行人认为指示同组织的宗旨不相符合,指示也难以得到执行;

(3) 如果一项指示被认为会损害作为组织一员的个人利益,

---

① 法约尔:《工业管理与一般管理》,团结出版社 1999 年版,第 25 页。

下属就缺乏执行的积极性,会采取回避、假装生病、表面应付、自动辞职等行为;

(4) 如果一个无法完成的指示勉强叫人去执行,结果只能是要么敷衍塞责了事,要么拒绝执行。

按照这一理论,被下属接受和信任的领导者正确的态度、指示、建议、要求,才具有权威性。从权威角度看,树立权威的至关重要因素,是领导者的个人素质如洞察事物的深邃见识,当机立断的决断魄力,百折不挠的顽强意志,善解人意及由此表现出的和蔼、亲切、体贴的作风,以创新精神、敬业精神、合作精神作为内核的水平较高的专业修养,等等。权威主要依靠道义、正义获得人们内心的服从,而职位权力、领导体制、组织制度等,则是依靠外部强制力得到人们的听从。指出权力和权威的分野,可以帮助领导者理性地树立正确的权威观。

(1) 清醒认识权力来源。领导者的权力是从哪里来的?注重职位权力的人会说是"上级给的",强调个人权力的人回答是"个人努力赢得的"。两种回答都有片面性,都忽视了下属的认可、认同这个关键因素。魏徵说得好:"君如舟,民如水,水能载舟,亦能覆舟。"魏徵的这一思想和巴纳德的权威接受论有异曲同工之妙,都说明领导者的权力归根结底建基于人民的信任、拥戴。领导者只有正确认识权力的来源,对其负责,才能行使好权力。

(2) 努力破除职权迷信。一方面要肯定职位权力是领导者有影响力的基础,现代社会中,职位权力反映了权力的等级序列,维系着组织的正常运转;另一方面要看到,职位权力主要反映个人在组织中的地位,和拥有权力的个人的素质能力未必时时处处相符。同时还要意识到,职位权力是外赋而不是内生的。组织可以合法地赋予一个人某种职权,当然也可以用同样方式剥夺一个人的权力。所以,不要以为有了职权,就一定会有威信。

(3) 妥善组合两种权力。领导的影响力包括权力影响力和非权力影响力。前者带有强制性,因而有便捷快速发生效力等作用,但使用不当也会留下后遗症。如惩罚过度易引起反弹。惩罚要有监督相辅,管理成本较高;奖赏需要掌握公平尺度。一味依赖物质奖励易使组织导向产生偏移。后者是领导凭借内驱力影响和改变下属心理、行为的力量,易焕发出下属内心自觉的认同,主动积极的行为,但对领导者要求较高。优秀的领导者要慎用权力影响力,着力提高非权力影响力,不断优化两者的组合。

(4)正确行使手中权力。包括正确处理上下级关系和严于律己两个方面。正确处理上下级关系,包括虚心倾听下属的意见和建议,尊重下属的积极性、创造性,建立下属参与管理的正常渠道,接受下属的监督。一句话,正确行使手中权力是以组织的信息对话系统有效运行为症候的。严于律己表现为行使权力,就是权为民所用。如领导者既要勤政:肩负起与权力要求相符的职责,忠诚敬业,利为民所谋;又要廉政:说话行事要讲公心、公正、正气、清气。做正派人,办公道事。情系于民,取信于民。

四、领导的作用

领导者的根本任务决定,他要发挥指挥、协调、沟通、激励四个方面作用。

1. 指挥作用

马克思指出,"一切规模较大的直接社会劳动或共同劳动,都或多或少地需要指挥,以协调个人的活动,并执行生产总体的运动,……一个单独的提琴手是自己指挥自己,一个乐队就需要一个乐队指挥。"[①]由头脑清醒、思维缜密、目光远大、能力出众的领导者来对人力资源进行合理的调度与安排,是有效完成组织任务的需要。指挥就是领导者凭借其自身的职位权力和个人权力,指导下属为实现组织目标而开展的活动。领导者要善于运用口头指

---

① 《资本论》第一卷,人民出版社1975年版,第367页。

挥、书面指挥、会议指挥方式，对不同类型、不同层面的人进行有针对性的指挥，以发挥领导的作用。

2. 协调作用

协调对象包括组织和人员，归根结底是协调处理人际关系。组织有分工就需要协调，协调因分工的细化而日显重要。对组织成员而言，即使有了明确的目标，也会因各人的才能、理解能力、工作态度、性格、作风、地位、利益的不同，加上外部各种因素的干扰，思想上产生分歧，行为上发生碰撞。这就需要整合。而协调就是通过有目的的干预达到整合的目的。整合的可能深植于组织成员是互相依存的利益共同体关系。领导者应该以组织目标为协调基础，引导下属讲大局、谋发展，求大同、存小异，并认真细致地从利益、思想和行为、政策和制度多方面入手，做好协调工作。

3. 沟通作用

沟通是协调的前提，目的是通过信息交流求得组织成员思想的统一，步调的一致。信息交流的对话系统是由上下关系和成员间平行交互关系构成的，任何一方都可以是信息的发出者。沟通的效果取决于领导者发出信息的清晰度和可信赖度，也依赖于领导者对其他人发出的信息有及时、准确的了解，并能及时、有效的处理。因此，领导者要克服自己可能存在的沟通障碍，如表达不清、编码不当、对沟通对象不了解、不信任等；也要注意沟通对象可能存在的沟通障碍，如注意力不集中，理解能力差，因情绪化或思想片面不愿接受沟通等。要对症诊疗，增强沟通的实际效果。

4. 激励作用

人的需求和人的精神一样，总是沿着无限的历史三角形斜面向上攀登的。人因为有需求，才内生出不断奋进的动力，外现出被激励的需要和可能。领导者的任务，是正确估计组织成员需求的内生变量，采取不同的激励手段，对认识模糊的，给予正确引导；对要求可行的，实行强化刺激；在促进人的发展的同时，完成组织任务，推进组织发展。自行为科学诞生以来，涌现出诸多激励理论。领导者要正确掌握、灵活运用这些理论，增强领导的效力。

第二节 激励理论

一、激励的概念、过程与类别

1. 激励的含义与特点

激励是激发鼓励、使人振作奋发之意。作为管理学的术语，是指激发人的动机，诱导人的行为，使其发挥内在潜力，为实现所追求目标而努力的过程。

在现实中，影响人的工作行为的因素是多种多样的，包括能力、技术设备等。但是，不管其他条件如何，激励总是决定人的工作行为的首要因素。有效的激励是领导工作乃至管理活动的关键。

激励具有指向性、潜在性、时效性、多样性等特点。指向性指激励具有明确的对象或客体，同时该对象必须具有从事某种活动的内在的需要和动机。潜在性指人的积极性的高低是一种内在变量，通过适当的激发是可以增长的。时效性指积极性不可能长时间维持较高水平，有时高涨，有时低落。多样性指动机和动机系统十分复杂，同时具有多种需要。

2. 激励的过程

心理学的研究表明，人的动机是某种未满足的需要所引起的。这种需要，既可以是生理或物质的(如对食物、水分、空气等的需要)，也可以是心理或精神的(如追求社会地位或事业成就等)。

在现实情景中，人往往有多种需要并存，这些需要的强弱会随时发生变化，各种需要之间的强弱程度也就形成需要结构。一般而言，一个人的行为动机总是由其需要结构中最重要、最强烈的需要所支配、决定的。这种最重要、最强烈的需要叫优势需要。人的一切行为都是由优势需要引发，朝着满足优势需要的目标努力的。努力的结果（目标达成、目标接近达成或失败等）又作为新的刺激反馈回来调整人的需要结构（原优势需要可能维持，也可能降为第二或第三需要等，也可能彻底消除），指导人的下一个行为。这就是所谓的激励过程，也称动机—行为过程。

3. 激励的类别

按照通常的办法，可以把激励理论分为内容型、过程型和状态型三种。

内容型激励理论也称需要型激励理论。它从激励过程的起点即人的需要出发，试图解释是什么因素引起、维持并且指引某种行为去实现目标。内容型理论基本上都认为人的行为动机是由需要引起的，了解人的需要尤其是优势需要是激励的出发点。因此，这一类理论的中心任务就是了解员工的各种需要，确定这些需要的主次顺序或结构，以及满足何种需要将导致最大的激励，等等。相对而言，这是从静态的角度探讨激励问题。内容型激励理论主要有马斯洛的需要层次论、奥德弗的 ERG 理论、赫兹伯格的双因素理论和麦克利兰的成就需要理论。

过程型激励理论是在内容型激励的基础上发展起来的。它从未满足的需要到需要的满足这样的过程来探讨、分析人的行为是如何产生、导向一定目标和维持下去或最后终止等问题。与内容型激励理论不同，过程型理论基本上都采用动态、系统的分析方法来研究激励问题。其主要任务在于找出对行为起决定性作用的某些关键因素，弄清它们之间的相互关系，并在此基础上预测或控制人的行为。过程型激励理论主要有弗罗姆的期望理论、洛克的目标理论和斯金纳的强化理论。

状态型激励理论是从激励的终点即需要的满足与否来探讨激励问题。需要的满足方式有公平和不公平之分，需要不能满足将给人带来挫折。不公平和挫折都会降低人的激励水平。因此,状态型激励理论的研究重点就是弄清公平或不公平和挫折对人的行为的影响,目的是找到有效的手段或措施来消除不公平和挫折对人的行为的消极影响,最大限度地保证人的积极性得到充分的发挥。状态型激励理论主要有亚当斯的公平理论。

二、内容型激励理论

1. 需要层次论

需要层次论是美国著名心理学家马斯洛提出的激励理论,也是影响最大的一种激励理论。马斯洛的《人类动机理论》(1943)、《动机与人格》(1954)等著作认为,人的基本需要可以归纳为生理、安全、交往、尊重和自我实现五个层次。

生理的需要是人类最基本的需要。人类为了生存,首先必须满足基本的生存需要,如衣、食、住、行、性等。

安全的需要是指人们寻求保护自己免受生理与心理上伤害的一种需要。包括人们都希望自己身体健康,喜欢安全的、有秩序的、可以预测的环境,要求有稳定的职业并有生活保障,等等。

交往的需要也称友爱或归属的需要,包括对人际交往、对某集体或家庭的依赖、朋友的友谊和异性的爱情等。

尊重的需要包括自尊和受人尊重的需要。一方面,人们希望自己有实力胜任工作,取得成就。另一方面,人们希望自己做出成绩时,能够受到他人的信赖、尊重和高度评价。

自我实现的需要是要求自我发挥潜能、实现理想和抱负的需要。它指要实现自己的"志向"和"抱负",完成与自己最大能力相称的工作,成就一番事业。

马斯洛认为,人类行为由上述五类需要驱动,而这些需要又是分层次,由低级到高级发展并依次提高的。如图7-1所示。

2. ERG 理论

ERG 理论是生存—相互关系—成长需要理论的简称,它是美

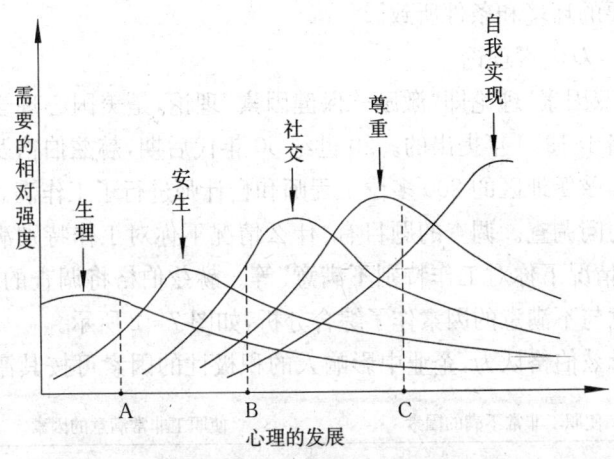

图7-1 马斯洛的需要层次论

国耶鲁大学组织行为学教授奥德弗在大量实证研究基础上对马斯洛的需要层次加以修改而形成的。奥德弗认为,在管理实践中将职工的需要分为以下三类,较为合理和有效。

生存需要,包括生理需要和安全需要。

相互关系需要,包括社交、人际关系的和谐、相互尊重的需要。

成长需要,包括自尊和自我实现的需要。

奥德弗的 ERG 理论除关于需要的分类外,同时包括三个基本观点。第一,各个层次的需要受到的满足越少,则这种需要越为人们所渴望;第二,较低层的需要越是能够得到较多满足,对较高层的需要就越渴望得到满足;第三,如果较高层的需要一再遭受挫折、得不到满足,人们就会重新追求较低层需要的满足。例如,成长需要长期受挫,有时也会导致人际关系需要甚至生存需要的急剧上升。在此,ERG 理论不仅提出了需要层次的"满足——上升"趋势,而且也指出了"挫折——倒退"的趋势。这一规律在管理中是很有启发意义的。因为在实际情况中,职工之所以追求低层需要往往是因为领导者在管理上的失策,未给职工提供能满足高层次需要的环境和条件所致。

3. 双因素理论

"双因素"理论即"激励—保健因素"理论,是美国心理学家赫兹伯格于1959年提出的。20世纪50年代后期,赫兹伯格及其同事对匹兹堡地区的200多位工程师和会计师进行了工作满意感方面的访问调查。调查的题目有"什么情况下你对工作特别满意","什么情况下你对工作特别不满意"等。赫兹伯格将调查的结果,按满意与不满意的因素作了综合分析,如图7-2所示。

赫兹伯格认为,企业中影响人的积极性的因素可按其激励功

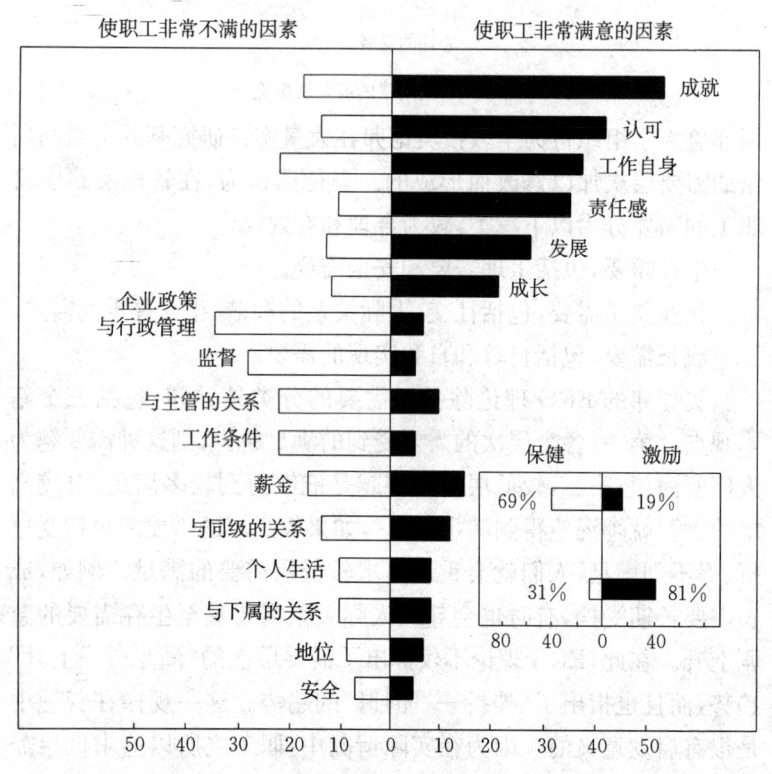

图7-2 满意因素与不满意因素的比较

能的不同,分为激励因素和保健因素两大类。激励因素指那些可以使人得到满意和激励的因素,保健因素指那些能预防职工产生不满意和消极情绪的因素。另外,赫兹伯格还进一步提出:"传统的满意——不满意"观念(即认为满意的对立面是不满意)是不确切的。满意的对立面应该是没有满意,而不是不满意;不满意的对立面应该是没有不满意,而不是满意。激励因素与"满意——没有满意"相关,保健因素与"没有不满意——不满意"相关。

4. 成就需要理论

美国心理学家麦克利兰认为,个体在生理需要基本得到满足的前提下,还有成就、合群、权力三种需要。

成就需要理论是麦氏理论的核心概念。麦克利兰将成就需要理论定义为根据适当的标准追求卓越、争取成功的一种内驱力。合群需要,也称情谊需要,是指人们寻求他人的接纳和友谊的欲望。合群需要强烈的人一般具有渴望获得他人的赞同的特征,高度服从群体规范、忠实可靠。权力需要就是指影响和控制别人的一种欲望或驱力。权力需要较强的人喜欢"负责"什么事,喜欢竞争并且能够取得较高社会地位的工作,常常追求影响和控制别人(如健谈、善辩、喜欢提建议甚至教训人),在威严和受尊敬两者之间他们更愿意取前者而舍后者。

麦克利兰认为,组织员工的成就需要与组织业绩水平高低密切相关;合群需要和权力需要与管理的成功密切相关。高成就需要者不一定就是一个优秀的管理者,管理者是权力需要很高而合群需要很低的人。

三、过程型激励理论

1. 期望理论

期望理论是美国心理学家弗罗姆在其《工作与激励》(1964)一书中首先提出的。这一理论认为,只有当人们认为实现预期目标是可能的,并且实现这种目标又是非常重要的时候,他们的激励程度或动机水平才会最大。也就是说,决定行为动机的因素有两个,即期望与效价;更精确地说,行为动机是由二者的乘积决定。其公式可用"动机水平＝期望值×效价"或"$M=E \times V$"表示。

这里,动机水平也称激励程度,它反映一个人工作积极性的高低和持久程度,决定着人们在工作中会付出多大的努力。期望是指人们对某一行为导致的预期目标或结果之可能性大小的判断,在数学中它被称为主观概率,数值变化范围是0～1之间。效价则是指人们对所预期目标的重视程度或评价高低,即人们在主观上认为该目标能够满足自己需要的程度。通俗地理解,期望值即目标实现的可能性程度,效价即重要性程度。

2. 目标理论

目标理论,即目标设置理论。最早提出者是美国心理学教授洛克(1968)。这一理论认为,许多激励因素都是通过目标来影响工作动机的。因此,重视并尽可能设置合适的目标是激发动机的重要过程。

所谓目标,是指行为的目的或指向物,是与满足一定的需要相联系的客观对象在主观上的超前反映。目标是引起行为的最直接动机,设置合适的目标会使人产生想达到该目标的成就需要,因而对人具有强烈的激励作用。

目标可从三个维度来分析:① 目标的具体性,也即能精确观察和测量的程度;② 目标的难度,也即实现目标的难易程度;③ 目标的可接受性,指人们接受和承诺目标或任务指标的程度。从激励的效果或工作行为的结果来看:有目标的任务比没有目标的任务好;有具体目标的任务比空泛的、抽象性目标的任务好;难度较高但又能被执行者接受的目标比没有困难的目标好。

3. 强化理论

强化理论由美国心理学家斯金纳提出。这一理论认为,强化塑造行为。

前面介绍的内容型激励理论和期望理论、目标理论有一个共同点,即都认为人的行为是由某个目的指引的,因此,了解人的内在心理状态对有效地激发人的行为动机、预测人的行为具有决定性作用。这些理论在心理学中属于认知心理学派。而强化理论则认为控制和预测人的行为毋需了解人的内心状态和心理过程。实际上,在斯金纳看来,人相当于一个"黑箱",人的内在状态犹如黑箱内的东西,是未知的,也是不可知的。因此,他提出以行为主义的学习理论来解释人类行为的形成机制,而学习过程最基本的原理就是强化。

所谓强化,指的是对一种行为的肯定或否定的结果(奖励或惩罚),它在一定程度上决定该行为是否重复。换言之,按照强化理论,只要控制行为的后果(奖惩)就可以达到控制和预测人的行为的目的,对于管理者来说,他通过各种强化手段,就能有效地激发职工的积极性。

在管理实践中,常用的强化手段有积极强化、消极强化、惩罚和消退四种类型。这些方法,既可以单独运用,也可以结合使用。

积极强化。指对某种行为给予肯定和奖赏,以增加其重复出现的可能性的方法。例如,当员工工作干得出色时,管理者即给予适当的奖励(如口头表扬、加薪、发奖金、提升等)。这样做的目的就是期望员工保持并进一步作出优秀的成绩。

消极强化。管理人员使用这一手段的目的也是为了鼓励良好的行为。但与积极强化不同,它所使用的是一种撤除消极的行为后果的方式。例如,某员工因经常不能如期完成任务,致使其上司对他进行经常性的严格监督。但是当员工一有如期完成任务的表现,该上司对他的监督随即放松。这样做意味着鼓励员工如期完成任务。所以从根本上说,消极强化仍是一种奖励,只是奖励的方式消极些罢了。

惩罚。指当某行为出现后给予某种带有强制性、威胁性的不利后果,以期减少这种行为出现的可能性或消除该行为的方法。例如,有人工作没做好时,管理者即施以不利的回报(如警告、记过、批评、降职、减薪、罚款、开除等),其目的在于杜绝以后再出现类似情况。

消退(也称衰减)。指撤销对某种行为的积极强化,以终止该行为或降低该行为出现的可能性的方法。例如,对于那些喜欢打小报告的人,领导者可以采取故意不理会的态度,以使这类人因自讨没趣而自动放弃这种不良的行为。采用消退法,在某种程度上足以发挥制裁的效果,因此它本质上仍是一种惩罚。

四、公平理论

美国心理学家亚当斯根据社会心理学中的认知失调理论于1963年前后提出的公平理论,是侧重于研究利益分配(尤其是工资报酬分配)的合理性、公平性对职工生产积极性和工作态度的影响的一种激励理论。亚当斯认为,职工的工作态度和生产积极性不仅受其所得的绝对报酬(自己的实际收入)的影响,而且还受其所得到的相对报酬(自己的收入与自己的劳动之比值)的影响;职工不仅会将自己付出的劳动(或贡献)和所得的报酬之比值与他人付出的劳动(或贡献)和所得的报酬之比值进行横向比较,还会把自己现在付出的劳动(或贡献)和所得的报酬之比值与自己过去付出的劳动(或贡献)和所得的报酬之比值进行纵向比较。比较的结果,如两种比值是相等的,就会产生公平感;如两种比值不相等,则产生不公平感。

这里所谓的付出和所得是一个人的主观感觉或判断。付出不仅指一个人自己觉得劳动量多少、效率高低和质量好坏,还指他所感觉到的能力、经验、资历、学历、投资等贡献的高低或多少。而所得是指一个人主观认识到的在工作劳动后得到的回报,如工资报酬、奖金、地位、权力、赞赏、表扬甚至自己体会到的成就感等。

由此可见,所谓"公平"与"不公平",实际上是在比较对照中为人们所觉察到的分配状况。这种比较(包括横向和纵向的)通常会产生三种情况:① 觉得自己的所得/付出比值过低,即低于他人或自己过去的比值;② 觉得自己的所得/付出比值适中,即与他人或自己过去的比值大致相当;③ 觉得自己的所得/付出比值过高,即高于他人或自己过去的比值。亚当斯认为,只有在第二种情况下,即所得/付出比值适当,才会使人们感到公平,产生心理上的平衡感。而另外的情况都会产生心理上的紧张、不安和不平衡。三种情况都会对人们的行为方式产生影响。如图7-3所示。

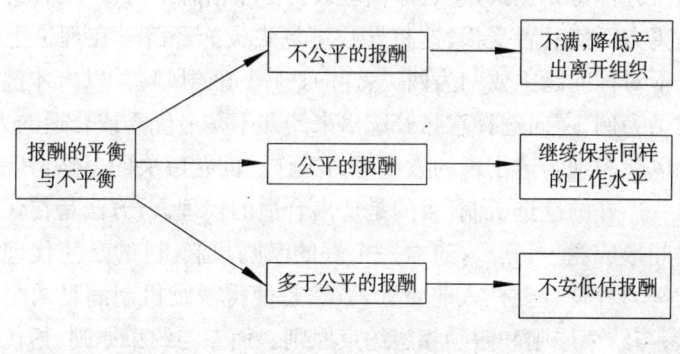

图7-3 公平理论

根据亚当斯的公平理论,当人们面临不公平,尤其是所得/付出比值过低引起的不公平时,一般会采取一些措施以减少自己心理上的不公平感。如自我安慰;改变比较或参照的对象;采取一定的行为,给比较对象施加影响以改变其实际付出或所得;采取一定的行为,实际改变自己的付出或所得;摆脱目前的分配关系等。

五、激励理论的新发展

最近若干年里,理论界、实践领域影响日盛的激励理论主要是具有博弈论①知识背景的经济学家提出及发展的,主要包括委托代理理论、团队理论等,可称为经济学的激励理论。激励理论与博弈论、非对称信息市场理论、人力资本理论等相互影响,"汇成"了西方现代经济学的信息经济学流派。② 诺贝尔经济学奖的获得者中,如施蒂格勒(1982)、莫里斯与维克里(1996)、斯蒂格里茨、斯彭斯与阿克劳夫(2001)、马斯金、迈尔森与赫维奇(2007)③等,都对信息经济学也即激励理论研究有重要贡献。

经济学激励理论中的委托代理模型,分析起点是交易双方之间的信息不对称问题。如买卖交易中,关于商品价格、成分或性能等信息,卖方与买方掌握的程度就不一样。激励理论把信息掌握少的一方称为委托人,反之即代理人。由于信息不对称,卖方可能欺骗买方而使后者受损,这将导致市场失灵。经济学在理论上将信息不对称问题主要归为两类:逆向选择、道德风险。以人才挑选和激励为例,逆向选择意味着选出来的并不是最优秀或合适的人;道德风险表现为选出来的人不努力工作。问题解决的思路:其一,建立一个好的遴选机制,目的是选出合适的代理人,方法是在代理人之间形成竞争;其二,建立一个好的激励机制,目的是使代理人持续努力并符合委托人的目标,方法是使得激励机制满足两个原则:参与约束原则和激励相容约束原则。而参与约束原则,指代理人参与工作所得净收益必须不低于不工作也能得到的收益;激励相容约束原则指代理人让委托人最满意的努力程度也是给他自己带来最大净收益的努力程度。根据激励相容约束原则,如果要代

---

① [法]詹姆斯·米勒:《活学活用博弈论》,中国财政经济出版社2006年版。
② 张维迎:《博弈论与信息经济学》"导论",上海三联书店、上海人民出版社1996年第1版(2002年第7次印刷)。
③ 本段人物姓名括号内年份是指获得诺贝尔经济学奖的年份。

理人有积极性努力工作,那么委托人就需要将风险及其收入分解,由代理人分担一部分。简言之,委托代理理论的逻辑就是:信息不对称——逆向选择、道德风险——有效的遴选机制、激励机制。当然,严谨的委托代理理论建立了许多模型,通过演绎、推理阐述了几乎所有的信息不对称问题,构建了逻辑严密的理论体系。

激励理论中的团队理论,针对的是工作团队中员工偷懒或欺骗、整个团队偷懒以致效率低下等问题,实际上也就是代理人的道德风险问题。一方面,团队理论用改进剩余索取权和控制权的分配机制的思路来解决,如将原本由委托人全部承担的盈亏风险部分地分配给代理人,使代理人也享有部分剩余索取权;另一方面,提出用"团体惩罚或激励"的办法打破"预算平衡约束",以规避团队偷懒。当然,团队理论在基础研究方面,主要解释了为何所有者(委托人)是剩余索取者,以及为何是团体惩罚的实施者。团队理论的最新发展,强调了在团队中培育合作精神对于团队效率的重要性。在团队中形成合作氛围的条件或做法包括:成员之间长时间交往、分散化决策、依赖团队成员之间的互相鼓励和监督、采用联合绩效报酬体制而不是相对绩效评价体制。

如果说上述主要观点是在委托代理关系最简单的情形——一个委托人和一个代理人的基础上得到的话,那么,激励理论的趋势是分析现实中的复杂委托代理。截至目前,激励理论提出的新观点包括:

(1) 多代理人或代理人多任务模型。存在多个代理人时,委托人将可能面临代理人之间的串谋问题,如平行串谋、垂直串谋,激励理论由此提出防范串谋原理,如适当的分权机制等;当代理人承担多任务时,不同任务之间相互作用甚至相互冲突,解决办法是把任务分离或降低对某种任务的激励。

(2) 委托人的道德风险和多委托人问题。不仅代理人存在道德风险问题,委托人也可能有类似以权谋私的机会主义行为和不履行合同等现象,即委托人的道德风险。当存在多个委托人时,代理人将面临多个"婆婆",此时,需要解决委托人之间的协调问题。

(3) 多阶段博弈(动态)的委托—代理模型。委托代理关系常常不是一次性的,而是多次的,这导致的积极效果是声誉效应,即代理人为了自己长期收益最大化会积极维护自己的声誉,因此不需要过多地显性激励;导致的消极后果可能是棘轮效应,即"鞭打快牛"现象:在以过去的业绩为标准衡量代理人时,如果代理人意识到"努力——业绩高——新的标准——更努力",那么就不一定努力了。激励理论由此提出,应将相对绩效报酬体系和锦标制度综合起来运用。①

总的来说,经济学激励理论深化了对管理(激励)主客体之间关系的认识,帮助我们认识到信息不对称问题尤其是委托代理关系的普遍存在,其解决问题的思路和方法值得我们学习、借鉴。

六、不同文化背景中的激励理论

1. 西方激励理论的文化局限性

迄今为止介绍的激励理论都是西方国家尤其是美国人提出的,这些理论大多数具有典型的美国文化特征。因此,为有效地运用激励理论,必须注重不同的文化背景。②

如马斯洛的需要层次理论认为,人的需要结构由生理、安全、社会、尊重、自我实现构成。罗宾斯指出,这个需要层次的现实意义正是和美国文化一致的。而在另外一些国家,如日本、希腊、墨西哥等,由于具有强的不确定性规避特征,因此,安全需要可能处

---

① 参阅陈国富主编:《委托—代理机制设计——激励理论前沿专题》,南开大学出版社 2003 年版;[法]让-雅克·拉丰、大卫·马赫蒂摩:《激励理论——委托代理理论》,中国人民大学出版社 2002 年版。

② 管理学家吉特·霍夫斯泰特曾提出文化维度理论,用来确定不同国家或地区民族文化的特征,即权力距离、不确定性避免、个人主义—集体主义、男性度—女性度等。如美国人与中国人相较而言,前者具有小的权力距离、弱的不确定性避免、个人主义、男性度等特征,而中国人具有大的权力距离、强的不确定性避免、集体主义、女性度;日本人与中国人相较而言,前三个维度相似,只是日本人具有较强的男性度。

于需要层次的顶端。在一些追求生活质量的国家,如丹麦、瑞典、挪威等,交往需要或社会需要可能处于顶端。

2. 中国传统激励理论的现代继承

中国古代的政治家、军事家和组织管理家都十分重视研究和运用激励方法,提出了许多具有价值的思想。如:"士为知己者死"——强调管理者、统治者关心、爱护下属,满足下属生存和发展特别是情感需要,与之成为知己和至交,从而使下属不遗余力地为自己出力和服务;"赏不可不平,罚不可不均"——指管理者要赏罚严明,善于通过奖赏和惩罚这两种正、负强化激励手段,来达到鼓励先进、鞭策后进,提高绩效的目的;"任贤律己,身先士卒"——管理者要知人善任,严于律己,身先士卒,以自己榜样的作用和力量感染激励下属;"上下同欲者胜"——这和目标激励法相似,强调管理者引导上下心往一处想,劲往一处使,为实现特定的目标而不懈地努力,等等。这些激励方法仍然影响着中国人的管理实践。

第三节 领导理论研究的兴起

领导理论研究始于西方管理学界。它最初关注的问题是,为什么有的领导者能取得成功,有的则不能?回答是成功的领导者有特殊的素质。关于包孕人的性格、毅力、气质、风度等内容的素质是从哪里来的?传统的领导特质理论认为,它来自遗传,是人的先天禀赋。现代特质理论则认为,人的素质也可以经由后天的学习、实践、培养而形成。但称职的领导者应当具有哪些特质?不同的研究者看法不一。

一、西方的领导特质理论

西方的领导特质研究是由心理学家们率先开辟的领域,流行于19世纪末至20世纪40年代,它主要回答:成功的领导者具有哪些素质。研究者相信,分析归纳出成功领导人之所以成功的素质原因,对正确挑选和使用领导者有极大助益。

以拉尔夫·斯托格迪尔为代表的研究者通过实证研究,试图揭示出成功领导普遍具有的人格特质,如生理、个性、智力、工作、社交方面的特征内涵。他们认为,成功领导人的特质总是与众不同,如表现为具有身高、精力、外貌、仪态等生理特质,具有自信、热心、正直、幽默、适应性、进取性、决断力等个性特质,具有记忆力、判断力、反映能力等智力特质,具有责任感、事业心、创造性等工作特质,具有沟通能力、协调能力、激励能力、控制能力等社交特质。

吉沙利的研究试图突破描述,从能力(A)、个性(P)、激励(M)三方面归类并将各特质量化,见表7-1。

表7-1

吉沙利的特质理论

特　　　　质	重　要　性
监督能力(A)	100
职业成就(M)	76
智力(A)	64
自立(M)	63
自信(P)	62
决断力(P)	61
冒险(M)	54
人际关系(P)	47
创造性(A)	34
不慕财富(M)	20
对权利的追求(M)	10
成熟(P)	5
男性化或女性化(P)	0

人的特质为人的影响力构建了主观条件。无相应特质的人难以胜任领导工作,从反面证明了特质研究的意义。在实践上,这一理论对培养、选择、考核领导者也有帮助。可是,特质研究确实不能解答一些关键问题,如由于领导者主观上无经验,客观上所处环

境紧张,致使"实际上,不少问题用个人品质是解释不了的。即使是品质很好的人,在有些情况下,也不能避免错误。"①不能说明不同层面、不同工作的领导者应在多大程度上具有某种素质;不能说明在一环境下导致成功的素质,在另一环境下为什么不能导致成功。

尽管特质研究不免会陷入理论和实践的困境,但许多研究者仍然坚持,成功领导者应有特定禀赋,像诚实、富有远见、自信坚韧、能力卓越等是被人青睐的基本特质,在领导者影响被领导者时,常常起到基础性甚至关键性作用。

二、中国的领导理论

中国的领导理论研究兴起于20世纪80年代。当时,它的着眼点主要是为扭转"文化大革命"导致的领导干部队伍青黄不接提供对策,为适应改革开放形势需要造就一大批优秀干部提供理论和方法的支持。其后,在西方领导科学理论影响下,在中国古代领导思想滋润下,特别是在中国特色社会主义理论指导下,它被逐步的丰富、完善着。尽管在概括表述方面,研究者的侧重点不尽相同,但认为一个优秀的领导者应具备良好的政治素质、思想素质、知识素质、心理素质、能力素质,仍是中国学者的基本共识。

1. 政治素质

政治素质指有坚定正确的政治方向,有强烈的政治责任感。其主要内容包括:要讲政治、讲大局,处理好个人与集体、局部与全局、当前和长远的关系;要养成世界眼光,善于从战略角度进行思维,培育和提高组织的核心竞争力,促进组织可持续发展;要贯彻落实以人为本的科学发展观,在处理改革、发展、稳定关系时,坚持党的群众路线,做到尊重人、了解人、关心人、提高人、规范人、激励人、依靠人和凝聚人,通过事业的发展不断满足员工日益增长的物质文化需求。

---

① 邓小平:《对起草〈关于建国以来党的若干历史问题的决议〉的意见》,《邓小平文选》第2卷,人民出版社1994年版,第300~301页。

2. 思想素质

思想是主体对客观事物的主观反映,有正确与错误、先进与落后、主观与客观之分,因此,思想素质高低往往决定事业成败。一个领导者只有坚持实事求是的思想路线,洞察历史发展规律,不断与时俱进,树立改革开放时代应有的市场竞争意识、开拓创新意识、责任风险意识、服务群众意识、法治意识等,才能成为率领员工攻坚克难的中坚力量,探索未知发现创新的推动力量,引领组织实现发展目标的关键力量。

3. 知识素质

知识是提高管理水平的基础与源泉,创新的原动力。现代管理的综合性、复杂性决定,领导者要按"T"型结构模式提高知识素养。"T"中的一竖,指领导者应掌握一个或几个专门领域的精深知识,成为他所从事的工作领域的行家里手;一横指领导者知识要广博,以古今中外的一切优秀文化知识和领导岗位所需应懂的政治、经济、法律、科学技术等知识涵养自己,学以广才、学以增知,成为适应能力和应变能力很强的现代管理者。

4. 心理素质

心理素质包括人的意志、情感、风度和气质等内容。它是一个人性格特征、心理品质稳定性倾向的表现,是形成独特领导风格的决定性因素。领导者着力修炼的意志品质应该包括:奔向目标的科学性(实事求是)、自觉性(清醒有为)、果断性(当机立断)、坚韧性(百折不挠)、自制性(自控能力);待人处事有人格魅力,如有热爱工作、热情待人、热烈追求的积极乐观向上情感,有宽容大度、临危不乱、光明磊落、机智幽默、体谅下属、敢于负责等风度和气质。

5. 能力素质

负有管理组织活动职责的领导者首先要立志,即确立有广泛共识的组织目标。而志向的实现要以立德、立能为后盾。所谓能力,指面对任务情景表现出的胜任称职与否的行为。人的能力有一般能力和特殊能力两种。前者指观察力、记忆力、抽象概括力，是度量一个人敏锐性、想象和联想张力、概括和表达水准的重要指标。后者指从事领导活动不可或缺的条件。如领导活动的综合性，决定沟通协调能力很重要；领导活动的面向未来性，决定预见和判断能力、决策和创新能力很重要；领导活动要有人追随，决定选人、育人、用人、激励人的能力很重要；奔向目标是个实践过程，决定领导者自己的执行力和抓下属落实的能力很重要。

中国的领导理论正向着中西会通、古今交融并显现自己特色的方向迈进。如果以国外有价值的理论本土化和中国成功理论、经验国际化的高要求衡量，它还有艰巨复杂的工作要做。

三、领导集体素质结构

成功的组织，总是在组织结构的顶部建立一个素质能力出众又多样化的团队。这个团队由于平衡了不同的人才使之成为一个集合整体，因而能够发挥超越个体简单相加的作用。这说明领导集体的素质结构，即集体诸成员取长补短、合理搭配尤为重要。领导集体素质结构的着眼点，一般考虑年龄、知识、能力、专业四个方面。

1. 年龄结构

领导集体最佳的年龄结构，是形成老、中、青三结合的综合体。提出问题的依据是不同年龄的人智力不同，技能和经验不同。现代生理学、心理学研究证明，人的年龄与智力有一定的定量关系，见表7-2。

表7-2

年龄与智力的关系

智　力	年　　　　龄(岁)				
	10~17	18~29	30~49	50~69	70~89
知觉	100	95	93	76	46
记忆	95	100	92	83	55
比较和判断	72	100	100	87	67
动作和反应速度	88	100	97	92	71

从表 7-2 中可知,在智力诸因素中,最佳的知觉年龄是 10～17 岁,最佳的记忆年龄是 18～29 岁,最佳的比较和判断能力年龄是 18～49 岁,最佳的动作和反应速度年龄是 18～29 岁,中青年总体上占有优势。而如以经验为标准,则老年人往往比年轻人更丰富。

此外,美国著名的软科学研究机构——巴特尔研究所的研究发现,现代科技工作者的技术能力 45 岁以前平均每年以 5％的上升率递增,60 岁以后,他们的技术能力明显下降,见图 7-4。

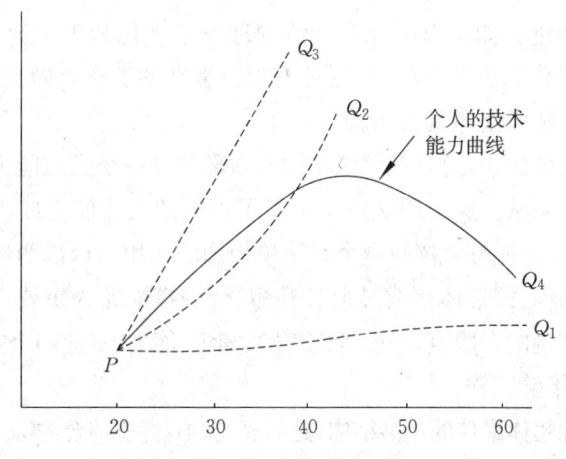

图 7-4 个人技术能力与时代发展关系

图 7-4 中的横轴为年龄,纵轴代表人的技术能力和时代的技术进步。其中虚线 PQ_1 表示古代社会技术随年代推移的发展情况:年龄越大,越有经验,能力越强。PQ_2、PQ_3 两条虚线说明电子信息等理工科许多领域中技术的发展情况。PQ_4 曲线为现代科技工作者随年龄增长掌握技术能力的变化。

现代科学研究说明,领导集体年龄的合理搭配及年轻化趋向,是现代社会发展的客观要求,又受到人自身的生理、心理变化的制约。

2. 知识结构

领导集体的知识结构,指进入这集体的各成员的知识结构状况。对普通的组织或部门而言,因为工作岗位性能的落差,成员的知识结构呈阶梯式恐怕是合理的。如企业成员的知识结构应该形成工人、技术员、工程师、总工程师的等级序列,科研部门成员的知识结构应该形成实验员、助理研究员、副研究员、研究员的等级序列。领导集体的知识结构系统不应该采用等级互补式,而应该呈现波纹互补状。即班子各成员的知识水准起点均应高,又应该有各自的专业背景和特长,形成较宽的知识面和精深的专门知识相结合的知识结构。只有这样,领导集体才能总揽全局,协调各方,成为组织的核心力量。

衡量一个人的知识水平,标准有学历。但学历只代表一个人曾经接受教育的程度,不能代表一个人实际的工作能力。在知识经济时代,一个人通过正规教育接受的知识,陈旧老化的速率正呈加快趋势。因此,终生学习是必要的。这也意味着,领导集体的良好知识结构,可以通过培训、建设学习型组织等方式形成。

3. 能力结构

领导活动的效能取决于领导者掌握和运用知识的能力。正像培根《论学问》一文指出:"各种学问并不把它们本身的用途教给我们,如何应用这些学问乃是学问以外的、学问以上的一种智慧。"应用学问的智慧,就是实际工作能力。按照领导者经常面对的实践活动,研究者把他们应具备的能力概括为见识、协调、技术三类,不同层面的领导者所需的能力结构如图7-5所示。

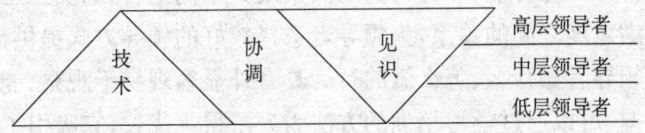

图7-5 领导者层次与能力结构关系

它要求领导者根据自己所处的层次,或锻炼见识(分析判断能力、决策能力等),或强化协调(处理人际关系的能力等),或提高技术(解决具体问题的能力等)。

4. 专业结构

当今社会,科学的发展及各学科之间的渗透、交叉、影响日益加快,组织的精细分工和高度综合成为历史必然;市场竞争日益激烈,作为第一生产力的科学技术在竞争中的作用越来越重要;管理水平的高低决定着组织发展的快慢,实现管理的民主化、科学化、现代化、法治化成为当务之急。如此等等,要求各领导集体按照精通科技、懂得经营、擅长理财、善于管理等内容,优化专业结构。领导集体形成合理的专业结构,是提高领导水平和执政能力的时代要求,是始终代表先进生产力发展方向的历史要求。

第四节 领导理论研究的发展

为了突破领导特质理论的局限,使领导理论有力地反映管理实践创新同时又指导管理实践创新,科学地回答为什么以一种领导特质处理不同的事项,做不同的人的工作,效果可能大相径庭;未来组织、竞争环境更需要什么样的领导等问题,西方管理学界先后涌现出领导行为理论、领导权变理论、领导变革理论等。

一、领导行为理论

领导行为理论兴起于 20 世纪 40 年代中期,它通过研究领导者的行为,试图找出领导行为的因素及其不同组合,与员工工作效率及满意度之间的关系,为领导者选择较好的领导方式提供借鉴。由于领导者做什么、怎么做的行为具有外显客观易于观察、能被测量把握、可以通过学习培训的方法为人习得等优长,它吸引了许多研究者,产生了一系列重要成果。

1. 领导行为四分图理论

1945年美国俄亥俄州大学商业研究所发起了研究领导行为的热潮。研究者希望确认领导行为的维度,最后在1 000多个因素中归纳出"组织"和"体贴"两大维度。组织维度指领导给下属指定工作,确定绩效标准和目标期限;体贴维度指领导倾听意见,尊重下属,友善待人。其结构如图7-6所示。

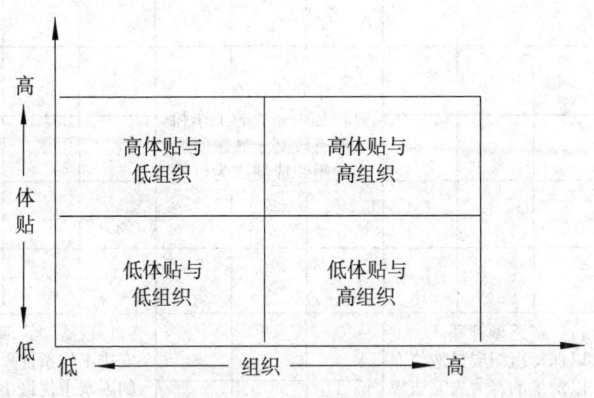

图7-6 领导行为四分图

研究者发现,领导行为的两个维度可以任意组合为4种类型。

与此同时,密执根大学的研究小组也将领导行为划分为员工导向和生产导向两个维度,试图解答领导行为的有效性问题。两所大学的研究发现,高组织低体贴领导方式固然易造成领导与下属的对立,产生员工缺勤率高、流动性大、工作效率低等弊端,但取哪种维度的领导行为效果好,结论则是不一定的。所以发生这种情况,概因研究者未引入领导面临的情景因素。

2. 管理方格理论

管理方格理论的提出者是美国得克萨斯大学教授罗伯特·布莱克和简·莫顿。1964年,他们在《管理方格》一书中,以关心人、关心生产为领导行为取向,用一张9×9的方格图标示出领导行为的坐标,用以研究领导行为的类型及为达到结果需考虑的主要因素。他们在管理方格中列出了五种典型的领导方式,如图7-7所示。

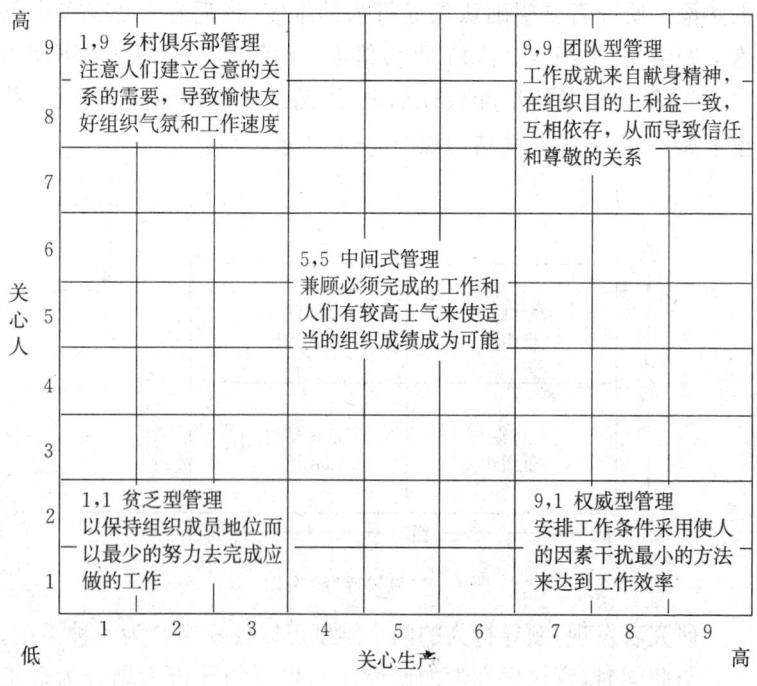

图7-7 管理方格图

其中1代表关心程度最低,5代表中间的或平均的关心,9代表关心程度最高。具有代表性的五种管理方式内容是:

(1) 1,1定向为贫乏型管理。特征是:领导有恋栈思想,但不求进取,不作有益于组织和个人的努力。他把非干不可的工作指派给下属,同时给以随机可行的权力,满足的只是形式上的授权,放弃的倒是应尽的职责。

(2) 1,9定向为乡村俱乐部管理。特征是:领导极重视下属的态度和情感,对工作的效果则疏忽不计。它反映了领导害怕失去拥戴和被抵制的心态,对下属的挑战性心理成长也有妨碍。

(3) 9,1定向为权威型管理。特征是:领导的意志力很强,迫切希望获得成功,力图证明自己多方面都行。所以他趋向控制下属以完成工作。它易导致领导身心疲劳,以及不信任和疑心等不健康心理的产生。

(4) 5,5定向为中间式管理。特征是:领导想按正常效率完成工作,又保持一定士气。但在前行道路上,他不会争先。当需要首创精神时,他宁肯依赖传统、过去的实践与别人的判断。

(5) 9,9定向为团队型管理。特征是:领导认为,参与和献身精神是团队的协作基础,他能通过沟通和激励,使下属利益和组织目标有效统一,达到双赢的目的。

布莱克和莫顿指出,哪种领导方式最佳要看实际工作效果。管理方格理论只能使管理者较清楚地认识到自己的领导方式,找到改进的方向。但有效的领导方式不是一成不变的。因此,转化领导方式有时是必须的。而领导方式的转化也意味着组织文化本身发生相应改变。

3. 领导模式连续分布场理论

1958年,罗伯特·坦南鲍姆和沃伦·施米特在《哈佛商业评论》上合作发表《如何选择领导模式》一文,首次提出领导模式连续分布场理论。1973年,两位作者又对其作了重要补充。

在领导模式分布场理论问世前,领导者对在同下属打交道时应当是民主的,还是专制的,或者是别的什么形式,意见莫衷一是各执一端。有的认为,由一个人作出牵涉到众人的决定是愚蠢的,领导者作决定必须广泛征询下属的意见,同时保留最后拍板的权利;有的则认为,领导的主要任务在于作出决定后用说服的方法而不是命令的方法,动员下属支持自己的决策并积极行动起来;也有的认为,领导者不作决策而让许多人替他决策,那就是失职;还有些领导者认为,重要的是完成工作任务,把时间花在讨论上是浪费。如果总得有人出来定调子,那么领导者责无旁贷。上述每一种观点,都不难找到大量实例来证明它的合理性,可它们又互相矛盾,使人难以取舍。领导模式分布场理论以领导者运用职权的自由度和下属享有的自由度为基本特征变量,顺序排列出并描述了不同类型的领导模式(见图7-8),分析了影响领导方式的主、客观因素和选择领导模式的方法。

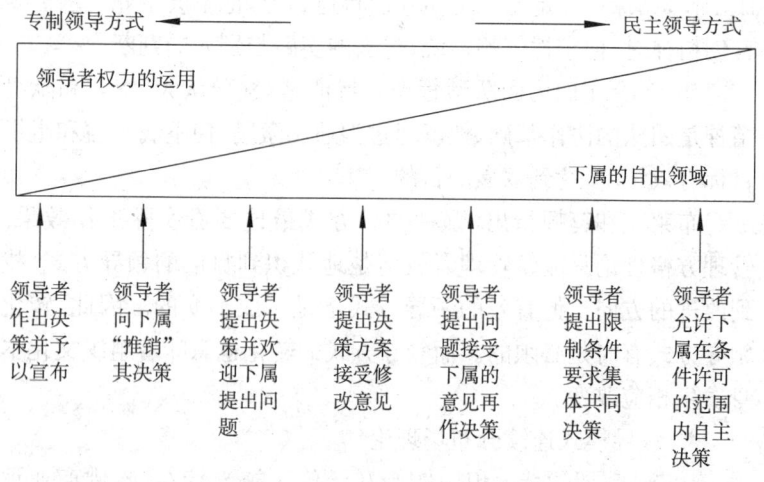

图7-8 领导行为的连续统一体

这一理论模式涵蕴着如下内容:领导行为是一个连续变化的分布场。领导高度专权、严密控制为其左端。下属高度自由、领导间接控制为其右端。事实上,没有绝对的专权和自由,两者只在一定限度内存在着;上级对下级的信任程度会影响下级的行为,反之亦然。当领导比较重视工作,相信自己有能力指挥时,下属的自由度较小,处于较被动状态。当领导重视下属的意见时,下属的自由度较大,参与性、积极性随之提高;从左至右的动态演变过程,是以工作为重逐渐变为以关系为重,它预示着领导和下属间的对话、交流和协商越来越多,合作、共同目标、相互信任和关心成为上下关系的主导内容。

领导模式连续分布场理论用统一基本参量渐变的构思反映出领导行为的多样性,摆脱了以往非民主即专权的两极化倾向。它不笼统指认哪种领导方式为正确或错误,而是将问题置于组织环境、社会环境的开放系统中,强调领导行为乃是和组织系统与环境间交流交换的产物,这自有启发人的作用。

领导行为理论的研究成果还有勒温的领导风格理论,利克特的四种领导体制理论等。这一理论发展至20世纪90年代后,重心转向以人为本,强调人的发展在领导工作中的重要意义。

二、领导权变理论

20世纪60年代后兴起的领导权变理论,把领导者、被领导者、组织内外环境三者视为相互影响和作用的要素,提示领导者要取得管理绩效,应该根据具体情况采取相应的领导方式。其代表性的成果有:

1. 菲德勒模型

费雷德·菲德勒是美国当代著名的心理学和管理学家。他从1951年起就从管理心理学和实证环境分析两方面研究管理学。1965年的论文《让工作适合管理者》提出第一个全面的领导模型,使领导方式研究由形态学转向了动态学的新轨道。他的著名论断是:领导方式的有效性完全取决于其与环境条件是否适应。

菲德勒认为,使领导方式与工作环境契合,有两种方式可循。一是确定工作环境需要怎样的领导方式,然后选择相关领导者以适应环境。一是确定一领导者的领导方式最为自然的状态,然后改变环境以适应领导者。传统的人员招聘和培训,侧重第一种方式,菲德勒深思的是第二种方式。

经长期研究,菲德勒指出,影响领导方式有效性的环境因素,具有普遍性的有三类。

(1) 领导者与下属的关系。即领导者是否受到下属的信任、喜爱、忠诚,是否对下属有影响力与吸引力。

(2) 任务结构。指下属工作程序化、明确化的程度。

(3) 职位权力。指与领导职位相关的正式权力是否明确充分,从上级和整个组织各方面所得到的支持是否有力。

菲德勒以首创的LPC(你最不喜欢的同事)问卷方法,来测定和反映领导方式。一个领导者对自己最不喜欢的同事仍能给予较高评价,说明他对人宽容体谅,善关心人,有民主式的领导风格,他的LPC分值就高;反之,则被认为是惯于命令和控制,关心任务远甚于关心人,领导风格是专制型的,其LPC分值较低。菲德勒将三类普遍性环境因素排列组合,归纳出八种不同的领导环境,进而分析不同环境条件下应当采取的不同领导方式。他的研究结果可用图7-9表示。

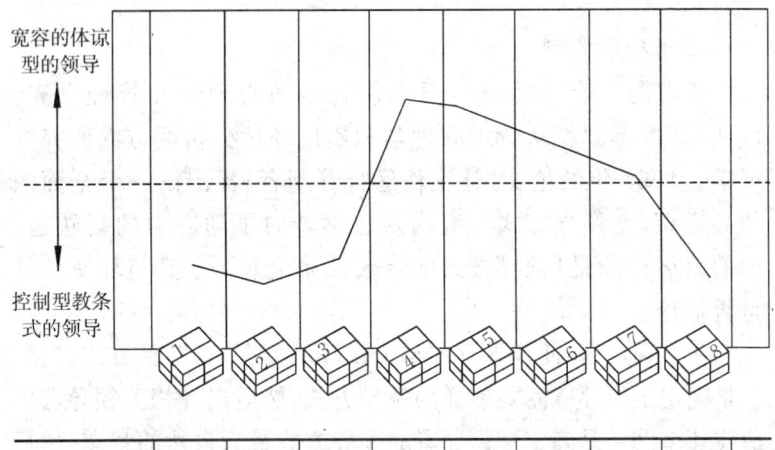

领导者与下属的关系	好	好	好	好	坏	坏	坏	坏
任务结构	清	楚	含	混	清	楚	含	混
职位权力	强	弱	强	弱	强	弱	强	弱

图7-9 有效的领导方式随环境条件变化而变化

图7-9中的纵坐标代表领导者LPC分值,即领导方式或风格。曲线表示该组织或工作群体的成绩优劣,说明某种领导方式只适合一定的环境条件,适合的程度与工作成绩有密切关系。虚线为零相关线。虚线以上(如4,5),领导者LPC分值与工作成绩呈正相关关系,表明采取关心人为中心的民主型领导方式效果较好;虚线以下(如1,2,3,8),领导者LPC分值与工作成绩呈负相关关系,表明采取以任务为中心的控制型领导方式效果较好。

菲德勒模型特别重视效果。他改变了从领导者素质角度研究领导行为的思路,强调为了领导有效需采取适当的领导方式。他对环境的分析,既说明不存在一种绝对的最好的领导方式,又指出3个环境因素中最重要的是领导者与员工的关系,而不是职位权力,这无疑开掘了领导问题研究的深度。他主张有必要人为地改变环境,如改变领导者的职位权力,改变工作任务结构,改变领导者与下层的关系,以符合领导者的风格,也使处于管理阶层的领导的潜能,得以更充分的利用和发挥。

2. 目标—途径理论

加拿大多伦多大学教授罗伯特·豪斯在俄亥俄州大学的领导研究和弗罗姆期望理论中吸收了重要养料,开发出目标—途径理论。这一理论认为,为了有效地管理,领导必须能够对下属的动机、工作能力和满意程度施加影响。领导的效率是以他激励下属达到组织目标,并在工作中得到满足的能力来测量的。为了提高效率,领导必须帮助下属确立目标,指导和支持下属的目标与组织的目标一致,又要为下属指明达到目标的途径,清除他们奔向目标时所遇的障碍,使他们的旅行更为顺利。同时,领导行为能否为下属接受,还取决于领导能否依据下属实情,作出有效的激励,以满足下属的不同需求。目标—途径理论论述的领导方式和权变因素对下属态度和行为的影响,如图7-10所示。

领导方式和权变因素		影 响	职工态度和行为
1. 指示型	1. 职工特点： 　　权力主义倾向	影响→个人感受	1. 工作满足感 　　（工作→报偿）
2. 支持型	控制作用方向能力		2. 对领导者的接受 　　（领导者→报偿）
3. 成就导向型	2. 环境因素： 　　工作任务	激励因素 影响→限制因素	3. 激励行为 　　（努力→工作成绩
4. 参与型	正式权力系统 　　基层工作集体	报　偿	→报偿）

图 7-10　对"目标—途径理论"的总结性描述

指示型领导让员工明白期望他们的是什么，对员工工作提出具体指导意见，要求员工遵守组织的规章制度。这种领导方式对工作任务不明确、岗位责任不清的下属，有助于提高他们工作中的满足感。如果工作任务简单明了的话，情况正好相反。

支持型领导和蔼可亲，平易近人，了解员工困苦，理解员工需要，关心员工的生活和幸福。这种领导方式最受从事紧张的、困难的、不满意的工作的员工欢迎。

成就导向型领导善于提出富有挑战性的目标，诱导员工最大限度地发挥自己的才能，并信任员工能作出努力，负起责任，达成目标。这种领导方式对于从事任务不明、职责不清的员工具有吸引力。

参与型领导在作重大决策前，习惯征求员工意见，认真研究和对待他们的建议、要求，使他们产生主人翁感。这种领导方式对员工了解工作目标和通向目标的途径，增强组织与职工间的合作关系，激励员工的积极进取精神，自我加压以主人翁姿态完成工作，颇有效果。

豪斯认为，领导是灵活的，一个领导可以根据不同的情景运用多种领导方式。这样，目标—途径理论可以引出更多理论假设。如对知觉能力强或经验丰富的下属，指示型的领导可能被视为累赘多余;下属压力过大时,指示型领导导致了很高的满意度;组织中的正式权力关系越明确、越官僚化,领导越应表现出支持性行为,降低指示性行为,等等。这一理论因此成为最受人们关注的领导观点之一。

领导权变理论还有保罗·赫塞和肯尼斯·布兰查德1981年提出的情景领导模型,它指出恰当的领导方式应考虑下属成熟度这一主要变量;维克多·弗罗姆和菲利普·耶顿1973年提出的领导者—参与模型,它用决策树解释不同情景中下属参与决策的类型和程序。这些理论也有重要的参考价值。

三、领导理论研究的新进展

在科技和信息革命强劲推动下,近半个世纪以来,经济全球化走势迅猛。新的时代使组织的结构方式、生产方式、运作方式带来一系列变化,说明传统的管理理论和在这些理论指导下的管理模式有内在不适应性,领导理论和领导方式必须创新。于是,20世纪80年代以降,管理学界先后提出了领导归因理论、领导替代理论、魅力领导理论、变革型领导理论、服务型领导理论、超级领导理论、领导生态学理论等,意在回应组织管理新现实的需要。其中,将研究重点转向关注变化、改革的理论,值得给予更多关注。

变革型领导理论认为,在动荡和不确定环境下,领导活动的核心内容应该是整合价值、共启愿景、关注使命、强调意义。"领导就是在变化的环境中实现目标的过程。领导者可以通过在变革过程中发挥核心作用,或创造一个全新的工作环境来实现变革。"[1]领导者促成变革发生的方式有:提高追随者对某种奖赏重要性和价值的认识;帮助追随者从组织发展大局出发考虑问题;指示途径帮

---

[1] [美]德博拉·安科纳、拉马斯 A·科奇安、莫利·斯库利、约翰·范马阿南、D·埃莉诺·韦斯特尼:《组织行为学》,王迎军、汪建新、周博文译,机械工业出版社2006年版,第352页。

助追随者寻求自我价值的实现;帮助追随者从情感和理智两方面理解变革的需要;凝聚主要的管理者理解变革的紧迫性;宣传变革的重大意义。有效实现变革,既印证着领导者有独特而可行的处事方法,也凸显出领导者的重要价值,以及有与众不同的领导力。

与此同时,似乎早为人熟识的理论也因为被赋予新内容,而获得了新的生命活力。如魅力理论从字面上看,思想养料直接取之马克斯·韦伯的魅力统治观点,但内容上远非用一个人的非凡品质、拥有的天赋才能能够框住。美国麦吉尔大学的杰伊·康格和雷宾德拉·凯南格认为,魅力型领导有自信、远见、清楚地表达目标的能力、对目标的坚定信念、不循规蹈矩的行为、作为变革的代言人出现、对环境的敏感性等7个关键特征,这样,就在事实上把领导者确立组织远景目标的作用,领导者的价值观和影响力的关系,领导者影响激励被领导者的方式,领导者洞察组织的环境条件进而积极进行变革的重要性等纳入进来,使领导者魅力理论有了更大的包容性和更显著的时代性。

领导理论研究的新进展说明,视野日益开阔,研究重点和全球化、信息化时代的特征日益贴近、吻合,拉近领导理论和领导实际的距离,强调领导者在管理中的地位和作用等,正在成为它的主导趋势。

领导理论研究初期集中于领导者特质,后扩展至领导行为、领导情景、领导变革等不同方面,它们的理论差异性是明显的,但内涵的意图却有共同点,那就是要努力辨识影响领导有效性的因素,探索有效提高领导绩效的途径和方法。

案例　张瑞敏的"斜坡球体理论"
——压力激励

1984年,35岁的张瑞敏开始接手海尔的前身——青岛电冰箱厂,当时厂里除了一条半闲置的生产线、一排门窗不整的旧厂房外,就是400多张等着吃饭的嘴和上百万的债务。而今天的海尔已发展为一个年实现销售收入162亿元,利润10亿元,产品出口到87个国家和地区,创汇7 665万美元的特大型企业,在同行业中跑在了前列。海尔从诞生之日起连续14年保持平均86%的高速增长态势,张瑞敏靠的是什么?靠的是不断对自己施加压力、不断对企业施加压力、不断对员工施加压力。

压力激励的依据:斜坡球体发展理论

张瑞敏从斜坡上滚动的小球这样一个极普通的生活现象中,悟出了企业和人才激励的规律,这就是斜坡球体发展理论,也称为海尔发展定律(如下图)。

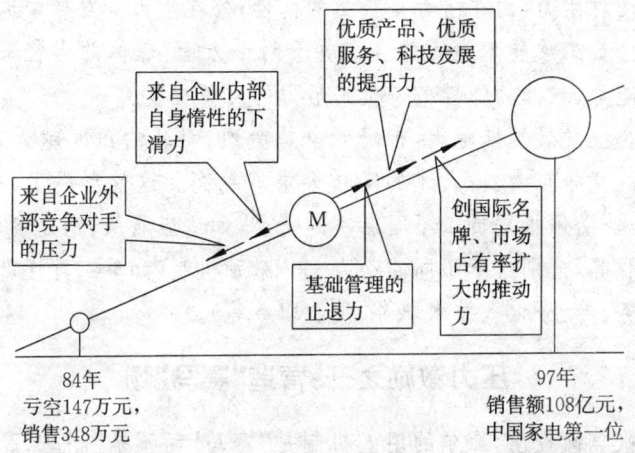

张瑞敏认为,企业在市场中的位置就如同斜坡上的小球,要使小球不下滑就得对小球有个止动力,而止动力只能使小球维持原来的高度,唯有打破平衡状态,创造新动力,才能带动企业攀上新的台阶。这就需要企业的每一个人都有一定的压力,这样才能不

断保持创新的精神。

为此,海尔不断对企业实行加压,实行著名的"日事日毕,日清日高"管理模式,它要求:"今天的事,今天必须做完,今天的事应该比昨天做得好,明天的事应该比今天更好。"海尔称之为1‰工程,如果每天工作都能提高1‰的话,那么100天以后工作就可以翻一番。日事日毕解决基础管理问题,日清日高解决加速度的问题,这一理论也称为海尔发展定律。

斜坡球体理论同样是一种人才激励机制。

斜坡上球体为一个员工个体,球体周围代表员工发展的舞台,斜坡代表着企业的发展规模和市场竞争程度。促进一个员工实现自己的目标及前景有两个动力:内在动力是个人素质的提高,这是根本;外在动力是企业的激励机制,是外部的推动力。同时,也存在着两种阻力:内在阻力是员工的惰性;外在阻力是发展中遇到的困难。员工施展才能的舞台取决于两个方面:球体的半径——员工的能力;球体的弹性——员工活力的发挥程度。

企业发展规模越大,市场竞争越激烈,斜坡的角度越大,人才发展的竞争越激烈,人才的素质要求就越高。这就形成了一种压力,企业必须根据员工不同层次的需要,如适应服从、充分参与、实现自我等,分别给予不同的动力——激励机制(如员工升迁就有管理职务、专业职务、技术职务、技能职务等)。

压力激励之一:营造"赛马"场

张瑞敏提出,海尔的用人机制是"赛马"而不是"相马"。虽一字之差,却有着本质的区别:"相马"是将命运交给别人,而"赛马"则将命运掌握在自己手中。他说"企业领导者的任务不是去发现人才,职责应该是建立一个可以出人才的机制。这种机制的建立要比领导者具有敏锐的发掘能力更为重要。"他把选用标准和程序都贴在食堂里,透明度极高,每个员工都知道"在位要受控,升迁靠

竞争,届满要轮岗"的基本原则。海尔是这样做的:

——员工:三工动态转换

三工是指优秀工人、合格工人、试用工人。三类员工在严格考核下实行动态转换,凡新进员工均有一定的试用期,试用期满,经考核合格,即可转为合格员工;合格员工中的佼佼者可以转为优秀员工,反之,合格员工可能因为不思进取转为试用员工,优秀员工也可能因为工作中的失误而转为合格员工或试用员工。全厂职工深深懂得,有缺陷的产品就是废品,生产不合格产品的员工就是不合格员工。冰箱事业部部长周云杰介绍了这样一件事:一次,女工王林洁下班回家后,忽然觉得装封最后一台冰箱时好像未放进说明书,因而坐卧不安。当时天已很晚,没有公交车,家离工厂又很远,她实在放心不下,让妈妈陪她步行了40多分钟走回厂,查看说明书已经放好了,才踏实地返回家。海尔员工就是这样怀着高度的责任心,在每一个生产环节上都精心操作,对产品外观倍加爱护。海尔员工永远在这种动态的身份转换中不断地自我完善,追求更高境界。

——中层干部:四等级动态考核

海尔规定,中层管理人员必须在明确职责划分和管理目标的基础上实行定期考核,并根据不同职位制定不同序列的考核标准,考核结果分为A——优秀、B——合格、C——基本合格、D——不合格。评为A级的称作"美誉干部";评为C级的说明工作平庸,需要及时改进,否则将面临降职危险;评为D级可能被降职或免职。

此外,还实行每月对干部进行考评制度,考评档次分表扬与批评,表扬得1分,批评减1分,年底两者相抵,得负3分者淘汰。

考核与考评都以实实在在的工作表现和工作实绩为据,人为因素较少,对中层管理人员具有很大的激励性和挑战性。

——专技人员:双线型技术职务管理

海尔对于企业内部专业技术人员的管理自成一体,他们因地制宜,设立专业技术职务,评职称不唯文凭,不唯学历,重在实绩,有一套内部的评聘标准。

所谓双线型指的是,对不同序列的专业技术人员依据其学识、水平和贡献评定、晋升相应的专业技术职务;有一技之长的工人也能够按规定晋升为工人技师。由于海尔的生命在于市场,为了鼓励员工热爱市场营销,他们设置了营销员、营销师、高级营销师、营销专家的专业技术职务序列,这使海尔人感觉到,只要努力干,在海尔人人都有奔头。

张瑞敏如是说,企业人力资源开发,关键在于制度创新,我们的原则是,充分发挥每个人潜在的能量,让每个人每天都能感受到来自内部竞争和市场竞争的压力,又能够将压力转化为竞争的动力,这是企业持续稳定发展的秘诀。

压力激励之二:赛马场上挑骏马

海尔集团按照"高质量的产品是高素质的人干出来的"理念,选择人才时,认为"人人都是才","赛马不相马",在赛马场上挑骏马,实行竞争上岗。厂里每个月都要进行一次"大选",人事部把空岗情况公布于众,让每个人上台"打擂"。

今年刚满27岁的唐海北,从一名工艺员通过竞争担任厂长助理后,以极大的工作热情,用所学知识解决了国际上尚未解决的技术难题,又被破格提升为拥有2亿元固定资产的冰箱二厂副厂长。

这种用人机制理念,使海尔"好戏连台",一批批优秀的管理人才脱颖而出,在各自的岗位上创造出一个又一个辉煌。"大选"为海尔培养了一批人才,造就了一批人才,激励了一批人才。

压力激励之三:骏马要有好草喂

要使压力转化为动力,海尔对人才辅以物质上的鼓励和精神上的激励,用好草喂骏马。

——多元化的分配制度

薪酬是重要调节杠杆,起着重要导向作用,海尔的薪酬原则是,对内具有公平性,对外具有竞争性。高素质、高技能获得高报酬,人才的价值在分配中得到体现。海尔根据不同职位或工种,实行计件工资、点数工资或岗位技能工资。工资计算的透明度很高,员工工作一天,即可按照职位工资单价与生产工卡记录的质量、物耗、设备、均衡生产、安全文明生产五项考核指标,计算出自己一天的工资收入。

员工的工资收入含有很大的质量否决权成分,张瑞敏举了两个例子:

其一,海尔中央研究院吸引了一大批专家级人才以及高学历、高能力的博士、硕士,但是每个人的收入不是长官说了算,而是市场说了算。根据科研人员的成果创造的市场效果决定开发人员的报酬。如果你拿不出科研成果,创造不了经济效益,你就没有工资。那你的生活怎么保障?公司可以先借钱给你,你开发了成果后就把账还上。

其二,在海尔,开通勤班车的司机,如果不按时发车,乘车的职工就可以打的上班,车费由误点的司机承担。有一个司机冬天天冷车没有发动起来,于是自己出钱租了两辆中巴送工人上班,因为他算了账,比大家都打出租省钱。海尔的所有员工只有在努力做好本职工作、确保产品质量前提下才能加工资。

员工的福利待遇与个人做出的业绩紧密相连。如被评为优秀员工,可享受住房补贴,每年还可多500元的医疗补贴,总之,表现越出色,享受企业的附加补贴就越多。而试用工是不能享受企业附加补贴的。

——精神鼓励

物质鼓励不是唯一的手段,只有不断开发员工的潜能,探索各种精神激励措施,才是企业高速度发展的关键。

青年女工高云燕在操作门体钻眼时,设计了一道反光镜,能提高工效,确保质量,节约时间,遂被工厂命名为"燕子镜子",在全厂推广,接着"晓玲扳手"、"启明焊枪"……一系列改革、发明项目应运而生。

此外还开展招标攻关,设立荣誉奖励(其中最高为"海尔奖",由总裁签发)。开展全员性、合理化建议活动,并专门设立了"管理建议奖"等,来激发员工的工作责任感和创造力。

对自己的压力激励:跻身世界500强

而今的张瑞敏对自己始终有着一个压力,那就是:让海尔早日跻身于世界500强,走"国际化的海尔"之路。

张瑞敏说:"国内国外激烈的竞争形势,迫使我们拼命地追求企业的国际化水平,但是只有员工素质达到了国际化,企业才能达到国际化。"

张瑞敏说:"国际化的海尔和海尔的国际化有着质的不同。"他作了诠释:海尔的国际化是国际化海尔的基础,只有先做到了海尔的国际化才能去做国际化的海尔,国际化是海尔的目标。海尔的国际化就是要使海尔的各项工作都能达到国际标准,如同参加国际比赛,先要具备参赛的资格;国际化的海尔就不同了。"海尔"已不再是青岛的海尔,设在中国的总部也不再仅仅是向全世界出口的一个产品基地,中国海尔也将成为国际化的一个组成部分,还会有美国海尔、欧洲海尔、东南亚海尔等。

张瑞敏认为,企业拥有众多的人才固然重要,但更重要的是善于充分利用多种人才资源,建立以出科技成果为导向的人才资源开发网络,而不仅仅是拥有多少名硕士、博士。

海尔的做法是:

——采用以资本为纽带的方式,分别与三家国家级研究机构合作进行高科技开发。

——与全国25所院校的120多名教授建立了联合开发网络、信息网络。

——与海外多个国家的大公司、技术研究中心建立了交流、合作、协作网,最近又成为微软"维纳斯计划"的合作伙伴。

——在海外建立了东京、洛杉矶、蒙特利尔、悉尼、阿姆斯特丹和香港等10个信息站和东京、里昂等6个设计分部。

海尔设在国外的研究机构用的都是当地人。比如,在美国,这些工作人员的任务,一是提供美国市场的最新信息;二是在美国出口的产品由他们设计,这样在美国上市的产品很对美国人的口味。如果不走这条路,国际化就是一句空话。

现在投资5亿元建设的海尔中央研究院已交付使用,建立中央研究院的目的是研究超前10年的技术,建立技术储备。目前海尔力量日趋成熟,已开始向海外输出技术,如向印尼、马来西亚、菲律宾和印度输出冰箱、洗衣机制造技术,向欧洲输出空调变频技术等。

随着国际经济一体化,一个国际化的海尔就在与强者合作过程中不断增强竞争实力,进而在国际舞台上占有一席之地。海尔这艘"航母"将载着民族工业的希望之光,驶向太平洋,走向全世界。

思考讨论题

1. 从压力激励中的营造"赛马"场、赛马场上挑骏马、骏马要有好草喂着,压力激励采用了哪些激励举措?请举出其中之一,简要分析它的理论价值。

2. 你认为张瑞敏的压力激励有无普遍适用意义?为什么?

3. 另外收集一些关于海尔集团或张瑞敏的材料,谈谈你对张瑞敏先生的领导风格、领导方式和领导作用的认识。

第八章 控 制

控制的本义即掌控对象使之不越出范围,在管理中,其掌控的对象主要是计划,其根本任务是保证计划的实现。有效控制以计划目标作为确立标准、测评工作、纠正偏差的参照系,并按计划的运作时序,以反馈控制、同期控制和前期控制等方式,监控对象的工作进程。而控制的方法有的本身就是计划方法,如预算控制、计划评审等。

第一节 控制的内容和作用

控制是管理者的职能。所有的管理者都有实施计划的责任,运用控制职能,有助于顺利地完成计划。

一、控制的含义

控制是指负责执行计划的管理者对工作运行及其效果,依据计划进行检查、测定、监控,及时发现问题并予以纠正,以促使管理系统有效运转,保证组织目标实现的活动和过程。

控制职能的含义要点有三条

1. 规定了控制的范围

计划是控制的依据,规定了控制的范围。控制是有方向有标准的管理活动。它的方向,是计划预设的行动路线;它的标准,是计划预定的行动内容。管理活动中控制的广度、力度、深度,是由计划允许的限度内在决定着的。如超越计划的允许度而出现偏差,控制就应及时、迅速加以纠正。控制的基本目的是保证组织活动按计划进行,以实现组织目标。从管理活动的内在逻辑说,控制是计划的继续和完成的保障。计划制定的科学与否从初始就影响着控制的效果,计划越是明确、全面、可行,控制的效果就越好。

2. 反馈对控制是至关重要的

有效控制以真实准确的及时的信息传递为必要条件。控制以计划为依据,根本任务是保证计划的完成。相比计划,控制有滞后性。计划在执行中因组织内部或外部环境因素影响,容易发生种种偏差。管理人员得到的偏差信息,即便是真实准确的,也可能不那么及时,至少偏差已是既成事实。可见建立一个灵敏高效的反馈系统的必要性。任何一个控制系统都需要通过反馈了解过去和现在活动的信息,以便及时检查、测定、监控计划执行情况,及时补救偏差,包括原定的计划不适合现在实情的偏差。

3. 控制是管理者的职能,管理者控制的目的是为了实现组织目标

管理活动中,管理者是控制的主体。不同的控制主体,由于其职位和权限不同,控制的责任、范围、方法也不同。管理者的控制工作既有助于使组织、指挥、协调等管理职能分工有序又协调一致,为达成组织目标而形成合力,在组织业已分权的状态下,对各类人员按权责一致要求完成任务,也有实际效用。

二、控制的内容

法约尔认为,"控制就是要证实一下是否各项工作都与已定计划相符合,是否与下达的指示及已定原则相符合。控制的目的在于指出工作中的缺点和错误,以便加以改进并避免重犯。对物、对人、对行动都可进行控制。"[①]换言之,控制是管理者日常管理活动中涉及面广泛的工作。一般而言,控制的要素可以归纳为五个

---

① 法约尔:《工业管理和一般管理》,曹永先译,团结出版社1999年版,第149页。

方面。

1. 人员

管理者有权力有责任制定组织发展目标,但组织目标的实现,不只是管理层面的事,下属人员的积极参与和正确执行,无疑是不可或缺的。为此,就必须对员工进行控制。管理者对人员的控制办法常用的有指导、引导两种。指导是以直接巡视方式,观察、检查被管理者的工作,发现问题,现场指导立即纠正。引导是以系统化评估方式,鉴定被管理者的工作绩效。绩效优异者予以奖励,借此既褒扬他本人,又引导人们向他看齐;绩效差的采取相应措施,纠正其行为偏差,以图引导他按规范行为处事。此外,控制还应特别注意人员流动频率加大加快的问题。优秀员工的频频流出,意味着组织培训成本提高,竞争能力下降,也会危及当前任务的完成。因此,组织要仔细辨识人员流动是主动离职还是被动离职,以及离与留的满意、不满意原因,重视从文化、事业、感情、待遇等方面构建留人的氛围与机制,确保计划有相匹配的优秀人才来承担。

2. 财务

企业是经营性组织,以提高经济效益为经营目标,肯定要加强财务控制。即使是非营利性组织,也有通过财务控制来维持组织正常运转、降低组织运行成本、提高组织活动效率。这就是说,财务控制是适用于一切组织的。财务控制实质上就是对资金的控制,包括对资金的筹集和投放使用以及收入的取得和分配等环节的控制。财务控制最常用的有效工具是预算。

3. 作业

所谓作业,是指投入劳动力、原材料等资源到最终形成产品和服务功能的转换过程。作业过程是每个组织最基本的活动过程,这一事实决定着组织日常管理的绝大部分内容属于作业控制,也决定着管理工作的成效要体现为作业控制的成效。组织作业的质量表现为组织提供的产品质量和服务质量,作业控制因此要着眼于产品质量和服务质量的提高。组织常用的作业控制方法有程序控制、质量控制等。

4. 信息

管理者在搜集、分析、综合信息的基础上,形成决策和计划,他自然也应该通过一系列的信息反馈来进行控制,保证组织任务的实现。人类进入信息社会后,稀缺的资源不再是信息,而是处理信息的能力。不精确的、不完整的、不及时的信息,乃至过多的信息噪音,会严重妨碍控制职能的正常发挥;信息丰富的环境下,信息处理的任务已由储存、分配信息转向对信息进行过滤、分析、加工和有效利用,以求在需要时能获得正确的及时的信息。这都要求建立一个科学、灵敏的管理信息系统,实现对信息的有效控制。

5. 组织绩效

一切管理活动都要以提高绩效为目的。绩效是测衡管理者管理成果大小的准绳,也是评价控制工作成效大小的依据。有效控制组织绩效的关键,是建立一个科学地测评组织绩效的体系。在经济全球化、文化多元化、竞争激烈化的当今世界,一个组织面临的内外环境很不一样,绩效测评指标也就不可能是整齐划一的。生产率、产量、质量、成本、技术、利润、市场占有率、组织的成长性等,在不同组织中,在同一组织的不同发展阶段,所居的测评地位都会有变化。这里的关键,是组织的绩效取向。管理者的控制要合乎组织的绩效取向,以保证组织良性发展。

三、控制的作用和原则

一个组织在前行中会遇到许多"微水波澜"甚至是"急流险滩":它们或源于组织内部,或来自组织外部,或反映为管理层面之间的碰撞,或以被管理者抵牾等方式表现出来,以致它的初衷目标很难不折不扣地达到。因此,有效的管理需要控制已成为共识。

1. 控制的作用

从组织运转的角度看,控制的作用表现为维持组织协调平衡运转、规范成员行为、开创组织发展新局面三个方面。

维持组织协调平衡运转是控制的基本作用。组织的活动要以计划为蓝本,计划提供了组织的活动线路图。但是,哪怕是深谋远虑的计划,也会受到环境条件变化,还有计划主管人员的素质、知识、经验,计划执行人员的理解力、技术、情绪等多方面的影响。这时,控制就应当提供准确、及时的信息,使管理者了解计划执行进程中发生了什么偏差、偏差的大小及原因,进而采取必要的措施。管理者依靠控制的手段,保证了正在做的工作与拟订的计划间的协调平衡,组织活动与环境变化间的协调平衡,人员承接的任务与任务本身要求间的协调平衡。这样看问题,意味着组织目标的实现,是控制发挥了内在的作用。

规范成员行为是控制工作的主要作用。控制的高妙处在于调动人激发人的能力和潜力。人是管理的核心,如果控制成为以人为本理念落实的动力,组织计划就能被成员主动、积极、有创造性地完成。从常态工作看,控制的主要作用是规范成员行为。在对人的管理上,成员有两类行为影响着组织目标的实现。一类是临时的突发的行为。它是随机产生的,却打乱了日常管理活动,使组织的预设目标落空;一类是慢性的长期存在的行为,它弥散性的存在状态,容易使人习以为常,而组织目标不知不觉间也就偏移了。要想使控制工作卓有成效,不能疏忽前一类行为,但更应重视后一类行为。

开创组织发展新局面是控制的重要作用。组织优化的生存状态,表现为在稳定性/持续性和适应性/革新性之间保持一个动态平衡。在变革普遍的年代里,组织的稳定性被打破,持续发展会遇到危机,原本适应的计划现在可能是组织发展的瓶颈,固守既定方针可能使组织陷入困境,革新于是变得重要而又必要。这时,控制就应尽到准确记录分析,及时监控环境变动的作用,向组织发出调整、改革的信号,提供调整、改革方向的信息,为组织在变革中求生存、求发展、开创新局面发挥应有的作用。

2. 控制的原则

控制的有效性一方面是指它受到组织目标的牵引,又为组织目标实现提供支持和保障;另一方面是指它受到自身运行规律的制约。只有顺乎控制内在运行规律来开展控制活动,才能取得预期的成效。我们把根据控制自身运行规律,用以指导控制活动开展的内容,叫做控制的原则。控制的基本原则有四项。

(1) 目标性原则。控制总是针对该系统的目标而言。目标把计划制定者的谋略和计划执行者的行动整合为一个系统,目标系统的实现是谋略转化为一系列有机行动的连续运动过程。控制以目标实施作为自己工作的起点,以目标的最终实现作为自己工作的终点。当控制中的反馈信息证明原目标有误,需加以修订或确立新目标时,一个新的管理过程孕育而生,控制的内容也就要发生相应变化。因此,依循目标展开控制,是控制的基本原则。

(2) 动态性原则。比起管理的决策、计划、组织职能,控制职能更具有动态性。因为它可以跟踪计划执行的过程,并对计划执行中发生的问题,进行全过程全方位的监控,及时纠正偏差。控制的动态性不完全是被动的。自然,计划不实施,控制便无用武之地。但在一些关节点上,如对人的控制,它有很大的能动性。目标管理提倡的自我评价、自我控制,实际上为控制的动态性原则注入了新内容、新活力。

(3) 层次性原则。控制是管理者的职能,管理者是分不同层次的。控制只能是对自己负责实施计划的那一层次(部分)的控制。只有这样明确职责,才不致发生错位控制或无人控制的局面,控制工作才可能是运行有序、灵活快捷、高效低耗的。

(4) 封闭性原则。控制需要建立封闭的信息反馈回路结构。否则,管理者会成为聋子和瞎子,组织系统会陷于紊乱甚至崩溃。

以设定的计划控制未来的行动,管理者按照计划调节、控制、校正成员行为,促成组织目标的实现,正表明封闭性的信息反馈回路结构已经建立,正在正常、健康地运转,控制是有效的。

第二节　一般控制和有效控制

一个组织,只有基本结构,如由层级和部门建构起组织体系,还不能使它有效运转。组织必须建立运行机制,来强化基本结构,保证组织意图的实现。组织的运行机制有信息系统、规范化的规章制度、控制程序等多种,它们赋予了组织基本结构以内容和活力。

计划和控制的关系就是一种组织基本结构和运行机制的关系。计划勾勒出组织的目标任务,计划的制订、展开、落实是组织基本结构承担的功能,它对控制程序有制约作用。但随着工作的进程,控制程序又会反过来对计划的制订、展开、落实各环节产生有益的重要影响(见图8-1),并保障组织目标任务的完成。

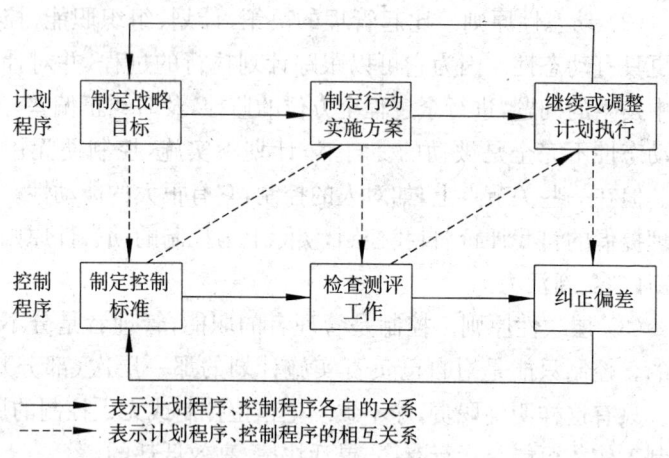

图8-1　计划、控制的关系

图8-1中的控制程序,标示了控制的一般过程,实际启动控

制程序时，还要根据组织的特性，研究有效控制的条件，找出关键控制点，才能奏效。

一、控制的一般程序

不论什么组织类型，不论在什么地方，也不论是什么控制对象，控制的一般程序都由确定标准、测评工作、纠正偏差三个环节构成。

1. 确定标准

一切管理活动，都可以控制，前提是要有控制标准。标准是控制的基础。由于计划是控制的依据，控制的标准应该符合计划的内容要求。管理者要紧扣计划的内容，确立内涵周延、尺度适当的可操作标准。控制标准类型很多，可控制标准的共性是可以量化的。马克思曾断言，任何一门学科，只有当它利用了数学的时候，它才达到了完善的程度。量化的标准提供了一把可度量的评定尺度，能够确保控制的具体性和准确性。从表现形态说，量化标准可以用产品数量、服务提供量、废品数量等实物数量表示，可以用月、日、小时等时间单位表示，可以用成本、支出、销售额或利润等资金概念表示。自然，也不排斥某些场合下定性控制标准的实用性。管理者确立哪一种标准，取决于所需衡量的绩效和成果。

2. 测评工作

确立标准，是为了测评管理系统中各项活动的绩效。测评工作包括三个依次递进的步骤：

（1）收集信息，了解和掌握工作运行实况；

（2）通过检查、评估发现工作实况与计划间存在的偏差；

（3）分析偏差的性质和原因。

毫无疑问，测评只是控制达到目的的一个中间环节。这个环节的重要性在于，它确确实实将影响到下一步纠偏行动的力度、速度、范围和方向。所以，测评工作要特别注意信息的准确性、及时性、可靠性；尽可能避免因测评周期过长，延误了纠偏的时机，因信息不真实不完整,使纠偏的工作误入歧途。

测评已有量化标准的工作,如装配线上批量化生产的产品,比较容易。测评不能用量化标示的工作,如产品是为了某个客户度身定制的,工作的创造程度比较高这样一类个性突出或定性为主的工作,比较复杂。通常情况是,如果测评工作复杂,控制工作也复杂,甚至变得更重要。

3. 纠正偏差

纠偏的参照系是控制标准,行动依据是测评工作提供的信息。既然如此,就应该承认,不是每一次测评工作都要引起纠偏行动:如果实际工作没有发生偏差,那自不待言;如果偏差的程度在标准容许的限度内,也可以不采取纠偏行动。应该纠正的偏差,只有下属三种类型,但管理者仍然需要分别情况,区别对待。一是正偏差中的特殊类型。正偏差是说工作实况要好于标准的要求。通常,这是可喜可贺的事。但如果是标准的准确性、适用性有误,导致工作普遍超标,就有必要修订标准;二是偏差中的异常类型,如要纠正,成本将大大高于坚持标准后的实际所得,即控制所花的费用不抵纠偏带来的收益,这时就要考虑,纠偏工作要尽可能减少损失;三是可控的必须纠正的偏差,就应持该出手时就出手的坚决态度。

在控制程序中,纠偏是项很困难的工作。目标各异、环境复杂等因素决定,组织形成偏差的原因和偏差的表现形态肯定不一。它会因前述的标准的准确性、适用性引起,也会因计划本身的可行性、组织机构的内在分工、管理者的水平和领导方式诱发,因此,纠偏的工作只能因地制宜。但是,毋庸置疑的是,测评工作对偏差性质把握准确,原因分析透彻,肯定有益于纠偏工作展开。纠偏的难处还在于,它要面对计划执行的惯性,是在既成事实基础上动外科手术,这不能不费大力气乃至付出一定代价。纠偏工作的复杂和困难,要求管理者积极谨慎操作。

二、有效控制的设计

控制的一般程序具有普遍意义,但缺乏个性化。组织要进行有效控制,还应设计与具体情况相吻合的控制系统。因为,具有针对性的控制,效果比墨守几条原则性的规则会更好。一个有效的控制系统要考虑如下五个因素。

1. 应当与具体的计划相适应

一切控制,都要遵循计划的要求。没有计划,无从控制;一切计划,都要有与之相适应的控制。否则,计划的预期目标难以达到。某些控制技术,如预算、时间标准,确有广泛的适用性,但绝不要以为它们能解决任何控制问题。以跨文化管理控制为例,它和传统的多国企业结构的控制模式就不尽相同。传统的多国企业的控制模式以企业增长情况、投资回报率为标准,在跨文化管理控制中,仍然适用于为东道国市场生产的产品。而如果是从其他子公司进口产品,最好的控制标准是当地市场的销售增长情况。如果是为国际市场生产产品,控制标准则应是生产成本、产品出口额的增长指标等。企业的全球化发展计划,显然使控制标准变得复杂了。[①]

2. 应当适应管理者的情况

控制系统不能为行使职能的管理者理解和使用,就无法发挥它应有的作用。因为,一个人不会信任他所不理解的东西,更不会自觉运用他所不理解的东西。例如,由于知识背景和职业习惯的原因,统计师、会计师们喜欢用复杂的表格形式整理信息,数学家则喜欢用数学模型来传递信息。倘使管理者有相同的知识素养,当然欢迎上述表达信息的方式。倘使管理者因为自身知识结构的限制,对此类信息表达方式无能力消化,就要影响

[①] 朱筼笙编著:《跨文化管理:碰撞中的协同》,广东经济出版社 2000 年版,第190~192 页。

控制效果。所以,设计控制系统的明智之举,不是尽力向他人展示自己对某些专业知识和技术多么内行,而是要考虑便于管理者理解、利用。

3. 应当适应组织文化取向

控制方式一定程度上取决于组织内的文化取向。组织内的文化传统、价值观念、人际关系等,是控制系统形成、发展的条件之一,它们以独特的方式选择和影响着控制方式。人们注意到定型化的控制系统,如注重利用规定、制度、权力等级、书面条文、报酬刺激等方法控制成员,和不定型的控制系统,如希冀形成宽松气氛、信任、理解、信心、责任感、团队精神、自律意识,使成员被控时也有自控能力,不仅和组织任务有关,更和组织文化取向有关。当然,组织文化一方面以自己的稳定性决定,一种控制方式是可延续的,另一方面,它本身也在求新趋变。所以,实际的控制方式不是只有泾渭分明的定型化和不定型化两种,它们之间的渗透、重组、萌发新方式,在文化创新的时代,不仅是可能的,而且是必然的。

4. 应当既有客观性又有弹性

管理肯定会有主观因素的渗入,但控制应该力求客观,这是对控制的一个基本要求。如果舍弃客观性,控制即无法有效规范管理中主客体双方的行为。客观控制的内容应该包括:

(1) 控制标准公开明晰,能为对象了解接受;

(2) 控制标准规范适当,便于对象操作执行;

(3) 控制标准可以定量定性,便于管理者测评考核。

同时,客观又指从实际出发,正视计划执行中环境发生的始料未及的变化,正视原计划因考虑欠妥导致执行失败,正视一切可能的变量,使控制系统具备预见变化、反映失常、排解问题、抓住机遇的活力和弹性。所以,富有活力和弹性,可以视作客观控制不可分割的内容。

5. 应当强调关键的控制点

在任何一组被控制的要素中,少量的要素总因其地位重要,能释放大量的结果,成为控制应注目的关键要素。这说明,为确保控制的有效性,需要选定一些对全局有决定意义的关键控制点。从事物的构成和关系的角度说,抓住了关键环节,也就控制住了全局,且能减少控制所需进行的观察、测评的次数,降低控制的成本,提高控制的质量。关键控制点可以依据工作的战略重要性设定,也可以依据例外原则,即把控制的注意力集中在那些与标准不符的异常偏差情况。如管理者既应该关心办公费用总量是否超出预算的5%,更应该关心某一重要专项费用超出预算8%的现象。管理者越能及时发现控制工作中的例外情况,就越能实现有效控制。管理者可以按如下设问选择、确定关键控制点:能最好反映组织目标的是什么?工作出现偏差时,能最好揭示出偏差的是什么?能最好计量偏差的是什么?谁应该对偏差负责?什么样的标准所付代价最少?等等。

第三节 三种基本的控制类型

控制的类型有多种划分法。如按照业务范围,可以分为生产控制、质量控制、成本控制、资金控制等;按照管理者和控制对象的关系,可以分为间接控制、直接控制。这里,主要介绍着眼于管理过程的时点而划分的三种基本控制类型:反馈控制、同期控制、前馈控制。

一、反馈控制

管理控制的基本形态是反馈控制。控制的基础条件是管理各组成部分间传送的信息,控制模型主要依赖已发生情况进行反馈纠偏。反馈就是把系统输出的信息与输入信息进行比较,发现两者有无偏差,如有偏差,找出偏差原因,提出纠偏方案,并把应采取的措施返送到输入端,来实行控制的过程。其基本运行过程如图

8-2所示。

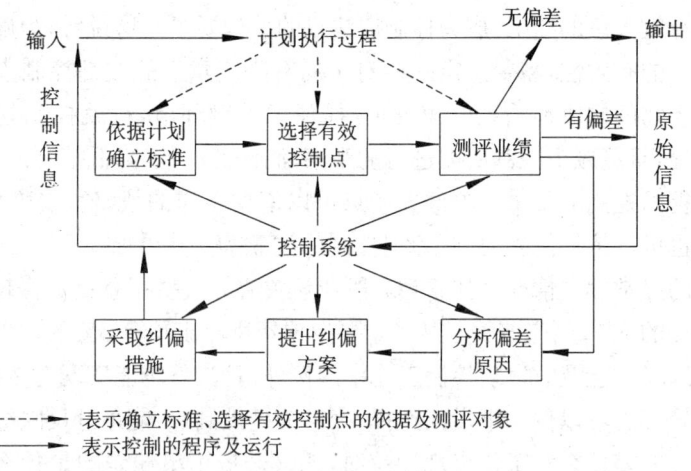

图 8-2 反馈控制的运行过程

反馈控制是历史悠久的传统控制方式,我国著名寓言"亡羊补牢",就是反馈控制的具体运用。至今,它在产品质检、人事考评、财务审计等方面,都有广泛的应用价值。反馈控制可以是对行动进行终端控制,如产量、销售额、利润,也可以是对行动进行局部控制,如工序质量等。如图 8-2 所示,反馈控制的应用特点为:

(1) 它的作用发生在行动之后。它以输入信息的执行结果,作为自己的控制点,又把对结果的控制中发现的问题,汇入下次的输入信息中,作为改进未来行动的依据。如此原因变结果,结果变原因,以期在信息——控制——信息的无限循环中,提高管理质量,达到预期目标;

(2) 它对受控系统的信息输入发生两种作用。一种是正反馈,即增强输入信息,使受控系统的输入对输出影响增大,使管理过程运动加剧;一种是负反馈,即减弱输入信息,使受控系统的输入对输出影响减小,使管理过程运动收敛。管理者可以根据获得

的反馈信息,决定是加大行动力度和速度还是反之;

(3) 它的工作成效和确立标准、选择有效控制点、测评业绩、分析偏差原因、提出纠偏方案、采取纠偏措施有密切关系。任何一环节的疏缺失误,都将影响控制的质量。

反馈控制符合人的认识非一次性完成的特点。人总是在实践——认识——实践的无限循环中走向自由的。人的决策特别是重大决策,不是只有一次选择,而是呈现为前后关联的逐步推进、深化或修正的选择过程。反馈控制正有助于人们战略上胸怀全局,战术上认真扎实做好每一个局部的工作,以较小的代价换取较大的成效。反馈控制对管理者处理好组织发展的平衡性和应变性关系,有很大作用。

尽管反馈控制有根据信息总结已有的经验教训,为下一步的计划制定和行动设定提供借鉴的作用,但它不能有效地解决一切控制问题,也是应该正视的事实。反馈控制的先天不足是控制发生在行动之后。控制时间的滞后,再加上从发现偏差到纠正偏差之间,还要花费一定时间,将给控制带来两个不利后果。一是损失已经造成。以后的任何纠偏努力,不能挽回已有的损失,只能减少损失继续发生;二是组织在采取措施,弥补以前损失的同时,还可能面临组织实际运行状况又发生变化的局面,从而直接影响到组织控制措施的有效性。

二、同期控制

同期控制又称同步控制、实时控制。控制理论的方法论基于控制论和信息论。电子计算机的普及化,架起了信息高速公路,使信息的收集、传送、存贮、利用变得异常方便、迅捷,为控制机与工作机结合搭建了广阔平台,同期控制在技术上已经没有障碍。如我们耳闻目睹的著名专家远程指导异地医生为病人动手术,高校正蓬勃发展的远程教育,飞机票与火车票的售票系统,都可以运用同期控制。同期控制的运行过程如图8-3所示。

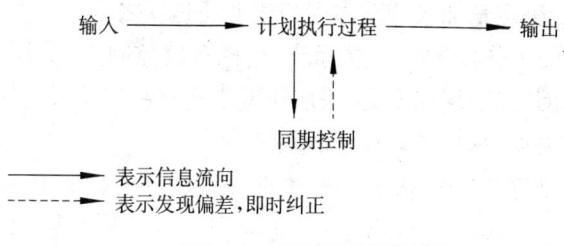

图 8-3 同期控制的运行过程

同期控制的突出特点是对正在进行的计划执行活动即时予以指导、监督。这一特点决定,尽管它在异地的同期控制中已能大展身手,但主要用武之地,是基层的现场的管理领域;主要适用的控制工作,是程序化标准化较高的工作,可即时指导的技术性工作;主要的控制方式,是亲临第一线,给下级指示恰当的工作方法,及时发现偏差纠正偏差。

同期控制对管理者和管理系统的工作运行提出了一系列要求。它要求管理者有朴实深入的作风,能即时发现问题;注重言传身教,在行为上技术上作出示范表率;有较高的管理能力和水平,能及时纠正偏差;探索研究同期控制用于创造性劳动领域,应建立一个怎样的工作环境和氛围,才更有效。对管理系统的要求则是:赋予一线管理者进行同期控制、即时解决问题的必要权力;建立起反应灵敏迅捷的信息反馈回路,使同期控制名副其实。

三、前馈控制

信息传递过程中,会发生信息失真与流失现象。信息传递环节越多,信息的失真与流失比例越高。而信息又是控制的基础条件,信息的真实可靠与否关系到控制的质量和效果。从这样的角度看问题,信息传递越直接,层次越少,距离和时间越短,控制的质量和效果肯定越好。反馈控制以输出信息为测评对象,以对输出信息的测评结果作为控制的依据,控制指向已然结果,作用发生在偏差产生之后,时间的滞后性使反馈控制必须忍受损失的痛苦。

同期控制对信息的即时性要求非常高,这就决定它发挥作用的领域是有限制的。而且,同期控制中分析偏差、纠正偏差仍需耗费一定时间,管理者也难以完全避免时间流逝中偏差已经形成乃至继续发生的事实。反馈控制、同期控制内在的不足,和控制有效性的要求有一定距离。为此,管理者希望计划实施之前就能察觉将会出现什么偏差,以便采取必要的控制措施,积极主动地防止问题发生。管理理论上把符合这一要求的控制方式称为前馈控制。

前馈控制也叫事前控制、预先控制。它把控制的注意力挪移到可能产生问题的领域及原因上,要求在行动之前尽可能避免偏差的发生。前馈控制的运行过程如图 8-4 所示。

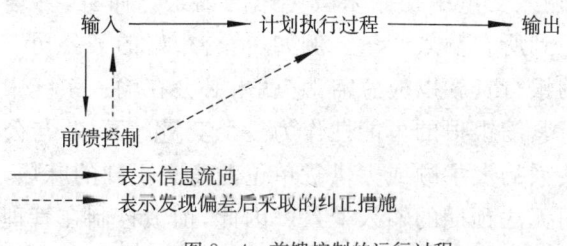

图 8-4 前馈控制的运行过程

前馈控制是最符合控制工作面向未来的要求的控制方式。但前馈控制的有效性,依存于管理者对客观世界的了解、把握程度。明智的说,人们能有效解决的不是感觉到的问题,而是真正理解、认识的问题。因此,管理者要进行有效的前馈控制,必须努力去了解以下情况:

(1) 怎样才能全面细致地分析计划工作和控制工作系统,并对一些重要的输入变量加以确定? 如实现目标的因素和条件是什么? 关键的控制点何在? 可能的变量有哪些? 等等。

(2) 怎样去建立内容清晰、运转灵敏的前馈控制运行模式?

(3) 怎样定期或经常收集输入变量的数据资料,以保持前馈控制系统的动态性,确保控制系统运行的可靠性、实用性?

（4）怎样定期评价实际输入的数据与计划输入数据间的差异，并估算这些差异对预期的最终成果的影响？

（5）怎样采取必要的纠偏措施？和其他控制方式一样，前馈控制是向人们显示问题之所在，而这些问题显然有待于采取必要的纠偏措施才能解决。

如果管理者对以上情况心知肚明，他对原因的控制就既有效也经济。前馈控制是一种预防控制，它经常的有效的方法是：制定科学的规章制度，设计出可行的工作程序，加强员工的教育培训等。前馈控制遇到的最大挑战在于，所有的前馈控制系统都存在被称为"干扰"的问题。干扰有的属于未来的未知领域，是输入变量中初始未曾考虑的因素。而且，管理者也不可能考虑到所有输入变量。例如，信誉很好的某公司一直能得到足够的银行贷款以应急需，它就未必会在输入系统中把银行突然实行紧缩银根的可能性作为一个变量。又如，与公司有长期合作关系的大主顾或大供货单位的意想不到的麻烦，可能也是该公司无法预期的输入变量。因此，前馈控制在管理实践中固然很重要，但它不能取代同期控制、反馈控制在控制中的作用。

第四节 控制的方法

当人类处于传统管理阶段时，控制方法也是传统的。传统控制方法有明显的直观性质，比较有代表性的有现场视察、专题报告等方法。随着科技进步，现代管理又有了新一代的控制方法，它们普遍使用数字化的控制技术，如计划评审法、预算控制法等。后者适应了时代演变的需求，却不是前者的更替物。因为，事实上传统控制方法在大多数管理控制系统中还在应用，还有作用。以下择要介绍上述两类中的基本的控制方法。

一、现场视察法

现场视察法是最古老的控制方法。它的特点和长处是直接直观而不离不隔。不同层次的管理者都能用现场视察的控制手段，有针对性地解决各自面临的管理问题。举凡基层工作中的设备运转、劳动纪律、生产进度、成员士气，到中、高层工作中的现场视察下属报告属实程度，形势变化对原计划构成的挑战，组织目标、政策的落实情况等，现场视察无不能发挥其效用。因为现场视察贴近实际，可以采集到及时、可靠、深入的信息，控制容易奏效。运用现场视察法，需要注意避免两种情况：一是员工为某些原因驱动，制造假象应付管理者；二是把视察当作对他们工作的干涉、不信任。但只要管理者深入实际而不是走马观花，实事求是而不是好大喜功，体察下情而不是无端指责，解决问题而不是搞形式主义，那么，现场视察可能存在的负面影响是可以抑制和避免的。

现场视察还有若干间接的益处。如管理者通过现场视察，可以发现下属中的优秀人才；可以从倾听下属合理化建议中获得启发；可以对员工起激励作用；可以借此营造和谐的组织氛围；可以体察民情解决民瘼，等等，从而，有利于组织计划更好地完成。

二、专题报告分析法

专题报告分析是有效控制特定范围内问题的方法。它主要针对复杂的、例外的、潜在的问题，展开调查研究，以简明扼要的报告，分析计划执行中存在的问题及原因，已经采取的措施及效果，预计可能发生的问题，为管理者提供控制的信息和对策。在许多组织中，管理者把此项工作指派和委托给由训练有素的专业人员组成的参谋小组。小组成员因为具备专门知识和敏锐的发现问题的能力，他们提出的专题报告，也就能适时的、突出重点的为改进组织活动，提高组织绩效，发挥巨大作用。

控制可以指向组织的常规工作，也可以作用于组织活动的关键领域、关键事件、关键环节，后一方面又往往构成主要矛盾的主要方面。因此,控制必须突出重点、抓住重点。专题报告正因满足了控制的这一要求,显示出自己的方法性能活力。

三、统计资料分析法

统计资料是反映受控系统历史活动状况的原始记录,也可以用来推测事物变化趋势。它基本上用表格和图表两种形式,为管理者提供控制组织运行的依据。人们不容易从表格上看出数据的趋向和关系,而比较容易理解曲线图形显示的统计数据的分析,因为图表具有形象直观性。统计资料要有效地为管理控制服务,除了应当适应管理者的情况外,还应注意保证它的及时和科学性,如保证它定期的以某种规范形式呈报到管理层,这样,有助于管理者对变动趋势采取相应的控制手段。

四、盈亏分析法

盈亏分析又称"量、本、利"分析,是组织根据销售额、成本和利润三者的相互关系,确定收入(销售额)与支出(固定费用和可变费用)的平衡点,表明销售额为多少时收支正好相抵;销售额低于这一点时,企业就会亏损;销售额高于这一点时,企业就会盈利。管理者运用盈亏分析法可获得以下几方面的帮助:

(1)为成本(如原材料、工资、管理费、生产损失等)的分析和控制提供依据。

(2)以盈亏平衡点为标准,评价企业最低销售额在多少以上,属于经营状况良好,否则,必须引起高度重视。

(3)评价企业内部和外部诸因素对利润(销售额中扣除成本和税金后的余额)的影响。

(4)预测实现目标利润的销售量。

五、预算控制法

预算属于计划范畴,是用数字形式编制一定时期内计划的表现。这里的数字形式,运用在财务范围内,就是资金及其使用,它表现为收益预算、支出预算、现金预算等;运用在其他可以数字化的计划时,也指工时、原材料、产量、销售量等预算。预算把计划数字化,使控制得以量化,且成为达到如下预期目的的重要手段:有利于管理者制定控制标准;有利于把计划分解为与组织结构相一致的各个部分,使它得以落实,同时使各部门的工作融入总目标,成为总目标的一个有机体;有利于协调组织资源,并且清楚地标示出组织资源的运用情况及效果;有利于对管理者、员工的工作进行评价。

由于预算是对计划的表述,而计划的种类很多,因此,预算的种类也有多种划分法。如果按照内容划分,主要有财务预算、经营预算、投资预算三类。

财务预算也叫总预算,是指组织在计划期内对现金收支、损益情况、财务状况的预算。通常,它以预算汇总表的形式,反映一个组织在某一时期内从何处获得资金以及对这些资金的安排使用。

经营预算是组织日常所发生的各种基本活动的预算,它包括一个组织生产收入和总消费支出的内容和数量,如销售预算、生产预算、单位生产成本预算、材料采购预算、管理费用预算等。经营预算中最重要的是销售预算,它是组织赖以维持其经营费用支出和产生利润的基本收入,是各项预算控制的基础。

投资预算是组织对固定资产的购置、改造、扩建及股权投资等活动所作出的预算,它能具体反映投资的时间、数量、资金来源、回收期限、收益率等情况。一个组织的投资活动,无论是长期的还是短期的,都受到它拥有的资本资源的限制,都要做可行性分析,要结合组织的发展战略制定。

六、计划评审法

计划评审法(PERT)亦称计划协调技术。20世纪50年代由美国科学家首先开发运用,后被推广至广泛的公共管理领域。1965年我国科学家华罗庚曾把这个系列的几种管理方法,统一定名为"统筹法"。这一方法的特点是把网络理论用于工程项目的计划和控制,根据对各工序所需时间的估算,找出关键工序,然后合理安排一切可以动用的人力、物力、财力,谋求在耗时、耗资最少的前提下完成计划。

计划评审法的基本思路是视工程项目为复杂程度不等的系统。管理者以时间为中心,用网络图(又叫箭头图、统筹图、工序流程图)显示工程系统中不同工序间的先后顺序与相互关系。它的简单形状如图 8-5 所示。

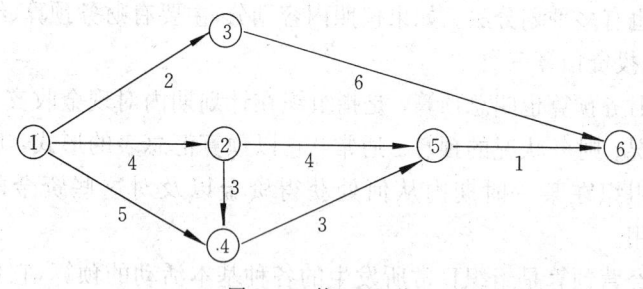

图 8-5 某工程网络图

该图包括以下几个主要内容:

(1) 一个工程可以分解为若干工序。如①→②、①→③、②→④等。工序的流程按自左向右以箭头表示。

(2) 每道工序都要占用一定时间。如①→②,箭头下的 4,表示该工序费时 4 天。

(3) 圆圈①、②等是工序开始与终结的关节点。序号表明这一道工序和另一道工序间的相互依存和制约关系。

(4) 一条线路上各工序的作业时间之和称为"路线",最长的一条称为"关键路线"。图中的关键路线为①→②→④→⑤→⑥,工期需 4+3+3+1=11(天)。

(5) 关键线路上的工序都是关键工序。它们是占用时间最长、富余时间最小的作业活动。它们的工作进程决定着总项目能否按时完成。

复杂的工程项目会有成百上千乃至更多的工序。管理者可以借助计算机,把庞大复杂的工程编制成不同等级的网络,或进行项目活动归类,以利于迅速决策、分级管理、有效控制。即便是简单的工程项目,用计划评审法的优越性也是显然的:通过网络分析,利于拟定多个行动方案,从中选择最优方案;利于对工程作系统、整体、科学的管理;利于抓住工程的关键环节,实现时间资源的最佳配置;对工程的有机分解,利于明确各级各部门的任务和职责,并使前馈控制成为可能。

案例 "埃克森"事件[①]

1989年3月24日,美国埃克森公司一艘巨型油轮在阿拉斯加州美、加交界的威廉王子湾附近触礁,原油大量泄出达800多万加仑,在海面上形成一条宽约1公里、长达8公里的漂油带。事故发生地原本风景如画,盛产鱼类,海豚海豹成群。事故发生后,礁石周围沾满一层黑糊糊的油污,不少鱼类死亡,附近海域的水产业受到很大损失,纯净的生态环境遭受巨大的破坏。

事发后,埃克森公司却无动于衷,既不彻底调查事故原因,也不及时采取有效措施清理泄漏的原油,更不向美、加当地政府道歉,致使事态进一步恶化,污染区域愈来愈大。到了3月28日,原油泄漏量已达1 000多万加仑,造成美国历史上最大的一起原油泄漏事故。

美、加当地政府和环保组织、新闻界对埃克森公司置公众利益不顾的恶劣态度十分气愤,发起了一场"反埃克森运动",甚至惊动了美国总统。美国总统于3月28日派出运输部部长、环保局局长

---

① 资料来源:刘明辉、林修果主编:《体验领导:场景·问题·案例·观点》,红旗出版社2007年版,第120～121页。

等高级官员组成特别工作组,前往阿拉斯加进行调查。

调查结果表明:造成事故的原因是船长玩忽职守,擅离岗位。当时,船长饮酒过度,擅离驾驶舱,油轮由一个未经海岸警卫队认可的三副驾驶。消息传出后,舆论为之哗然,埃克森公司一下子陷入被动境地。后来埃克森公司为雇人清理海滩油污一项就付出几百万美元,加上赔偿、罚款,总损失达几亿美元。另外,公司形象也受到很大破坏,西欧和美国的一些老客户因它"破坏环境,傲慢无礼",纷纷抵制它的产品,埃克森公司为此狼狈不堪。

思考讨论题

1. 埃克森公司在事故后的控制环节存在哪些问题?
2. 为避免类似事故再次发生,请你设计出可行的控制对策。

第九章 绩效评估

绩效评估是考察与评价管理活动主体的行为状态与行为结果的活动或过程。从绩效评估客体即评估对象的角度看,绩效评估可分为组织绩效评估、个人绩效评估两类。组织绩效评估主要是公司绩效测评与政府绩效测评,个人绩效评估主要是员工绩效测评和管理者绩效测评。这几种绩效评估在评估指标体系、方法与技术等方面存在不同。

第一节 绩效与绩效评估

设想有两门课程,老师告诉你,一门课程的期终成绩只有两种:及格与不及格;而另一门将采取五等级记分制或百分制。在两门课程的学习过程中你会付出同样的努力吗?显然,对于第一门课程,大多数的人会付出有限的努力,求得及格即可。而对于后一门课程,很多人会更用功。

另据有关媒体披露,由于我国在很长一段时间内主要把工农业产值和经济增长情况作为评估地方政府的重要标准,再加上统计制度的缺陷等原因,出现了"政府出数字、数字出政绩、政绩出官员"的不良现象。如湖北省丹江口市,当地政府采取层层压指标的方式在短短几年时间里,实现了地方经济的"超常规、跨越式"发展,工农业总产值由1995年的52亿元,增加到1996年的72亿元、1997年的90.3亿元、1999年的100.97亿元,一举由国家级贫困县变成"脱贫先进县"、"湖北省经济综合实力十强县市"。

记者后来发现,所有显示该市经济发展的数据全都是"闭门造车"。

上述两种现象有没有相关性呢?回答是肯定的。教师给出成绩方式的差异会导致学生努力程度的差异,注重经济增长的政绩考核指标带来"官员出数字"的现象。两种看似不同的现象说明了一个道理:不同的绩效评价机制会导致不同的行为方式。因此,绩效评价是管理工作不可忽视的重要内容。

一、绩效的含义与特征

绩效是指管理活动主体行为的产出和结果。这种结果可以是好的,也可以是坏的。一般所讲的绩效,主要指管理系统中有价值意义的业绩或成绩。管理活动主体既指组织,如公司、政府,也指团队或团体,以及个体,如管理者、普通员工等。绩效是一种客观的现象,可以为人识辨和确认,但由于环境、标准及人的主观因素等方面存在差别,这种识辨和确认是不可能精确的,有时存在偏差,评价结果也会有争议。

绩效有三个显著的特征:多因性、多维性和动态性。

绩效的多因性是指绩效的优劣不是取决于单一的因素,而是由多种因素共同决定的。如影响一家公司绩效的因素主要有经营目标和战略、市场需求与变化、技术条件、政府政策、竞争对手的策略、组织管理状况等;又如,影响员工工作绩效的因素主要有其自身的积极性、工作技巧与能力、工作场所、设备原料、人际关系等。上述影响因素中,有些是主观的,直接对绩效产生影响,有些是客观的,具有间接作用。所以,要保证良好绩效目标的实现,应重视主观条件和客观条件的相互配合。

绩效的多维性是指绩效在多方面表现出来。如一个具有良好绩效的公司,既可能表现在产量销量增长快、利润率高、资金周转速度快等方面,也可能表现在顾客满意度高、员工工作满意度高、组织凝聚力强、关系融洽等方面。绩效的多维性要求在绩效考核或评估时,应全面考核、综合分析。

绩效的动态性。绩效是管理活动主体在一定时期内的行为和结果。对于组织来讲,新的战略与技术、变革措施一般要在实施一段时间之后才能观察到其带来的效果。对于员工个人来讲,由于态度、行为的不同而在不同时间表现出不同的业绩。所以,绩效评估应采取历史和发展的眼光。

二、绩效评估的重要性

绩效评估是定期考察和评价组织、管理者、员工等的行为状态和行为结果的活动或过程。也即绩效考核、绩效测评。绩效评估包括三个要素:谁来评估,即评估的主体;评价谁和评价什么,即评估的客体或内容;如何评估,即评估的技术与方法。

绩效评估的意义主要表现在两方面:其一,是提高组织效益及改进工作效率的重要手段。通过绩效测评,可以了解组织、管理者、员工目标的完成情况,建立管理者和员工之间的沟通渠道,为改进管理策略提供依据;其二,是组织及其成员谋求发展的重要途径。绩效测评的目的不是依据反馈结果对报酬体系和人事结构进行调整,而是通过调整达到战略与结构的优化、资源的最佳配置,为组织、个人的发展创造条件。

三、绩效评估的种类

1. 以评估客体为标准的划分

以评估客体为标准可以将绩效评估区分为组织绩效评估、个人绩效评估等。

组织的绩效评估根据组织性质的不同,又可分为盈利性组织绩效评估、非盈利性组织绩效评估两类。盈利性组织绩效评估主要是公司绩效测评,非盈利性组织绩效评估主要是政府绩效评估。组织绩效评估还衍生出部门绩效评估、团队绩效评估等。个人绩效评估主要是指被评估者是管理活动的个体,如管理者的绩效评估、普通员工绩效评估等。

2. 以评估主体为标准的划分

以评估主体为标准可以将绩效评估区分为1度绩效评估、90度绩效评估、180度绩效评估和360度绩效评估。

(1) 1度绩效评估也称为单源评估,指评估主体要么是被评估者的直接主管,要么是被评估者本人。直接主管作为唯一的评估者,在简单或落后的管理活动中较为常见。

(2) 90度绩效评估指评估主体既包括被评估者的直接主管,也包括被评估者的同事。即评估综合了被评估者本人、上司和同事的意见而对被评估者作出判断和结论的过程。90度评估由于增加了与被评估者处于同一水平或级别上的同事的看法,更利于被评估者找出自己的优缺点。

(3) 180度绩效评估指综合参考被评估者本人、直接主管、同事及下属的反馈信息而对被评估对象的情况作出判断与结论的过程。下属对其上级的实际情况与风格了解的更为清楚、具体,因此,增加被评估者下级这一维度,能确保信息更为准确。

(4) 360度绩效评估,即360度反馈技术,是在180度评估的基础上增加了与被评估者有密切交往的顾客这一维度。由于信息来源的多源性,从而保证了评估的准确性、客观性和全面性。360度绩效评估是近年来西方企业或组织在人力资源管理中常采用的一种评估工具。本章第三节将重点介绍。

3. 以评估目的与内容为标准的划分

绩效评估的目的或者是为提高管理效率,或者是对既有人员配备结构进行优化。如果评估的重点在于提高效率,其测评内容就偏重于业绩评估,如果评估的目的是提升有才干的员工来促进组织的发展,其测评内容就偏重于能力评估和潜力评估。因此,以评估内容为标准可以将绩效评估区分为业绩评估、能力评估、态度评估、潜力评估和适应性评估等。

(1) 业绩评估是对组织成员(管理者或员工)担当工作的结果

和履行职务工作结果的考核和评价。它是对组织成员贡献程度的衡量,是最重要的评估。

(2)能力评估是考评组织成员在职务中发挥出来的能力。根据被评估者在工作中表现出的能力,参照标准和要求,对被评估者所担当的职务与其能力是否相匹配作出评定。能力评估主要有四项指标:常识、专业知识、管理知识以及其他相关知识;技能、技术和技巧;工作经验;精力。

(3)态度评估是考评组织成员对某项工作的认知程度以及为此付出的努力程度。比如,是否忠于职守,是否有积极性和热情,是否服从命令。态度是能力向业绩转化的中介。

(4)潜力评估是对组织成员在现任职务中不能发挥出的能力进行测评。通过测评发挥员工的潜力是人力资源开发的重要手段。潜力评估的方式方法包括:根据组织成员在日常表现出来的能力进行测评的推断法,根据考试或文凭的知识判断法,根据被评估者在突发事件时的言行表现进行判断的关键事件法,通过对被评估者施加压力以观察其表现的压力工作法。

(5)适应性评估是对组织成员就任的某一职位是否与他的人品和能力相适应作出评估。这涉及两个层次的内容:一是人与工作,即人的能力与岗位的要求是否相适应;二是人与人,即能否协调各种关系。

4. 以评估方法为标准的划分

评估方法有主观评估和客观评估两种基本类型。

主观评估指将组织成员之间的工作进行相互比较,得出每个员工的评估结果;客观评估指将组织成员的工作与工作标准进行比较。具体而言,主观评估有叙述法、排序法等,客观评估有等级鉴定法、行为锚定法等。

另外,因为工作性质等的不同,绩效评估有的侧重于行为的过程,有的侧重于行为的结果;因为绩效评估结果应用范围的不同,如既可应用于报酬分析或薪酬设计,也可应用于人事调整、培训与潜能开发等。所以,绩效评估也可按照这些标准进行分类。

四、绩效管理系统

绩效评估是组织管理大系统中的一个小系统。一方面,绩效评估是一个有许多相互作用、协同工作、相互依存的构件组成的,以实现既定目标的共同体。管理实践中,绩效评估系统体现为遵循一定程序的管理过程。绩效评估的程序一般为:制定绩效工作计划;数据收集、观察和准备文件;绩效评估会议;绩效诊断与辅导;报酬奖励体系和人事调整;人力资源开发计划等。另一方面,绩效评估又同组织的战略计划、预算、薪酬设计、奖金制度、员工发展、质量效益提高等都是相关的。绩效管理同其他管理过程的联系越多,产生的收益就越大。这就要求管理层把绩效管理和其他管理职能、措施协调起来,配套运用。

第二节 组织绩效测评

组织绩效测评是将组织作为一个整体来考察。组织是多种多样的。由于组织宗旨、目标不同,对不同性质组织的绩效进行评估时,评估标准、内容、技术等都存在较大差异。本节把公司、政府分别作为盈利性组织、非盈利性组织的典型,对各自的绩效管理予以介绍。

公司绩效测评一直是管理实践与理论的重点和前沿问题。传统的公司绩效测评内容主要是公司生产经营成果或过程,以及围绕生产经营的相关管理工作,依据指标主要是财务指标。20世纪90年代以后,西方管理实践提出了一种新型的公司绩效测评方法,即平衡记分测评法。下面首先介绍传统公司绩效测评[①],然后介绍平衡记分测评法。

---

① 陈黎明:《绩效考评》,煤炭工业出版社2001年版,第264~278页。

一、公司绩效测评的内容

公司是为获取利润而从事生产经营活动并向社会提供商品或服务的独立经济组织。一个具有良好绩效的公司表现在两个方面:首先是公司的经营成果,即公司收益达到最大;其次,公司氛围健康、态势良好,有一个能满足公司持续发展的组织文化。实现公司绩效,必须进行绩效管理,以便准确地把握公司运行状态,实现对公司的科学管理。根据公司的生产经营目标、管理内容及其表现分析,可以将公司绩效测评分为四个内容。如表9-1所示。

表9-1

公司绩效测评的内容

生产经营成果	即公司所追求的利润。利润既是管理工作追求的目标,也是评估公司绩效的最终标准。
生产控制	它是公司实现生产经营目标的基本手段之一,包括安全、质量管理,技术设备和生产工艺的管理,劳动与成本管理等内容。生产控制的目的是实现各种生产要素的最佳配置,创造良好的生产经营环境。
行为控制	它是实现生产经营目标的基本手段,主要是对人的管理。它以员工活动为中心,涉及管理层建设、员工素质、公司文化等内容。
组织氛围	它是公司在实现生产经营目标的过程中,生产控制和行为控制成效在员工心态上的反映,是公司绩效的心理评估尺度。

1. 生产经营成果测评

公司绩效主要表现为公司价值的实现程度,即盈利、生产经营成果。对公司生产经营成果评估具体包括两类指标:一是反映经济效益的利润指标,二是体现生产成果的产量或销量指标。

对公司利润的考评主要是促进它适应公司内部管理。对有实物产品的公司来说,这一指标可根据公司内部市场价格和实际劳动成果来计算,即以内部市场价格乘实际劳动成果计算收入,以公司内的不完全成本计算支出,收支相抵,并不作税金等项扣除所形成的利润。对于没有实物产品的公司来说,这一指标可以用全部费用的节余或限定费用所取得的劳动成果来计算。

对公司产量的考评,主要是为了反映它的绩效。这一考评内容根据公司性质的不同,可使用产值、销量或收入几种指标计算。

2. 生产控制测评

对生产控制的评估,目的是促使公司在生产中有效地配置各种生产要素,并不断地提高其使用效率,创造良好的生产环境。从管理的角度看,生产控制各项要素都是公司活动中可以控制的因素。在保证实现经济效益最大化的前提下,生产中各种要素的配置不是固定不变的,全面测评公司使用生产要素的效率,可以更好地衡量其管理水平。

针对公司生产控制测评的内容可以设置5个方面的指标,如表9-2所示。

表9-2

公司生产控制测评的内容

质量控制	它直接影响着公司利润的实现,是生产控制的核心内容。
安全控制	它直接关系到生产活动能否正常进行和经济效益的实现,也体现了对人的价值的重视。
设备控制	设备是组织生产的手段,生产中设备的使用状况和管理水平,既关系到能否有效地组织生产,又影响着经济利润的实现。
劳动控制	这是公司组织生产过程中,对活劳动的管理及使用效率的反映。人是生产过程中最积极、最富有创造性的因素,劳动管理既涉及员工生产积极性的发挥,也涉及能否最大限度地利用物化生产要素。
成本控制	成本是生产过程中各种要素耗费的统称。降低成本,直接意味着利润的提高。

各种生产要素的使用效率和测评尺度,应以能否取得利润为依据。在生产过程中,人力、材料和能源如何使用,都应依据何种方式有利于增加利润而定,而非单纯地考虑降低某一成本,固定不变地使用和配置各种生产要素。

有时也把成本控制测评作为生产经营成果的内容之一,这主要是考虑它与经济效益联系密切。但这里所说的成本并不是完全意义上的成本概念,而是公司在组织中实际发生的成本耗费。成本控制并不是生产经营的最终目标,所以这一指标没有放在生产经营成果控制考评中,而放在生产控制考评中。

3. 行为控制测评

行为控制的功能是以协调人际关系为中心,通过增强群体的凝聚力和调动人的积极性,来保证生产经营成果的实现。对行为测评有以下几项内容:

(1) 管理层建设。既包括其整体组织、管理效能的发挥,又包括管理层成员个人的行为表现。它对公司的绩效影响重大,直接关系到公司生产经营成果的实现。

(2) 员工精神风貌。既包括对公司成员整体素质的要求,也包括对员工个人行为规范、文化技术素质的要求,集中表现公司整体运作状态。

(3) 民主管理。民主管理反映公司员工参与管理的程度,同样直接关系着公司生产经营成果的好坏。这一测评内容包括下列指标:员工各项职权的落实情况;员工参与管理意识的强弱;及时公开分配方案、奖惩制度;积极开展合理化建议活动。

4. 组织氛围测评

公司气氛虽然并不直接构成公司管理的内容,但却是公司管理绩效的心理考评尺度。在公司绩效的综合测评中引入组织氛围测评要素,关键是要研制组织氛围调查量表。就制造业组织中的测评来说,组织氛围调查量表测评要素的选取及其测评指标的设置,应符合如下原则:

(1) 组织氛围测评指标应是公司对员工努力的结果性反映。

(2) 组织氛围测评是通过员工心理体验反映出来的,因而只能对它们进行程度差别的测量,通过不同程度数值的测算,使之成为可度量的指标。

(3) 组织氛围与生产经营、生产控制、行为控制这些反映公司管理目标和管理过程的内容,在测评公司绩效时,应具有同等重要的作用。

(4) 组织氛围调查主要是通过公司员工的态度测量来实现，因此，其测评项目及指标的设置，必须充分考虑公司员工职业、文化、年龄、工作年限等特点，以便容易为人们理解、接受且便于操作。

(5) 组织氛围测评的要素和指标应具有相对的稳定性和普遍性。

依据上述原则，为考评组织氛围，可设置以下八个测评指标，即：

(1) 管理层形象。这一测评要素反映的是公司管理层作用的整体状况。公司管理层发挥作用的情况，在公司员工心目中是有明确反映的。公司的管理层形象既包括其能力和水平，也包括管理者个人的作风、品格及素养等内容。

(2) 民主意识。公司的民主气氛如何，是否支持员工参与公司管理、是否尊重成员的各项权利等，是影响公司员工积极性高低的重要因素，因而是氛围状况的重要表征。

(3) 信息沟通。公司内的信息沟通，包括公司员工之间的意见沟通，公司与外部环境的信息联系等，是影响公司凝聚力的重要因素。

(4) 工作满意度。工作满意度是指员工对公司整体工作状况的满意程度，包括公司的生产、分配、福利措施、业余文化活动等，是公司全面工作成效在员工心态上的反映。

(5) 管理绩效。这一测评要素是员工对公司管理工作成效的心理体验，主要包括管理工作效果、工作的标准化程度、公司动员程度、工作的创新精神等。反映了公司管理和工作控制的全过程。

(6) 安全生产。这一测评要素反映的是公司成员在工作中是否有安全感、稳定感，员工是否获得上司的关心、帮助，他的烦恼能否在公司中得到排解，员工与上级的关系是否和谐、融洽等，这实质上体现了公司员工与公司的关系状态。

(7) 凝聚力。这是公司人际关系、人员素质状况的重要反映,也是一个公司整体竞争力的体现,因此,它是公司日常工作的结果性表征。

(8) 敬业精神。公司员工在工作中是否尽职尽责,是否把主要精力用在工作上,是公司工作成效的具体标志。

二、现代公司绩效测评方法:平衡记分测评法

传统的绩效测评方法侧重于财务指标,这种方法在工业化时代是有效的。但随着公司竞争环境的变化,需要对投资报酬率、每股盈余、公司的创新能力等作出全面而准确的判断,但传统财务指标要么没有涉及,要么只能给出错误的信息。对于公司今天力图掌握的技术和能力而言,传统方法已经不适用了。当然,不是要完全抛弃财务指标,而是要建立一套把财务指标和业务指标结合起来的新的绩效测评技术。

以美国罗伯特·卡普兰和大卫·诺顿为代表的管理学家,总结和提出了平衡记分测评法。这种方法就是建立新型公司绩效测评方法的尝试。①

1. 平衡记分测评法的基本内容

卡普兰和诺顿曾把平衡记分测评法比作是飞机座舱中供驾驶员参考的标度盘和指示器。为了操纵和驾驶飞机,驾驶员需要掌握关于飞行的许多方面的详细信息,如燃料、飞行速度、高度、方向、目的地,以及其他能说明当前和未来环境的指标。只依赖一种仪器,可能是致命的。同样的道理,管理一个复杂的系统,也要求从多个方面来考察绩效。而平衡记分测评法就像飞机座舱中的标度盘:它使经理或评估者一眼就能发现复杂的信息。

---

① 罗伯特·卡普兰、大卫·诺顿:《平衡记分法:良好绩效的测评体系》,原文发表于《哈佛商业评论》1992年1/2月号;彼得·德鲁克:《公司绩效测评》,中国人民大学出版社、哈佛商学院出版社1999年版,第116~136页。

平衡记分测评法首先包含了财务测评指标,因为财务指标能指示已采取的行动所产生的结果。但平衡记分测评法同时涉及顾客满意度、内部程序及组织的学习和提高能力的三套绩效测评指标,用这三套指标来补充财务测评指标。

总体而言,平衡记分测评法就是要从四个重要的方面来观察公司的绩效:顾客角度、内部角度、创造和学习角度、财务角度。顾客角度要回答的问题是"顾客如何看我们?",内部角度要回答的问题是"我们必须擅长什么?",创新和学习角度要回答的是"我们能否继续提高并创造价值?",财务角度要回答的是"我们怎样满足股东?"。平衡记分测评法与各种绩效测评指标的关系如图9-1所示。

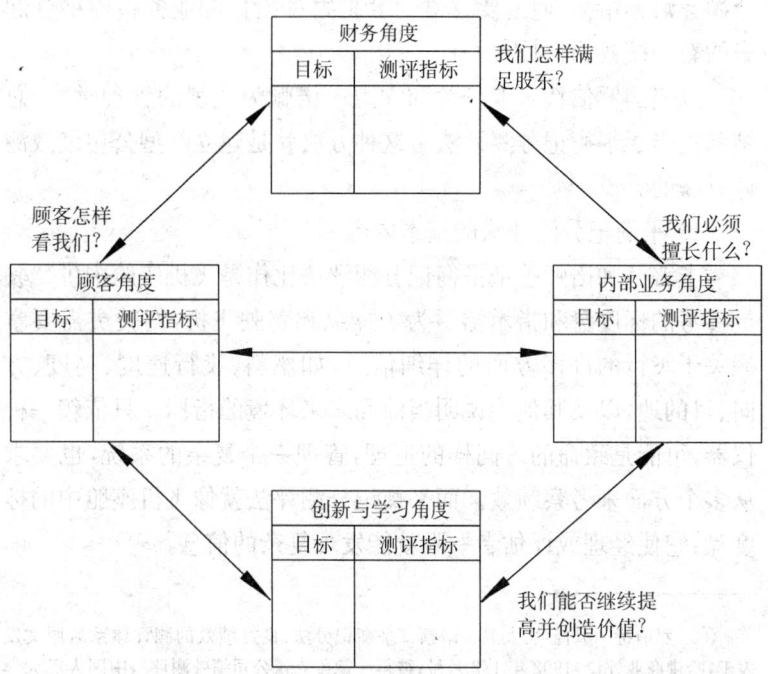

图9-1 平衡记分测评法与各种绩效测评指标的关系示意图

平衡记分测评法为把公司的战略目标转化为系统的绩效测评指标提供了一个框架。平衡记分测评法不只是单纯地进行衡量，它还是一种在产品、程序、顾客和市场开发等关键领域有助于企业取得突破性进展的管理体系。

2. 平衡记分测评法的运用与效果

平衡记分测评法提出以后，在卡普兰和诺顿的推动下，许多著名的大公司，如EIC(电子线路公司)、罗克沃特公司、苹果电脑公司等，运用了这种方法，取得了显著成效。

罗克沃特公司是一家全球性的工程建筑公司，在水下工程建筑业中处于全球领先地位。但20世纪80年代以后，该行业的竞争加剧。1989年底，诺曼·加姆伯斯出任公司首席执行官，开始运用平衡记分测评法。[①]

首先，该公司塑造了远景和战略。其远景是在向顾客提供最高的安全和质量标准方面处于行业领先地位。其战略有五个组成因素：超出顾客预期和需要的服务；高水平的顾客满意度；安全、设备可靠性、灵敏性和成本效率的不断提高；高质量雇员；实现股东预期。这些因素又被发展成战略目标。

其次，管理层把公司的远景和战略转化成了平衡记分测评法的四套绩效测评指标，即财务指标、顾客满意度指标、内部指标、创新和提高指标。如图9-2所示。

实践证明，平衡记分测评法的功效在于：

(1) 有助于公司管理层以发展的眼光看待经营活动；

(2) 有助于管理层激励员工；

(3) 有助于把顾客的反馈结合到经营活动中。平衡记分测评

---

① 罗伯特·卡普兰、大卫·诺顿：《平衡记分法的实际应用》，原文发表于《哈佛商业评论》1993年9/10月号；彼得·德鲁克：《公司绩效测评》，中国人民大学出版社、哈佛商学院出版社1999年版，第137~168页。

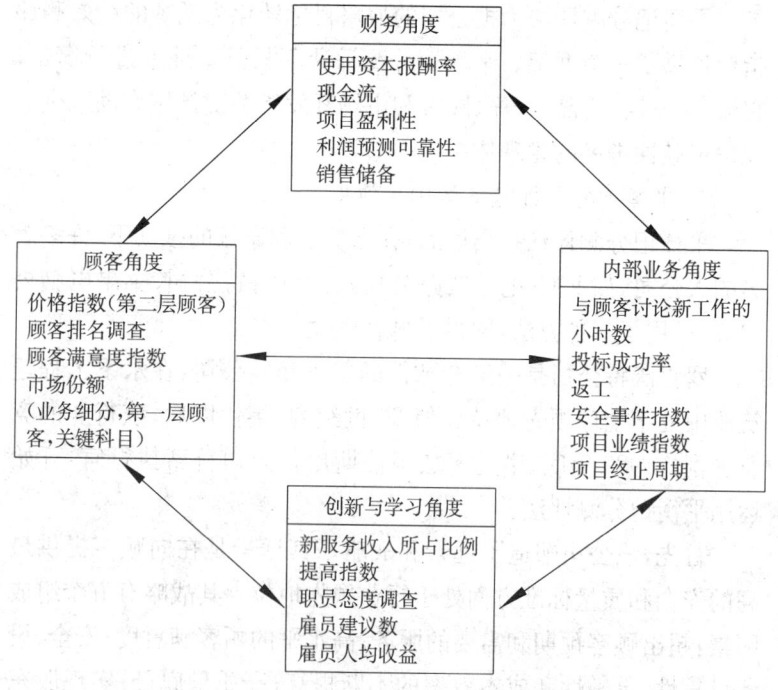

图 9-2 罗克沃特的平衡记分测评法

法使公司成员达成了一种共识：与关键的客户建立伙伴关系是十分必要的，大幅度减少安全事故是非常重要的，在跨年度项目的每一个阶段都需要加强管理。由于平衡记分测评法的运用，罗克沃特公司始终是水下工程建筑业的排头兵。

三、政府绩效评估

政府绩效即政府行为及其后果。政府绩效评估是对政府行为有效性进行评估以期改善政府行为绩效和增强控制的活动。[1]

在现代经济学的理论中，政府的角色主要是公共物品的提供，

---

[1] 政府概念有广义、狭义的区分。广义的政府组织是包括立法机关、司法机关、行政机关等的国家机构体系。这里所言的政府主要是狭义的政府概念，即国家行政机关。

政府运用制度、人力、物力、财力等资源向社会提供必需的公共物品，对宏观经济进行有效地调控，实现收入和财产的再分配，保障社会稳定、公平等。但政府在某种程度上也具有追求自身利益最大化的倾向，政府行为可能背离其为社会服务的目的，组织机构也容易膨胀并出现效率低下、运转不灵等现象，甚至导致官僚主义作风、贪污腐化泛滥成灾。因此，政府绩效评估不仅与社会资源的有效利用密切相关，而且与政治稳定与发展密切相关。

1. 政府绩效评估的主体与类型①

谁来评估政府的绩效？一般而言，政府绩效评估的主体包括其他国家权力机关、社会公众以及政府自身。如按照我国宪法精神，人民群众、人民代表大会、法院、检察院、政协、国家主席等都有监督、评估政府的权力。不过，由于政府行为的复杂性、广泛性、专业性，有时也需要另外的独立机构来进行评估。

政府绩效评估从层次上可以分为宏观评估、中观评估和微观评估。宏观评估即对政府行为的科学性、合理性及其实际所发挥的作用的整体性、综合性评价；中观评估即对政府各职能部门的评估；微观评估可分为两种情况，一是对政府公共工程或政府所实施的某些具体项目或提供的某些服务进行的评估，二是对国家公务员个体进行评估。

根据评估指标分类，政府绩效评价可以分为说明性评估、描述性评估和警示性评估。说明性评估即对那些绩效容易测量的组织、按照预先设置的一套明确而具体的评价标准进行对照、测评。如对教育系统，可以通过对适龄儿童入学率、辍学率、休学率等数字进行统计，以判断其绩效。描述性评估即对那些无法用具体数据进行表达的政府部门或项目通过描述事实来说明其绩效好坏。警示性评估，即政府行为的标尺或边界，如果越过这条界限，这类

---

① 李绥州：《应用行政管理》，暨南大学出版社2000年版，第253～270页。

评估的指标就会像"警铃"一样,发出警告,从而防止政府出现可能的偏差。

根据评估时限,政府绩效评价可以分为近期评估、中期评估和远期评估。近期评估是对政府在过去较短时间内行为与绩效的评估,一般以1年为限,适用于一些较短时间内便可充分展现结果的项目,如某种流行病的控制、假冒伪劣商品的打击、社会治安的整治等。中期评估一般以1～5年为限,适用于城市改造、水利建设等。长期评估是对一定历史时期内政府行为的评估,适用于那些需要很长时间才能展露出效果的政府政策与行为。

2. 政府绩效评估的目的与困难

政府绩效评估的目的主要有两个:一是加强对国家行政机关的政治监督。监督的前提是了解、知情。政府绩效测评是了解政府行为的有效手段。二是改善业绩。评价不是目的,评价是改善政府行为绩效的手段。

政府绩效测评是一个世界性的难题。因为,什么是好政府,什么是坏政府,既是一个价值判断,也是一个事实判断。就价值判断而言,价值观、阶层地位、背景不同的评估者,必然有不同的立场和看法。就事实判断而言,政府绩效没有一个普遍适用的标准,评估者在评估时不可避免地会带有随意性、主观性。政府绩效与公司绩效不同,公司绩效存在一个盈亏平衡点,但政府绩效不存在。找不到平衡点,也就意味着缺乏一个评估的基准。而且,政府许多政策、行为的效果本身是无法度量的,有的政策成效甚至要等几十年才能看到。这些都为政府绩效的评估带来了困难。

3. 政府绩效测评的指标与程序

政府绩效测评指标是评估的工具,没有指标就无法评估。因此,设计指标是政府绩效测评的前提。良好的绩效测评指标的要求是:

(1) 表达、描述明确;

(2) 适用,具有可操作性;

(3) 针对性强,能够把要测评的政府绩效的特征突出出来;

(4) 尽可能量化。

政府绩效测评指标体系的内容包括投入指标、效果指标和路径指标。投入指标,即人、财、物、时间、信息等有形的投入,以及制度、权力等无形的投入。效果指标就是政府的产出,如政策、服务等。政府为社会提供的有形公共产品与服务可以计算其收益的价值量,但无形的产品与服务,如制度、政策、法规等,无法量化,一般通过政策分析来评判,难以量化。路径指标,公共行政学理论中把政府区分为掌舵/划桨导向、集权/分权导向、顾客/纳税人导向等,选择何种导向在一定程度上能说明政府的绩效。另外,还可以通过一些负面指标来辨识政府的绩效,如一段时期内政府官员作风好坏、贪污腐败频度或水平等,这些指标往往是政府整体危机的外显。

政府绩效测评的程序,有两种典型的思路。

1982年英国财政部发布《财政管理议案》提出政府绩效评估的步骤:第一步,确定政府机构内部各单位的目标;第二步,对参与活动或项目的各单位机构准确地分配资源和费用;第三步,开发一套指标,用来测评其绩效或产品是否达到了预期的目标。经过这三个步骤,最终要搞清楚:政府的钱花到哪里去了?花这些钱我们得到了什么?

按照美国新泽西大学国家生产力中心所建立的评价体系,一个良好的评估与业绩改善体系应包括七个步骤:① 鉴别要评估的项目;② 界定目的和结果;③ 选择衡量的指标;④ 设置业绩的标准;⑤ 监督结果;⑥ 业绩报告;⑦ 使用结果和业绩信息。①

---

① [美]马克·霍哲:《公共部门业绩评估与反馈》,《中国行政管理》2000年第3期。

4. 我国政府绩效评估机制的问题

实事求是地看，我国政府绩效评价存在许多不容忽视的问题，并且已经带来一些消极影响。如：

（1）评估主体单一，主要是自身评估和上级政府评估，目前还没有独立的评估主体；

（2）测评指标定性多，定量少；

（3）经济增长产值、产量等定量指标在绩效评估指标体系中比重过大，对教育与科技发展、基础设施建设等方面重视不够，忽视了可持续发展；

（4）"一票否决制"的内容过多。前些年，为了强化计划生育政策的执行和精神文明建设，一些地方在对党政主要干部继续考核时实行了"一票否决"的方法，即一旦计划生育指标没达到，其他成绩再好也不能给予好的绩效评价。但这种做法后来泛滥成灾；

（5）评估方法落后，信息来源单一。首先是看看下面上报的统计资料，然后是在下面的安排下，走马观花式地到处逛逛，没有进行深入地调查研究；

（6）程序化、规范化、制度化建设不足，绩效测评无章可循、"偷工减料"。

在这种绩效评价机制的引导下，"政府出数字、数字出政绩、数字出官员"的现象、形式主义的"门面工程"、"形象工程"等也就不足为奇了。因此，尽快建立政府绩效评估的科学机制是一项紧迫的任务。

第三节　员工绩效考评

过去，公司的优势体现在资本和技术的密集程度上，谁拥有更多的资金、技术，谁就将获得更好的竞争优势；而现在，公司的优势体现在提供多样化、高品质的产品与服务方面,因此,人才与人力资源开发决定着公司的竞争力,谁拥有更多的具有创新能力的员工,谁将赢得未来的成功。为保持公司发展趋势,就需要公司实施人力资源管理战略。

20世纪60年代以后,管理学科发展出一门新兴的分支学科——"人力资源管理",包括人力资源战略与计划、员工招聘与配置、培训与开发、薪酬设计、福利与保障等基本内容。其中,员工绩效考评是人力资源开发与管理的基础与核心。

一、员工绩效考评与人力资源管理

1. 绩效考评在人力资源管理中的地位

员工绩效考评,即绩效考核,是指对照工作目标或绩效标准,采用科学的方法,评定员工的工作目标完成情况、员工的工作职责履行程度、员工的发展情况等,并将上述评定结果反馈给员工以及据此对员工予以相应的报酬奖励或进行培训、提拔晋升等的过程。

绩效考评是人力资源管理的基础与核心,它为人力资源的开发利用提供必要信息。首先,通过对公司绩效考评积累的历史数据的分析,可以获得各种信息,如工作岗位标准、人员招聘标准的分析等,为人力资源计划的制订或调整,为招聘工作等提供参考和依据;其次,通过绩效考评结果的反馈,既可以为管理层了解员工能力、素质等提供依据,也可以为员工提供利用实力、克服缺点的机会,从而提高员工的工作满意度,促使组织加强人力资源培训,进行相应的人事调整;第三,通过对员工为实现组织目标所作的贡献的评价,为整个报酬体系提供合理性依据,从而保证努力——绩效——报酬的正相关关系,达到激励员工的目的。

2. 现代绩效评估的特点

现代人力资源管理中的绩效评估,与传统对员工进行的行政人事考核相比,有根本的不同。其区别如表9-3所示。

表 9-3

传统人事考核和现代绩效评估的比较

比较内容	传统人事考核	现代绩效评估
目的	1. 总结过去经验教训,不重视未来的改进。 2. 考核是为了对上级有所交代,注重形式。 3. 完成人事工作。	1. 总结过去经验教训,重点在于提出未来的改进思路和方法。 2. 评估是为了完善组织的人力资源管理,注重内容。 3. 形成员工对组织的归属感,提高员工的满意度。
方法	1. 主观描述。 2. 单向评定。 3. 独立的考核。	1. 制定效绩标准,记录绩效、评估绩效。 2. 双向沟通。 3. 作为人力资源管理系统中的连续性的考核。
员工的权利	1. 员工不能了解考核结果。 2. 员工不能提出要求。 3. 员工没有提出问题,解释问题的机会。	1. 员工有权了解考核结果。 2. 要求员工提出建议,充分了解员工的要求。 3. 让员工提出问题,并允许充分解释。
上级主管的地位	1. 居高临下,一言堂。 2. 主管掌握整个考核过程。	1. 平等沟通,相互交流。 2. 员工参与整个评估活动。
结果	1. 不了解员工的想法和要求。 2. 没有获得建议。 3. 下达未来的工作任务。 4. 员工无所收获。 5. 组织无实质性改进。	1. 了解员工的想法和要求。 2. 获得员工对组织发展的意见、建议和创新观念。 3. 共同制定未来的工作目标。 4. 员工增强自信心和满意感,获得发展的机会。 5. 组织增强了凝聚力,提高了效率。

二、员工绩效考评的主体与方法

1. 360 度绩效反馈

在第一节中,依据绩效评估主体把绩效评估区分为 1 度、90 度、180 度和 360 度绩效评估四种类别。当代新型的绩效评估技术是 360 度绩效评估技术,它在原来评价方法的基础上,增加了与被评估者有密切交往的"顾客"这一群体,既包括外部顾客,也包括内部顾客,强调对被评估者的全面评价。该绩效评估技术已经开发出专门的软件系统。

360度评估,即全视角考核或多源考核。其主要特点是全方位、基于胜任特征、评估的匿名性、多侧度反映。①

全方位指评估者来自不同层面的群体,这样,对被评估者的了解就更深入全面,得到的信息就更准确。

胜任特征是指能将某一工作中表现优秀者与表现平平者区分开来的个体潜在的深层次特征。360度反馈评价要素的设计就是各职位的胜任特征评价模型。

评估的匿名性是指为了保证评价结果的可靠性,减少评价者的顾虑,一般采用匿名的方法。同时,为了使参与评价者能够客观地进行评价,还要进行专门的评分训练。

多侧度反馈指360度评价法能为被评估者提供及时、客观、全面的反馈,从而帮助个体调整自我知觉、自我评价和行为,增强个体的自我意识,提高自我的管理效能。

360度绩效测评法的结果反馈中,主要设有专门的个人发展计划和指导,其提供的咨询意见和建议能够促进个人的职业发展。同时,360度测评法有助于强化组织的核心价值观,通过加强双向沟通和信息交流,建立更为和谐的工作关系,从而提高组织绩效。

不过,由于360度绩效评估的运用必须以科学的工作分析为基础,目前主要运用于管理人员的绩效测评领域,并且其测评结果主要用于提供个人发展计划和指导而不是作为报酬或人事调整的依据,再加上中国传统文化"关系绩效"②等的影响,因此,在我国借鉴和运用该方法还需要加以改造和创新。

---

① 张宏云、时勘、杨继锋:《360度反馈评价模式——一种新型的管理评价方法》,《中国人力资源开发》2000年第12期。

② 具有中国传统文化背景的员工,一则自我评价较低;二则对上级多采取顺从和迎合的态度,三则对自己所属小圈子成员的评价较高,关系绩效权重偏大。这些都影响绩效评价的客观性。

2. 绩效评价方法

常用的绩效评价方法有书面报告法、关键事件法、评定量表法、行为锚定等级法、多人比较法，其中多人比较法又可分为小组顺序排列法、个人排序法、配对比较法三种。

(1) 书面报告法。即叙述法，这是最简便的绩效评估方法。这种方法就是写一篇短文来描述被评估者的优点、缺点、过去的绩效状况、潜能和改善建议。书面报告法不需要复杂的形式，也不需要对被评估者进行大量培训，成本较少。但书面报告执笔人写作能力的强弱对评估结果影响很大。

(2) 关键事件法。就是将下属或员工在工作活动中所表现出来的突出好行为或不良行为、事故记录下来。然后在每6个月左右的时间里，主管和员工会面，根据所记录的特殊事件来讨论员工的工作绩效。这种办法的优点是保存了对员工进行绩效评价的依据，并且可以为员工提供行为榜样。

(3) 评定量表法。这是一种历久且常用的绩效评估方法。这种方法是把一系列绩效因素罗列出来，如工作的质与量、知识深度、合作、忠诚度、出勤率、诚实度、主动性等。评估者利用这张表，用递增式尺度对逐个因素进行评估。典型的量表为5点量表，如"合作"这个要素，分为1~5个等级，被评定为1表明合作意识弱，如果是5则合作意识强。这种方法的优点是编制和实施花费的时间少，而且还可以进行定量分析和比较。

(4) 行为锚定等级法。即BARS法。这种方法结合了关键事件法和评定量表法的优点，用由特定关键事件加以说明的行为来对工作绩效加以定位。其步骤是：第一，搜集和描述关键事件；第二，根据关键事件确定绩效评价的要素；第三，根据确定的绩效评价要素，建立评价等级；第四，对关键事件进行评定；第五，建立最终的工作绩效评价体系，对于每一个绩效评价要素来说，都将有一组关键事件来作为其"行为锚"。这种方法可以更准确地计量工作绩效,但较为繁琐。

(5) 多人比较法。这种评估方法是在与别人绩效水平进行对比的过程中评估每个人的绩效水平。这是一种相对而非绝对的测量手段。三种常见的比较方法是:小组排序排列法、个人排序法、配对比较法。

(6) 小组排序排列法。这种方法要求评估者首先确定工作绩效分布的比例,如绩效最高的占15%,较高的占20%,绩效一般的占35%,绩效低于要求水平的占20%,绩效很低的占10%,然后把员工置于某一个特定的类别中。该方法也称强制分布法。

(7) 个人排序法。即把员工从最好到最差排列顺序。这种方法简便易行,但使用有一定的局限性,一般用来评估数量不多且从事相同工作的员工。

(8) 配对比较法。由评估者就某一评估因素,把每一个员工与其他所有的员工一一比较,在两个人的比较中评出优劣,比如"好于"记为"+","不如"记为"-";最后,在配对比较得分的基础上,给出每个员工的等级。这种方法可以保证每个员工都与其他员工一次比较,但工作量较大,所以适用于少量人员的考核。

三、员工绩效测评的程序

1. 绩效测评的准备

在准备阶段主要的工作是:

(1) 制定绩效评估的计划。包括确定绩效评估的时间、范围、参与者、目的、方法等。

(2) 确定绩效评估人员。包括确定负责绩效评估的领导班子,聘请绩效评估专家,或者委托有关咨询服务机构从事员工绩效测评等。

(3) 准备绩效测评的条件。包括相应文件、软件、各种表格等。

(4) 公布绩效测评的信息。即让管理层和员工充分知情,促使他们积极参与绩效评估。

2. 确立绩效测评指标

在确立测评指标之前,要明确相关原则。如,指标至少应满足下列条件:与个人和组织的目标相关;稳定的、可靠的;能够区分出好绩效和坏绩效;实用的;可测量性。

员工绩效测评根据目的可分为两种:为提高组织效率的评价性测评和为促进组织发展的发展性测评。据此,在构建测评指标时相应的有两种路径可依循:一是"特质、行为、结果"路径;二是"知识、技能、能力、努力、外部条件"路径。①

在"特质、行为、结果"路径的指导下,可以设置的指标中,与特质相关的有态度、合作、经验、诚实等;与行为相关的有工作作风、工作报告的及时性、每年事病假天数等;与结果相关的有产量、次品量、单位产出的成本、销量、销售利润、新增顾客数量等。不过,仅凭单一路径会产生较大的偏差。表9-4表征经由"特质、行为、结果"路径构建指标体系的适用范围与不足。

表9-4

特质、行为、结果三种评量指标比较一览表

	特质作为评量标准	行为作为评量标准	结果作为评量标准
适用范围	适用于选择和作为未来工作成功与否的预测指标	当工作所需要的结果可通过单一的方法或一整套程序实现时适用	当工作所需要的结果可通过两种或多种方法达到时适用
不足	(1) 未考虑情境的作用,通常是较差的绩效预测指标;(2) 不能有效区分实际工作表现,易引发法律问题,并使员工产生不公平感;(3) 对改进绩效作用不大,将注意的焦点放在了短期内难以改变的特质上。	(1) 不能有效区分达到同样结果的不同方式中哪一种才是真正符合组织需要的;(2) 当员工认为其完成的活动不重要时,意义不大。	(1) 结果的好坏、多少有时并不在个人、组织控制的范围内;(2) 结果导向使个人到组织内可能为达目的而不择手段;(3) 短期行为,忽视可持续发展。

---

① 杨杰、方俐洛、凌文辁:《对绩效评价的若干基本问题的思考》,《中国管理科学》2000年第4期。

经由"知识、技能、能力、努力、外部条件"(即 KSAO 剖析)的路径来确定测评指标的做法是：首先,剖析外部条件的有利程度、个人努力程度、个人所具备的技术、知识、能力等符合工作需要的程度;然后,针对不同情况,采取改善外部条件、激励和培训等策略,以有效地提高员工和组织的绩效水平。图 9-3 说明 KSAO 剖析顺序及结果。

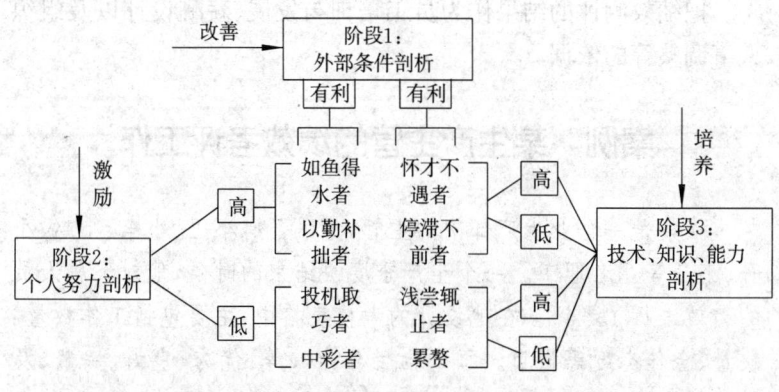

图 9-3　KSAO 剖析顺序及结果分类图

3. 绩效测评

在这一阶段中,按照既定计划和采取相应方法,由员工进行自我评估和由评估者对被评估者进行评估。

4. 绩效测评反馈

绩效测评反馈是将绩效测评的意见反馈给被评估者。一般有两种形式:一是绩效评估意见认可。即评估者将书面的评估意见反馈给被评估者,由被评估者予以同意、认可,并签名盖章。如果被评估者不同意评估者的意见,可以提出异议,并要求上级主管或人力资源部门予以裁定。二是绩效评估面谈。即通过评估者与被评估者之间的谈话,将评估意见反馈给被评估者,征求被评估者的意见,并就被评估者的要求、建议与新一轮工作计划的制定等问题进行广泛的沟通。

5. 绩效测评的审核

绩效测评的审核通常是指人力资源管理部门对整个组织的员工绩效测评情况进行审核,处理绩效测评中双方较大的异议和某些绩效异常问题,同时对绩效测评后的各种人力资源管理工作提出建设性意见。

6. 绩效测评结果的运用

把绩效测评的结果作为员工培训与发展、薪酬设计以及组织人事调整等的依据。

案例 某生产主管的绩效考评工作

张某是一企业生产部门的主管,他手下有小王、小李、小赵、小孙、小马等几名职工。一个生产季度快结束的时候,他对下属人员的绩效进行了考评。在他设计的考核表格中,主要包括工作数量、质量、合作态度等栏目。每个栏目分为五等:优秀、良好、一般、及格和不及格。

从工作数量来看,所有的职工都完成了本职工作,除了小王、小李两人,其他人还顺利完成了张某交给的额外工作。但考虑到小王和小李是新员工,张最终给所有员工的工作量都打了"优秀"。

从工作质量看,小赵的工作质量不好,也就是及格水平,但为了避免难堪,张把对他的评价提到"一般"。

从合作态度看,小孙曾经对张做出的一个决定表示过不同意见,因此,他"合作态度"被记为"一般"。因为意见分歧只是工作方式方面的问题,所以张没有在表格的备注栏中说明具体情况。

另外,由于小马家庭比较困难,张一直想办法帮助他,因此有意识地提高了对他的评价,希望通过这种方式让小马多拿绩效工资,把帮助落到实处。

最后,从总评看,员工的评价分布于"优秀"、"良好"、"一般",

而没有"及格"和"不及格"了。张觉得这样做，可以使员工不至于因发现绩效考评低而产生不满；同时，下级工作做得好，在上级对自己进行考评时会比较有利。①

思考讨论题

1. 上述绩效考评存在哪些问题？
2. 针对存在的问题，你认为怎样才能实施有效的绩效评估？

---

① 赵颖惠：《由一则案例引发对绩效评估的探讨》，《中国人力资源开发》2003年第1期。

第十章　管理伦理和社会责任

管理伦理是指企业和社会组织在经营管理活动中所必须遵循的各种道德准则和规范。

管理作为一项有组织的社会活动,涉及人的管理、资源配置、权力的运用以及与客观世界(包括社会各种自然以及相关群体、服务对象)、周围环境(包括社会、自然以及相关群体、服务对象)存在着一种互动的相关关系。因而,其中必然会出现大量的伦理道德问题。

第一节　管理伦理的含义

一、道德与伦理

1. 道德的概念

道德这个概念在中国古代就有之。如孔丘在《论语·述而》中说:"志于道,据于德,依于仁,游于艺"。这里"道"即是做人,治国的根本原则。"德",最初见于《周书》,指的是内心的情感或信念。[1] 儒家认为"德"就是实行某种原则,心中有所得。如心中得到"道",就是"德"。后人把道与德联系起来,作为一个概念来使用。"道德"即指人类的行为合于理,利于人。[2]

2. 伦理的概念

伦理是指人们处理相互关系时遵循的各种道德准则和规范。

---

[1]、[2]　魏英敏、金可溪:《伦理学简明教程》,北京大学出版社1980年版,第2～4页。

根据许慎《说文解字》和后来一些学者对"伦理"这词概念的理解,认为对伦理的最早解释起源于"伦"字,"伦"即从人从仑,仑字含有"条理、思虑"之意,加了人字偏旁便有人事之理的意义。《论语》中有"言中伦"的说法,包咸注阅:"伦,道也,理也"。① 据此可知,"伦理"就是人类行动时所走的路必须要有秩序,合乎条理,即"合理的行为"。显然,"合理的行为"自然包括在"道德行为之内"。

在西方,"伦理"和"道德"两个词的意义也基本相同,"伦理"一词起源于希腊文:ethos,"道德"一词起源于拉丁语:mos,同是风尚、习俗、性格的意思。因此,"伦理"和"道德"两个概念通常都是互相通用的。

由此,无论在中国和西方,"道德"与"伦理"这两个概念通常都表达了同一个意思,道德现象亦可称为伦理现象。我国的《辞海》中把伦理作为道德的同义词来使用的。②

二、管理伦理及其特点

管理伦理,顾名思义就是管理本身的伦理。从管理伦理的主体看,它既包括企业等营利性组织,也包括非营利性组织,但主要是指以企业为主的社会组织在其生产经营的实践过程中所形成的伦理意识、伦理原则和伦理规范的总和。因此,管理伦理和企业伦理这两个概念亦可通用,管理伦理也可称为企业伦理和商业伦理。

随着市场经济的发展,追求利益最大化的市场原则和行为在为人类创造了巨大财富的同时,也给现代化社会带来了环境破坏、商业欺诈、不公平竞争等负面效应,于是建构公正、守信、合乎规范的企业伦理就成为时代的必然。

---

① 魏英敏、金可溪:《伦理学简明教程》,北京大学出版社1980年版,第2~4页。
② 《辞海》,上海辞书出版社1989年版,第343页。

自20世纪80年代以来,世界各国管理学术界和企业界对企业的伦理问题给予了高度的关注。美国学者詹姆斯·F·斯托纳等人则把企业伦理作为21世纪管理理论重点开拓的领域。[①]

国内外许多企业都把伦理意识融合于企业日常的管理之中。有关资料表明,《财富》杂志排名的前500家企业,有90%以上的企业制定伦理守则来规范组织和员工的行为;在美国约有3/5以上的大企业专门设立了有关企业伦理工作的机构。

管理与伦理的结合极大地丰富和深化了管理理论和管理实践,并对现代管理理论以及企业管理活动产生了重大而深刻的影响。

1. 企业伦理的概念

所谓企业伦理,顾名思义就是企业本身的伦理,它是指所有由人组成的集合体在其进行的经营活动中所必须遵循的伦理道德规范的总和。以上对企业伦理的概念亦可拓展到包括企业以外的各种社会组织机构。

通常企业伦理可以包括以下两个基本内容:

一是企业与外部社会关系(包括自然关系)方面的伦理规定及其实践。企业作为现代社会组织中的一个细胞,在其所从事的各项经营活动中,必然要与社会等外部环境发生各种伦理关系和道德问题。一方面,企业的生存和发展离不开社会和国家所提供的各种资源保障和良好的社会环境,一个公正、健康、稳定和法制的社会是企业生存和发展的必要条件;另一方面,企业必须不断地向社会成员提供其生存和发展所必需的物质和精神,并积极地采取各种有利于社会的有关行动,不与社会发生冲突与摩擦,保护社会的生态环境,有效地利用社会资源,以利于社会

[①] 詹姆斯·斯托纳等著:《管理学教程》,华夏出版社2001年版,第79页。

可持续的发展。

二是企业内部伦理关系的规定及其伦理实践。企业在其内部的经营活动中,必须坚持以人为本的伦理思想,实施伦理的管理。企业的一切行为都应当重视人性,包括尊重每一个员工、改善恶劣的工作环境、清除各种歧视,创建一个宽松和谐的工作环境。实施以伦理为中心的管理必须始终贯彻民主的原则、平等的原则、仁爱的原则和公平的原则。

2. 企业伦理的特征

(1) 企业伦理是关于企业及其成员行为的规范。现代社会的发展,要求企业必须对自己的社会地位以及日常行为基础的价值观有一个清醒而明确的认识。企业在确立自己的目标、利益和行为方式的过程中,应承担"道德角色",把自己看成是一个"道德企业"。同时企业组织是由人所组成的集合体,在讨论企业应该遵守的行为规范时,也应对企业所有的成员行为提出相应的伦理要求。

(2) 企业伦理是正确处理企业与利益相关者关系的规范。企业在其经营活动中,必然要与组织内外众多的利益相关者发生各种关系,包括企业与社会、企业与政府、企业与社区、企业与竞争者、企业与供应者以及企业与内部的员工等各种关系。在处理企业自身权益与社会的各种关系中,必然隐含着各种伦理关系和伦理道德问题,企业伦理是调节企业与其利益相关者关系的基本准则和行为规范。

(3) 企业伦理既有外在性又有内在性。企业伦理的外在性是指社会对企业及其成员提出的经营行为善恶的规范,如社会舆论、传统习俗等,这种对企业及其行为的规范要求来自企业外部。企业伦理的内在性是指企业及其成员对伦理规范的内心感悟,是企业内在的、自觉的认识和要求,是一个企业及其成员真正信奉并在经营活动中反映出来的。

三、企业伦理的四个层次

在组织的管理活动中,我们无法回避伦理问题,正如在生活的其他方面难以避开一样,大部分的管理伦理问题都可以归类为四个层次:社会、利益相关者、内部政策、个人。如图 10-1 所示。

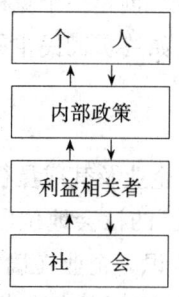

图 10-1 伦理问题的四个层次

1. 社会

在社会层次,管理伦理主要涉及社会的基本结构、经济体制、经济和福利政策以及社会财富分配的公正、资源的利用和配置、生态平衡和环境保护等。譬如,对企业提供商品是采取地方保护政策,还是按照市场自身的规律?怎样防止社会贫富差别中的马太效应,即贫者愈贫,富者愈富的管理伦理问题等。

2. 利益相关者

企业的利益相关者包括供应者、顾客、股东、竞争者、社会公众、社区和其他人。在这一层次,企业伦理主要研究企业应如何处理与受其决策影响的外部利益相关者之间的关系,譬如企业应对供应商、社区承担什么样的责任?对顾客做不做虚假宣传?企业该如何决策?如何决定这样的类似问题,都涉及管理伦理问题。

3. 内部政策

这一层次的企业伦理主要关注的问题是企业与员工之间的关

系性质。譬如,哪一种雇佣合同是公平的?企业制定的薪资报酬以及福利是否道德?管理者和员工共同的义务是什么?员工应拥有什么权利?以及企业裁员、员工下岗、规章制度、工作定额以及管理行为等全都是这一层次企业伦理关注的焦点。

4. 个人

这一层次的企业伦理关注的焦点是企业中人与人应该如何互相对待?企业是否保持诚实,不管其后果如何?作为承担具体工作的员工对管理者、同事,以及服务对象有什么义务?企业管理者对员工承担什么道德责任?员工对企业应负什么道德责任等。

第二节 企业的社会责任

一、企业社会责任的含义

企业以及其他各类组织的经营运作都处于一定的社会环境之中,社会环境是各类组织生存和发展的基础。同时,组织的行为也会对社会的发展产生影响。因此,作为企业来说,必须正确认识自己的社会责任,正确处理好企业与社会的关系。

企业的社会责任是企业所承担的社会义务。美国管理学者哈罗德·孔茨和海因茨·韦里克认为:"公司的社会责任就是认真地考虑公司的一举一动对社会的影响"。[①]

里基·W·格里芬指出"企业社会责任是指在提高本身利润的同时,对保护和增加整个社会福利方面所承担的责任"。[②]

通常企业的社会责任分四个层次:经济责任、法律责任、道德

---

① [美]哈罗德·孔茨、海因茨·韦里克著:《管理学》(第9版),经济科学出版社1993年版,第689页。
② 里基·W·格里芬著:《实用管理学》,复旦大学出版社1989年版,第73页。

责任、义务责任。如图 10-2 所示。

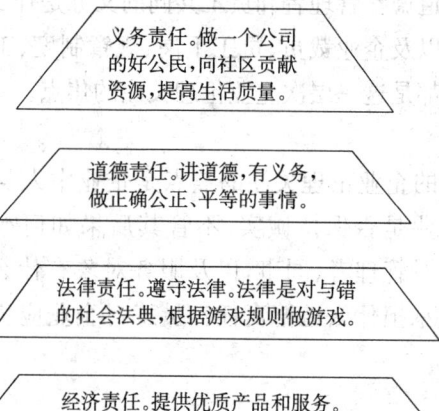

图 10-2 企业社会责任的金字塔

资料来源:托马斯·S·贝特曼若:《管理学——构建竞争优势》,北京大学出版社、科文(香港)出版有限公司 2001 年版,第 157 页。

（1）企业的经济责任是指企业有效地利用社会资源,按社会需求向服务对象提供优质产品和服务的责任,并使企业取得最大利润,投资者获得满意的回报。

（2）企业的法律责任是指企业服从地方政府、国家以及相关国际法的责任。

（3）企业的道德责任包括满足社会的期望,做正确、公平、平等的事情。道德责任是企业承担社会责任的重要部分。

（4）企业的义务责任是指企业按规定的价值观和社会希望而采取的行为。如支持社区项目和慈善事业,增进社会福利的责任。

以上企业的社会责任,可将经济与法律责任视为社会对企业的要求;道德责任是社会对企业的期望;义务责任是社会对企业的向往。影响社会环境的企业行为,都有可能涉及所有这四种社会责任。

如果把企业社会责任的"四层次"理解为广义的企业社会责任,那么,狭义的企业社会责任就是道德责任和义务责任。无论是广义还是狭义的理解,企业社会责任概念的提出,实际上都明确表明企业仅仅遵守法律是不够的,还应履行超越法律的其他社会责任。作为在市场经济中经营的企业,企业的经济责任自然是要负的,因为这是其自身利益所在。企业的法律责任也是必须要负的,而以前对企业社会责任的理解所忽视的正是企业应负的道德责任和义务责任。

所以,企业社会责任概念的提出主要是针对企业所应承担的道德责任和义务责任。以上对企业社会责任的理解也完全适用企业以外的各种组织机构。

二、两种不同的企业社会责任观

1. 传统经济观

传统经济观的最典型代表是1976年诺贝尔奖金获得者、美国经济学家密尔顿·弗里德曼。弗里德曼认为:"企业的社会责任就是增加利润。"[①]他甚至强调说:"企业仅具有一种而且只有一种社会责任——在法律和规章制度许可的范围内,利用它的资源和从事旨在增加它的利润活动。"[②]传统经济观把企业的功能视为纯经济性的,经济价值是衡量企业成功的唯一尺度。因此,它们反对企业应承担社会责任,其主要观点是:

(1) 违反利润最大化原则。这是传统经济观的核心思想。他们认为,工商企业严格追求自己的经济利益并把其他活动留给其他机构,就是在最大限度地承担社会责任。

(2) 淡化使命。对社会目标的追求会冲淡企业的基本使

---

① 陈炳富、周祖诚著:《企业伦理概论》,南开大学出版社2000年版,第53页。
② 弗里德曼著:《资本主义与自由》,商务印书馆1986年版,第128页。

命——经济的生产率。社会也许会因不能很好地实现经济和社会目标而遭受损失。

（3）成本。如果企业社会责任的行为增加了经营成本，则这些成本或是以更高的价格转嫁到消费者，或是通过较低的边际利润由股东们承担。

（4）权力过大。企业已经是当今社会中最有权力的组织之一，如果追求社会目标，企业的权力就更大了，这对社会的发展并没有太大好处。

（5）缺乏技能。企业领导者的眼光和能力基本是经济导向的，他不能胜任处理社会问题的角色。

（6）缺乏明确规定的责任。政府代表着追求社会目标，并应对他们的行为负责，而企业领导则不必，从企业到公众之间没有社会责任的直接联系。

2. 社会经济观

持这种观点的人认为，企业除了要为其股东赚取合理利润外，也应为相关利益群体（顾客、供应商、竞争者、政府、员工、社会）履行其应负的社会责任，这种对企业使命的基本认识超越了旨在追求利润的物质生产和服务，认为作为社会的成员——企业应有更广阔的责任领域，包括积极主动地参与社区和更大环境的事务。

现代经营管理理论认为，企业作为一个经济组织，以追求经济利益作为自己的主要目标是毋庸置疑的。但企业又是一个社会组织，企业也有责任来履行自己的社会责任。一个企业之所以能在社会中有立足之地，不仅仅因为它对所有者带来好处，也因为它的存在是对社会有利的。企业的生存和发展必须与其社会环境发生各种各样的联系，无视或轻视这种联系，企业必将寸步难行。一位支持社会经济观的学者认为："利润最大化是公司的第二目标，而不是第一位目标，公司的第一位目标是保证自身的生存"。①

社会经济观点的典型代表是美国学者道格拉斯·S·舍尔文。舍尔文是从企业所有者、雇员与顾客这三个方面来认识企业的责任问题。他认为企业虽然是一种经济单位,但企业的运行不能没有价值标准,企业的社会责任就是对顾客或消费者利益的维护。②舍尔文的观点突破了传统经济观的利润眼界,看到了企业的存在除了要为其股东追求利润之外,也应为各相关利益群体履行其应负的社会责任。反之,企业的存在对社会没有任何好处,甚至会有害于社会。以下是赞成企业承担社会责任的主要观点:

(1) 权责相符。社会赋予了企业生存的权利,有权利就应承担相应的责任。社会进步离不开经济的发展,但是单纯的经济繁荣并不等于社会进步。社会进步要求政治、经济、文化的同步发展。作为社会一分子的企业也应为完整意义的社会进步尽责尽力。

(2) 道德义务。企业应该具有社会责任,因为负责的行为符合他们自身的利益。

(3) 公众形象。企业设法加强自身的公众形象能获得更多的顾客和更好的员工。由于公众认为社会目标是重要的,企业就能够通过追求社会目标来创造为大众喜欢的形象。

(4) 长期利润。承担社会责任的企业可以趋向于更稳固的长期利润,这是因为更好的社区关系和负责的行为,产生了更好的企业形象所带来的必然结果。

(5) 回归本源。企业经营固然要赚钱,可赚钱又是为了什么?难道不是为了社会更进步和人类生活得更美好吗?企业有能力帮助需要援助的公共项目和慈善计划。

---

① 斯蒂芬·P·罗宾斯著:《管理学》,中国人民大学出版社1997年版,第95页。
② 段淳林:《试论经营伦理与企业的社会责任》,《华南理工大学学报》社科版2001年第1期,第73页。

需要指出的是,以上两种不同的观点,在一个更加"道德化"的企业氛围中,正趋向于融合。正如当代英国经济学家和管理学者查尔斯·汉迪所指出:"需要用同情(追求文明)平衡市场(追求财富和效率)。"[1]现在越来越多的利润最大化观点的支持者也经常明确地表示法律、道德和社会问题非常重要。传统经济观的主要倡导者密尔顿·弗里德曼也认为:"在自由企业、私有产权制度下,公司总裁是企业所有者的雇员,他对其雇主负有直接的责任。这一责任就是按照雇主的意愿来管理企业。而雇主们的意愿通常说来都是在遵守基本的社会准则(既指包含在法律中的社会准则,又指包含在伦理习惯中的社会准则)的条件下,尽可能多地赚钱"。[2]

显然,弗里德曼已接受了企业社会责任四层次模型中的三个层次责任:经济的、法律和道德的责任,唯一没有包括进去的是自愿的或慈善的责任,即义务责任。

综上所述,我们可以这样阐述企业社会责任:它是一种企业追求有利于社会的长远目标的义务,而不是法律和经济所要求的义务。在这里,我们的前提是所有的企业(承担社会责任的和不承担社会责任的)都会遵守社会颁布的所有法律。一个企业当它承担了其经济和法律责任时,虽然已经履行了它的社会义务,但它仅达到了法律的最低要求,而企业的社会责任不仅仅限于符合基本的经济法律标准,还应加上一种道德的规则。由此,它将会使人类社会变得更加美好。

三、企业社会责任的内容

1. 对顾客的责任

首先,企业应不断向社会提供优质的产品和服务,以满足

---

[1] 托马斯·S·贝特曼等著:《管理学——构建竞争优势》,北京大学出版社、科文(香港)出版有限公司2001年版,第159页。
[2] 周祖城著:《管理与伦理》,清华大学出版社2000年版,第45页。

人民不断增长的物质和精神方面的需求,促进社会的繁荣和文明。

第二,提高顾客对产品和服务的满意度。在所有的贸易过程中,公正地对待客户,包括高质量的服务以及对客户不满意所进行的及时补救。

第三,坚守诚信原则。讲究信誉,以诚待客,是企业经营之本,也是企业对顾客所应承担的最主要的道德义务。

诚信原则要求讲真话,不欺诈,"货真价实,童叟无欺"。例如企业不做虚假广告,不以次充好,假冒伪劣,短斤缺两,漫天要价。诚信原则还要求企业一诺千金,说话算数,比如,签订的合同要千方百计地履行;对顾客许诺的产品质量和服务应不折不扣地兑现。坚守诚信原则,还要求企业不能以牟利而侵害顾客身心健康和安全,以及出售和提供危险的玩具、含过量防腐剂的食品、劣质化妆品和黄色、淫秽制品和服务等。

2. 对供应者的责任

企业除了对供应者承担信誉、严格执行合同责任外,越来越多的企业把供应者看作合作伙伴,设法帮助他们提高进货质量,以及企业经营管理水平。例如,上海光明乳业有限公司帮助内蒙古、黑龙江等省市的奶牛场和养殖户解决资金不足的困难,向他们提供先进的设备、技术,以及改善经营管理等。

3. 对员工的责任

员工是企业最重要的资源,同时员工本身也是目的。把员工当作目的包括尊重每一个员工的人格,认识和重视员工的利益。为此,企业对自己员工负有这样的责任:

(1) 提供改善员工生活条件的工作和报酬。

(2) 关心并提高每个员工的身体健康及尊严。

(3) 开展教育和培训活动,鼓励和帮助员工掌握新的技术和知识。

(4）聆听员工的建议，提供员工参与管理的机会。

（5）公平的就业、上岗。在解决员工的解雇问题上应与政府、员工和其他机构紧密合作。

4. 对竞争者的责任

通常认为，竞争者是与自己争夺市场和营利的对手，对其无需履行道德义务。事实上，对全社会整体来说，竞争者不可或缺。没有竞争者，就会导致垄断，进而损害社会和消费者的利益；没有竞争者，也就不可能刺激企业的创新和发展。既然竞争者是增进社会福利所不可或缺的，他们理应得到彼此的尊重和承担相应的道德义务。

处理企业与竞争者之间关系的最主要伦理规范是公平竞争。山东曲阜三孔啤酒集团董事长宋文俊对公平竞争含义的理解是"第一要有序，大家都要遵守法定的竞争规则，谁违法就法办谁。第二要有商业道德，竞争应该争的是看谁的产品质量更好、成本更低；谁对消费者的服务更好、更能得到消费者的认可；谁对国家缴税更多、自身增值更快；谁对股东、员工回报更丰厚；谁能团结同行共同进步"。他要求公司的管理者和员工，不准诋毁其他啤酒厂的产品，不准有损害其他啤酒厂形象的言行，不准从其他啤酒厂挖人。[①]

此外，越来越多的企业与竞争者的关系既有竞争又有合作。在许多行业领域，如汽车、电讯业，竞争者往往彼此也是供应者和购买者。美国通用公司和日本丰田公司是竞争对手，然而它们也向对方买卖汽车配件，甚至合作开发新型汽车。另外，许多行业的竞争者经常在制定行业标准、发放许可证及市场营销研究等方面开展合作。对此，美国的学者提出了"竞合"的概念，竞合（Coopetition）是合作（Cooperation）与竞争（Competition）的混合

[①] 周祖诚著：《管理与伦理》，清华大学出版社2000年版，第100页。

词,提出这一概念的目的在于促使组织管理者同时从合作与竞争的角度去思考企业的竞争。

5. 对社区的责任

企业应与邻近的社区组织的居民保持良好的关系,尽一个"公民"的义务。企业应积极支持社区的重大活动和公益事业,为社区的发展贡献力量。

6. 对政府的责任

企业应认真执行国家法令和法规,照章纳税。企业的发展战略和营销计划,必须和政府的发展计划、产业政策、法律法规保持一致。同时,企业在可能的条件下应积极协助政府解决一些社会的问题,如增加就业机会,安置残疾人、聘用那些有犯罪前科和难以找到工作的人;救济社会贫困人员、帮助失学儿童重返校园;资助文化、教育、体育事业,在学校设立奖学金;以及支援老少边穷地区发展经济等。

7. 对自然环境保护的责任

企业应与人类赖以生存的自然环境建立一种新的关系,停止对环境的破坏并消除过去行为的影响,是当前企业所面临的一个新的、当务之急的并必须履行的责任。人类生活在一个风险的社会,财富的创造和分配都能产生副产品,给人和环境带来伤害、损失和危险。在现代社会中,危险的最主要来源是有毒有害产品的过多生产和自然资源的不可持续消耗。伴随着现代工业的大规模发展,人类以空前的规模和速度毁坏自己赖以生存的环境,给自身的生存和发展造成严重威胁。克服环境危机是全人类利益所在,也是企业和其他利益主体行为的"底线伦理"。

企业既是环境的消费者,又是环境的生产者,企业会给社会带来风险。因此,企业有责任降低其给环境带来的风险,并有能力帮助解决社会的环境问题。

第三节 伦理制度和伦理领导

一、伦理制度

管理伦理和企业社会责任的确立,有时意味着要牺牲组织和个人的一些利益。因而,完全依靠企业自发行为和员工的自觉,而没有必要的伦理制度加以保障是不现实的。伦理制度化的内容通常包括企业伦理规则、伦理委员会、伦理培训计划和社会审计等。

1. 企业伦理守则

企业支持道德行为的一个最明显的标志是道德规范之本,或可称为企业伦理守则。企业伦理守则体现了具体的公司哲学,是企业处理内外部各种关系的道德规范。

组织高层管理者有责任与企业广大员工一起塑造企业伦理守则。美国强生公司就是一家以伦理制度化而著名的公司。1982年有人指控强生公司生产的泰诺(退热净)掺假,致使芝加哥有7人因服用受污染的药而死亡。强生公司面对这一突发事件,立即采取了一系列应急措施。①

(1) 公司立即把分布在全国各地货架上的3 100万瓶该种药品收回;

(2) 就有关于胶囊受污染的事件通知50万名医生;

(3) 危机第一周内就开通了顾客免费热线电话;

(4) 顾客可以免费调换药效相同的片剂;

(5) 与公众开诚布公,及时发布准确的信息;

(6) 董事长出现在电台、电视台的节目中回答关于危机的提问,其他高级职员接受报纸杂志的采访。

---

① 托马斯·S·贝特曼等著:《管理学——构建竞争优势》,北京大学出版社、科文(香港)出版有限公司2001年版,第193页。

强生公司的一系列补救措施超越了政府和法律的要求。例如，政府部门只要求其收回芝加哥地区的胶囊，而公司却决定在全国范围内收回该药。强生公司采取如此果断而负责的举措，说明他们公司制定的伦理守则是算数的，决不允许违反的。

强生公司信条

我们相信我们首先应对医师、护士和患者，以及使用我们产品的母亲、父亲和其他一切人负责。

我们为满足他们所需要所做的一切应该是高质量的，我们必须不断地尽量降低我们的成本以便保持合理的价格。

必须为顾客的订货提供迅速无误的服务。

必须给我们的供货商和代理商获得公平利益的机会。

我们对我们的员工，以及分布全世界和我们共同工作的男女同事负责。

每个职工都必须视为独立的个体。我们必须尊重他们的人格，并认知其优点。

应使他们对自己的工作有安全感。

报酬必须公平和优厚，工作环境必须清洁、整齐和安全。

我们必须设法帮助我们的员工尽到他们家庭的责任。

员工必须能够自由提出建议与批评。

合格的员工必须有公平的就业、发展及晋升的机会。

我们必须提供称职的主管，他们的行事必须公正与道德。

我们对我们所生存工作的环境以及国际社会负责。

我们必须做个"好公民"——支持良好行为和慈善事业，并承担应尽的纳税义务。

我们必须鼓励全民进步与更好的健康及教育。

我们必须维护我们有权享用的资产，保护环境和自然资源。

最后，我们要对我们的股东负责。经营必须获得优厚的利润。

我们必须实验新的构想,持续进行研究,发展革新计划,而且对错误负责并加以补偿。

必须购买新设备,提供新设施,推出新产品。

必须创立预备基金以应付困难的时日。

如果我们按照这些原则经营业务,股东们就能获得充裕的回报。

资料来源:詹姆斯·斯托纳等著:《管理学教程》,华夏出版社 2001 年版,第 97 页,略作文字修改。

在上述这场危机中,尽管强生公司仅回收胶囊一项就损失 5 000 万美元,但是在以后的一年内泰诺的销量就回升了。从这件事的处理中,人们体会到了强生公司强烈的社会责任感。强生公司就是依靠公司的信条重新树立起了产品的形象,并再次赢得公众的信任。

2. 设置伦理委员会

在各类组织和企业中,实现伦理制度化的一项工作,是要任命一个由组织内部和外界的理事所组成的伦理委员会来实施这个政策。企业伦理委员会主要任务是:

(1) 举行定期会议讨论伦理问题;

(2) 把准则向企业(或组织)的全体成员传播沟通;

(3) 对可能出现违反准则的行为进行检查;

(4) 实施伦理准则;

(5) 奖赏遵守准则者,处罚违反准则者;

(6) 不断审议和不断更新准则;

(7) 把委员会的活动向董事长会汇报。

此外,国外的一些企业在设置伦理委员会机构的同时,还设置了企业伦理主管。伦理主管的任务是:从伦理角度审查企业的决策;负责企业的伦理培训;给其他管理者提供伦理方面的咨询、建议;以及参与不道德经营行为的调查与处理等。

3. 社会审计

社会审计主要是针对企业履行社会责任进行审计评估。其主要内容包括：

(1) 是否履行了企业的使命——开发、生产、营销能增进社会福利的产品和服务？

(2) 是否遵循了国家的法律、法规和基本的伦理规范？

(3) 是否做到了千方百计地创造、引导和满足合理的要求，广告真实，质量有保证、价格合理，使用方便、经济、安全？

(4) 对待供应者，是否做到了互惠互利、恪守信誉？

(5) 对待竞争者，是否做到了公平竞争？

(6) 对待政府、社区，是否做到了照章纳税、保护环境、提供就业机会？是否对解决社会问题，如安置残疾人就业，资助文化、教育和慈善事业各方面做出了努力？

(7) 对员工，是否做到了公平就业、上岗、晋升，安全、卫生的工作条件以及参与管理、教育、培训，提供成长机会？

(8) 对待所有者和广大中小股东，是否使其资产增值，得到良好的回报？

二、伦理决策

所谓伦理决策，就是从伦理的角度来分析评估可供选择的方案，从而帮助管理者作出更好的决策。传统的决策，在科学性、民主性方面取得了很大的进步，但决策仍被作为一种"纯企业行为"，决策更多的是考虑自身的利益，而对员工、顾客、供应者、竞争者、政府、社区、公众以及整个社会等利益相关者的利益考虑甚少；企业的决策分析充其量包括经济、技术、法律三者的分析，而缺乏伦理的分析。事实上，企业的所有决策，大到建新厂、开发新产品、开拓新市场，小到促销方案的选择、用工政策的制定、处理消费者投诉。所有这些决策在给企业本身带来利益或者损失的同时，也会对利益相关者产生正面或负面的影响。如果企业的管理者在制定决策时能充分考虑到社会责任和伦理选择,并用自己的价值观、社会准则和伦理规范来改善企业决策,那么对管理者本身、企业和社会都是有益的。

企业伦理决策的步骤和基本内容包括:

(1) 确认利益相关者。决策的利益相关者是指直接受到该决策影响的人和机构。但并非每一个决策都涉及顾客、供应者、竞争者、政府、社区、公众、所有者、员工等。不同的决策对不同的利益相关者的影响程度也不一样。例如,广告决策的利益相关者主要是顾客、竞争者、政府、公众等;而生产自动化改造决策的利益相关者主要包括员工、供应者、社区等。

(2) 倾听利益相关者的意见、呼声,分析决策对他们可能造成的正面和负面的影响,并与他们磋商解决问题的办法。

(3) 明确与该决策有关的法律和规范。法律是最低要求的行为规范,因此,不违法是最基本的要求。然而,仅仅守法还不足以制定出一个好决策,还需要考虑社会准则、社会期望、伦理规范以及企业经营惯例。

(4) 在决策方案评估时,除了要衡量方案的经济效果,还要兼顾方案的社会效益和长远的经济效益,以及企业的形象、顾客的满意度、员工的忠诚度、与社区的关系等。

(5) 在决策实施时,要建立有助于产生和维护符合伦理的行为的组织结构、制度、实行符合伦理的领导等。

三、伦理领导

企业管理者掌握着企业的命运,决定着企业的兴衰存亡。同样,管理者的道德水准也影响和决定着企业和员工的道德水准。虽然传统管理也要求管理者通过自身的品德来影响下属,但企业伦理管理似乎对管理者的道德显得更为重要和突出。

美国学者曾分别于 1961 年、1977 年和 1984 年,对 4 千多名被调查者就影响企业不道德行为的五项因素(上司的行为、同事的行为、企业的伦理惯例、正式组织的政策、个人的经济状况)进行排序。1984 年的调查又补充了"社会的道德风气"这个因素。三项研究的结果表明,影响不道德行为的因素中"上司的行为"均名列第一。从 20 世纪 60 年代初到 80 年代中期,尽管企业的内外部环境发生了很大的变化,但这结论却始终没有改变,并显著地领先于第二个因素。见表 10-1。

表 10-1

影响不道德行为的因素

因　　素	1984 年研究 N=1 443	1977 年研究 N=1 227	1961 年研究 N=1 531
上司的行为	2.17(1)	2.15(1)	1.9(1)
同事的行为	3.30(2)	3.37(4)	3.1(3)
本企业的伦理惯例	3.57(3)	3.34(3)	2.6(2)
社会的道德风气	3.79(4)	4.22(5)	/
正式组织的政策	3.84(5)	3.27(2)	3.3(4)
个人的经济状况	4.09(6)	4.46(6)	4.1(5)

资料来源:Archia B. Carroll, Business and society: Ethics and stakeholder, Management, 2nded. 引自陈炳富、周祖诚编著:《企业伦理学教程》,南开大学出版社 2000 年版,第 288 页。

美国组织行为学家德布拉·L·尼尔森和詹姆斯·康拜·奎克指出,企业管理者在以下五个方面会对员工的思想和行为产生影响:[1]

1. 通过管理者最关注的问题;
2. 通过经营者处理危机的方式;
3. 通过管理经营者日常行为;
4. 通过管理者采用的报酬制度;
5. 通过管理者的招聘和解雇的实践。

---

[1] 陈炳富、周祖诚著:《企业伦理学概论》,南京大学出版社 2000 年版,第 289 页。

总之，企业管理者对企业道德的认识和践行，决定着员工道德的选择和仿效。伦理领导首先就意味着管理者要以身作则，以良好的品德在员工中树立起较高的威望，从而提高员工的道德水准，激发员工的工作热情以及对组织的忠诚。

案例　我们呼吸的空气

约翰·布朗林是帝西电力公司董事会成员之一，他具有成功的律师实践经验，并自认为是公众和帝西公司股东利益的代表。最近他被一份有关美国空气污染的报告所困扰，而在事后讨论建立一个新发电厂的董事会议上，这个问题已成为事关他未来的个人问题。

发电厂是产生大气中二氧化硫的重要根源之一。空气中所含正常的二氧化硫凝结物，对常人是无毒的，但它会损害农作物。在某些地方，它能导致镍和铜迅速腐蚀。在一定条件下，它能使患有呼吸道疾病的人致死。例如，在1963年纽约充满浓烟雾的两周内，二氧化硫使400人意外死亡。

布朗林认为公司在建立新发电厂的同时，应减少二氧化硫的排放。而他的同仁们指出，能有效做到这一点的唯一方法，必然会增加可观的成本。如果公司用二号油（该油含硫较少）代替能产生残余的燃料油，那么燃料的成本将上升80%。即使公司购买经除硫处理的一般燃料油，燃料成本也将上升20%。而布朗林指出燃料成本只占全部发电和配电成本的七分之一，所以这种成本的增加并不是不可行的。

另外的董事认为，任何成本的增加都不得不反映到价格上，而价格的提高会使公司卷入无尽的麻烦中。首先，公用事业委员会将拖延弥补成本的提价。其次，消费者对提价不满，并对公司的公众形象产生不良影响。董事会的大多数人认为，他们应该采用不增加费用的方法,公司回收灰尘的成本已经使总成本增加了1%。此外,社会其他一些产业和机动车辆更应对空气污染负责。正如一位董事所说:"为什么在耗费股东和消费者大量钱财的这些方面,我们要走在前面呢?"

　　布朗林感觉到了争论所带来的压力。但这并不能使他真正信服,他认为公司只要站在适当盈利的立场上,就有责任去保护公众的健康。的确,现在他不知道自己是否应该继续在这个公司董事会工作,因为该公司完全从商业利益出发来作出一些他认为应该受到非议的决策。

思考讨论题

1. 你是否赞同布朗林的观点?为什么?
2. 如何处理好企业行为的商业性与社会性之间的关系?
3. 怎样发动企业或组织的全体人员来塑造企业的良好形象?

后　　记

　　书是精神产品，自然应该是精神探索的产物。人的精神探索，总以内蕴的某些追求作为动力和支撑的。呈现在读者面前的具象的书，不过是内蕴着追求的外化显现。

　　不可否认，写作不同的书，内蕴追求的自由度是不一样的。不必说文学艺术门类，哪怕是建构理论体系和范式的学术著作，作者伸展思绪的空间也有相当的宽广度。相对而言，教科书如《管理学基础》，受到的制约因素就大些多些。教科书也可展开作者的精神遨游，但规约作者的对象客体力量也更强。基于对客体力量特点的认识，本书因此有了"三适"的努力。一是适量，即书的章节构架、篇幅容量，要切合高校对本课程教学的课时投放量，并为教师上课留出发挥的空间，为学生课外自习拓展相关知识留下余地；二是适合，即适合管理学的特性和学生的特点。管理学的基本特性之一是理论性和实践性的紧密结合。管理理论作为人们管理实践的抽象总结与升华，已被以往的管理实践证明了其存在价值，但是，它不能成为人们教条式的指导以后的复杂实践的充足理由。因此，运用管理理论指导实践仍有一个创造性转换问题需要解决，更有一个依据发展着的实践创新管理理论的课题需要解决。这样看问题，意味着管理学教学不能仅仅满足于理论的传授。而管理学教学的对象——大学生——的基本特点是实践经验贫乏。怎样促使学生将管理学理论和生动活泼的社会实践结合起来，也是管理学教学不能不正视和着力解决的课题。为使管理学教学适应管理学的学科特性和学生特点，本书参照国外的有益经验，在每章后

后 记

附有案例，并期望教和学双方都将案例作为本课程的有机组成部分，借此提高教和学双方的质量；三是适应，即适应管理学学科的当代发展趋向。管理学作为一门学科，有它的系统性。管理学作为一门与管理实践紧密依存的学科，它的内容系统又是不断发展的。从一本教材看，它的篇幅总有限度。以有限的篇幅把握近乎无限的内容，编写者肯定有取舍存弃。本书处理这一关系的思路，是尽可能兼及系统性和当代性，既力求体现管理理论的系统性，又努力展示学科发展的最新收获。以上"三适"的意图预设，其实也是说教科书要尽可能符合教学特性和学科特性，至于是否得到较好贯彻，还望识者指正。

本书是在两年前上海师范大学编写的"现代管理科学丛书"之一《现代管理学》的基础上加工修订而成的。具体负责各章编写的作者如下：阮来民，第一、第三、第十章；王颖，第二章；顾智敏，第四、第七、第八章；王礼鑫，第五、第六、第九章。最后由主编统稿。

在编撰本书的过程中，我们参考了许多国内外专家学者的有关书籍和资料。在此谨向各位表示感谢。限于水平的原因，本书的不足在所难免，欢迎读者批评指教。

顾智敏

修 订 说 明

本书2003年初版,后多次重印。多年教学实践给我们的体悟是,本书构建的由管理学科的基本内涵和理论、管理的主要职能、管理的评价机制三大板块组成的框架,有着学科体系的相对完整性,也有利于引导初学者深入管理学的堂奥;但放在近年来管理实践和理论迅速发展的背景下,部分内容实有修订的必要。

据此,我们预设了本次修订的重点领域。一是着眼于增补介绍管理学科取得的新成果,目的是使学生及时掌握学科发展动向,培养开放动态眼光,为步入社会后在更高视点上指导各自的管理实践,提供理论支撑;二是着眼于理论阐释和语言表述的精准,增强论述的科学性,努力使高校中对学生有最大影响的教学过程,成为厚实基础、涵养理性、习得科学方法的育人过程;三是着眼于案例选择的典型性,即调整部分案例,借此强化所选案例与该章应掌握的主要内容相吻合,思考的问题与管理应解决的难点、热点问题相衔接。

按照原来的分工,四位作者按统一思路分别修订了各自所承担的章节,顾智敏对修订内容作了审阅。

我们要特别感谢责任编辑徐雪芬。由于她的不断督促,激发了我们对学术负责、对学生负责的强烈责任感。由于她的热情帮助,修订工作得以如期完成。

顾智敏
2012年6月